ツルレコード
昭和流行歌物語

菊池清麿

人間社

プロローグ――新時代の到来

昭和レコード産業の黎明期を語る時、その新たなページをめくるためには、かつて名古屋大曽根の地に存在したツルレコード（アサヒ蓄音器商会）の歴史的必然を知る必要がある。なぜなら、アメリカで始まった電気吹込みという新録音システムを最初に成功させたツルレコードの歴史は、昭和流行歌史に燦然《さんぜん》と輝く一断面だからである。

大正時代の書生節と言われた俗謡調の流行り唄レコードと西洋音楽を基調とする昭和流行歌の違いは、アコースティック録音（大正時代）から電気吹込み（昭和）への録音システムの転換によって説明が可能である。それは、二十世紀の音の革命と新たな黎明を意味し、プロデュースの構造も大きく変化した。大正時代のように街頭で演歌師が流し歩いて庶民の耳に届かせていた書生節をレコードにするのではなく、レコード会社が企画・製作・宣伝をして街頭の群衆に選択させるという仕組みへと転換したのである。これが昭和流行歌の開幕である。

このように日本の流行歌に大きな影響を与えた電気吹込みの歴史はアメリカで始まった。二十世紀の革命（レコード新時代）は米国ウエスタン・エレクトリック社（ベル研究所の子会社、後のウエストレックス社）によってレコードの新録音方式が実用化されたことに始まったのだ。それはラジオの電波を増幅する技術がレコードの新録音に応用できないはずがないという信念の所産である。アメリカでは一九二〇（大正九）年、歴史的なコールサインＫＤＫＡがピッツバーグに流れた。ドイツでは一九二三（大正十二）年十月二十五日、ベルリンのポツダム通りのフォックス・ハウスから最初のラジオ放送が流れ、その響きは世界のレコード業界を震撼させた。ラジオの発達は、電気的増幅方法を応用したレコードの電気吹込みを考案する基となり、レコードの録音システムもマイクロフォンが使用されることによって大きく変化したのである。

従来はラッパ吹込み（アコースティック・レコーディング）といって、長大なラッパ型の円筒にむかって演奏し蠟盤《ろうばん》に刻む方法だった。「吹込み」「吹込む」という用語もそこから生まれたのだ。それに対してマイクロフォンを使用した電気吹込み（エレクトリック・レコーディング）は、マイクロフォン、真空管増幅器、電磁式カッターによって成立する。その総合的な特性によってワックス盤に音溝が刻まれ、レコード音楽の魅力が無限に広がるのである。

日本のレコード業界は、排日移民法の成立（大正十三年五月二十六日）の影響を受け、特に関西において反米意識が高かった。ニットーレコードは、同年七月新譜で「大日本帝国の純国産品」を標榜しレコードを発売した。米人経営の日本蓄音器商会（日蓄）とその傍系会社に対して、大阪・京都・神戸・中部の四蓄音器商組合は『東京日日新聞』（大正十三年六月十五日）に意見広告を掲載した。「我七千万の同胞の敵たる米人に対し、日本人の意気を示さねばならぬ秋《とき》」という言葉からもわかるように国粋主義の色合いが強かった（倉田喜弘著『日本レコード文化史』）。

大正十三年七月三十一日「奢澤品ノ輸入税ニ関スル法律」（『官報』大正十三年七月三十一日）によってレコード、蓄音器に十割の関税が課せられることになり、それに対して欧米のレコード会社は日本市場を失うことを恐れ、日本にプレス工場を造ることを計画していた。外国レコード産業は虎視眈々と日本市場を狙っていたのだ。

日本のレコード産業は、このような電気吹込みという革命と巨大な外資の波を経験しなければならなかった。一九二五年、アメリカでは四月にはビクター、コロムビアは五月、六月になるとイギリスのグラモフォンとコロムビアも電気吹込みレコードの生産・発売に追随した。レコードがマスコミュニケーションの重要媒体として登場する時代を迎えるとはいえ、その情報は、日本のレコード会社に、巨大な外資系の波に呑みこまれるかもしれないという恐怖を与えていた。

このように電気吹込みを完備した外国レコード産業の参入に対して、全国制覇を狙う日本蓄音器商会、大阪のニットーレコードを中心とする関西・中部地方のマイナーレーベルのレコード会社は内憂外患の状況であった。その一方、東京と大阪の中間に位置する名古屋では新たな動きがあった。それは新たなレコード会社の設立である。アメリカから外資の波が来る前に電気吹込みという新録音システムを完備したレコード会社を創らなければならない。そのような気概をもって、名古屋のレコード産業は黎明を迎えるのである。

I　ツルレコードと昭和流行歌

1　ツルレコードの成立

名古屋レコード界の黎明

大曽根は、名古屋市の東北部に位置し、その歴史は古い。江戸時代、尾張徳川家の下屋敷に近く、名古屋の北の玄関口である街道筋を中心に宿場町、問屋町として栄えてきた。そして、明治大正を経て昭和初期にはその心臓部に大工場群が形成された。市電終点で十字に切れた位置から東に走る旧大曽根街道、現在の国道十九号から東に延びて中央線ガードをくぐり、矢田より守山に通ずる旧瀬戸街道の両街道に沿って広がる広大な地域であった。その大工場群の中に大正後期から戦前・戦中にかけてレコード会社が存在したのである。それは中部地方唯一のレコード会社であり、ツルレコードという名称で呼ばれていた。市電を降りると「ツル印レコード」と書かれた煙突が高く聳《そび》えていたそうだから、その規模は

アサヒ蓄音器商会大曽根工場のイラスト

かなり大きかったといえる。
大正時代は新興のレコード会社が乱立した時代である。ツルレコード成立以前の大正期新興勢力のレコード会社はつぎのとおりである。

大正元年七月三十一日　東洋蓄音器株式会社
大正元年十月一日　大阪蓄音器商会（大阪蓄音器株式会社）
大正二年十一月二十八日　東京蓄音器株式会社
大正三年十二月三十日　東洋蓄音器合資会社
大正八年三月三十一日　ヒコーキ印の帝国蓄音器株式会社（商会）
大正九年三月二十日　日東蓄音器株式会社
大正十一年四月十七日　東亜蓄音器株式会社（鳩印）
大正十二年十二月一日　大和蓄音器商会
大正十三年八月十日　合資会社内外蓄音器商会

このように大正期はレコード会社勃興の時代であったが、大正八年六月二十四日、J・R・ゲアリーが日本レコード産業界の王者・日本蓄音器商会の社長に就任すると、業界制覇を急ピッチで進めた。同八年十二月、東洋蓄音器合資会社、同九年九月、スタンダード蓄音器、同十年十月、帝国蓄音器商会、同十二年三月、三光堂、六月、東京蓄音器株式会社などが次々と日蓄の傘下に入った。このような日蓄の推し進める業界制覇の前に屈しなかったのが日東蓄音器株式会社（通称・ニットーレコード）である。

日本蓄音器商会の業界制覇が進む中、大正十二年十二月一日、名古屋に最初のレコード会社・大和蓄音器商会が設立された。正式名称は「匿名組合大和蓄音器商会」であり、レーベルは海上に旭光を背景とした翔鶴がデザインとして描かれていた。翌十三年からツルレーベル（旭光を背景にした翔鶴）のレコード九十枚を発売した。その中には、廣澤駒蔵の《玉川お芳（上）（下）》の浪曲レコード、山村豊子が唄う《梅にも花》《春雨》などの端唄レコード、竹本越名太夫の義太夫レコード《太功記（十段目）（三）（四）》、京山幸枝の《鬼若三次（上）（下）》の浪曲レコード、大和歌劇団による《凸坊の初夢（上）（下）》などの創作歌劇レコードをはじめ、鳥取春陽の《籠の鳥》、《恋慕小唄》をテーマにした映画劇同名レコードが含まれている。後にツルレコードで八面六臂の活躍をする鳥取春陽は大和蓄音器商会の頃からすでに接点があったことが窺えて興味深い。

大和蓄音器商会は開局予定だった名古屋放送局（大正十四年七月に開局予定）との結び付きが強かった。当初より、「名古屋放送局」に関係する芸能人の多くを集めることと、また、放送技術のレコード製作への応用を目的にしていたのである。

大和蓄音器には当時の邦楽レコードで活躍した人材が集まっていた。浪曲の廣澤駒蔵、《江州音頭》の「アンガラ節」を独自の歌い回しを入れ美声で唄い「幸枝節」で人気を得た京山幸枝、鶴澤清次郎の三味線を伴った浄瑠璃、義太夫の竹本越名太夫、端唄、小唄を得意とする山村豊子など多彩だった。
山村豊子は大正七年、声量と美声で大衆の嗜好を満足させ、その歌唱が広まり関西でその分野では第一人者となっていた。山村豊子は小唄では関西の久の家登美子、端唄においては東の春風亭柳と覇を競った。その技量は端唄、小唄にとどまらず、俗謡、民謡、御詠歌にまで及び、電気吹込み以前のその分野において美声、声量は群を抜いていた。昭和に入り電気吹込み時代を迎え、美声と練達した歌唱技法で端唄を確立した葭町藤本二三吉が登場するが、それ以前はこの山村豊子が人気を博したのである。

このような陣容を揃えた大和蓄音器と放送局との提携は、日蓄の業界制覇と巨大資本の外国レコード産業の到来を迎え、後に同社を合併し成立するツルレコードにとっても心強かった。

大正十四年六月六日、ツルレコードは名古屋市東区東大曽根町に株式会社アサヒ蓄音器商会として設立した。大和蓄音器商会を買収し、資本金二十五万円をもって成立したのである。

設立者は花井孝一・伊藤源之助・二代目神野金之助の三人であった。また、そのなかの一人である金之助は名古屋放送局の理事長にも就任し、ここにツルレコード時代の強力な提携の基礎が出来上がった。マイクロフォンを利用するという点において共通性のあるラジオの放送技術をレコーディングに応用するうえで実に好都合だった。また、ラジオが開局すれば、当然、音楽番組も作られることになり、音楽家や芸能人も出演する。放送局との提携があれば、そのままスタジオに呼んで吹込みを行うことができるのである。ツルレコードが邦楽系における人材確保がスムーズだったことはこのような事情によるものだった。まさに一石二鳥の合理的な経営路線だった。

神野三郎

二代目神野金之助の義兄にあたる神野三郎がアサヒ蓄音器商会の社長に就任した。ツルレコードは大和蓄音器を買収する目的で設立し、そのレコード事業を継承し、浪曲、落語、端唄・小唄などのレコードを販売したのである。役員陣は取締役社長に神野三郎、取締役に鉄村国太郎・福永孝蔵、監査役には神野七郎がそれぞれ就任した。

神野三郎は明治八年五月二十八日、愛知県豊橋の生まれ、旧姓竹田。明治十九年、神野家の養子となった。神野家の店の責任を任されながら、勉学に励んだ。東本願寺が経営する学校に通い、成績は抜群であり、並々ならぬ努力家であった。神野三郎は勉学に励みながらその胸中にアメリカ留学の夢を膨らませた。当時、アメリカ合衆国は日本青年の憧憬の国だった。しかし、その夢は実現するにいたらなかった。

その後、三河湾の一部、豊川、梅田川などの河口浅瀬を干拓した神野新田の開発に携わり、田園豊かな農業地帯を作り上げた。農業分野のみならず、豊橋を中心とする交通事業にも多大な努力を払い、信州と東海地方の鉄道連絡の起点となる「三信鉄道株式会社」の設立に従事した。さらに明治四十二年、豊橋瓦斯、翌年には、浜松瓦斯の設立に尽力するなど、事業家として東海地方の経済発展に力を発揮したのである。

『神野三郎伝』（神野三郎翁伝記編纂委員会　豊橋　中部瓦斯　一九六五年）によると、神野三郎は「名古屋放送局」の設立において豊橋地方の出資を積極的に行い、成功に導く努力を惜しまなかった。神野はこの放送事業に粉骨砕身したのである。洋楽普及のための啓蒙の時代を迎え、放送・レコードという新しい文化産業への見識の高かった神野三郎の功績は大きかった。それには神野三郎が多感な青年時代、アメリカ留学という理想に燃え、自由の国アメリカで勉学をすることに憧れたことも起因している。そのアメリカがもたらした電気吹込みというレコード産業の新時代を目前にし、神野三郎は己が果たせなかった夢と情熱を名古屋におけるレコード産業の勃興に傾けたのである。そして、神野三郎の統率の下にツルレコードの事業が展開していくのである。

こうして、神野三郎を社長に迎えアサヒ蓄音器商会はツルレコードとして成立し、名古屋放送局との技術提携によって、日本最初の電気吹込みレコード新譜発売の快挙を達成するわけだが、ここで名古屋放送局の動向についてのべることにする。

名古屋放送局（提供：げんぞうアーカイブス）

日本における大正十四年のラジオ放送の開始は、洋楽・邦楽演奏者に新しい演奏の場をあたえた。三月一日に芝浦の東京高等工芸学校に設置された仮スタジオから試験放送、三月二十二日には仮放送、そして、愛宕山の放送所が完成して七月十二日から本放送が始まった。だが、名古屋放送局の方がタッチの差で開局が早かった。大正十四年一月十日、社団法人名古屋放送局が設立、六月十七日、名古屋放送局舎が完成、六月二十三日、試験放送開始、七月十五日には第一放送が開始されたのである。そして、同十五年八月六日、東京、大阪、名古屋の三局は合併し社団法人日本放送協会を組織し日本の放送事業の歴史が本格的に始まるのである。

鳥取春陽、ツルレコードへ

アサヒ蓄音器商会の商標には朝日を浴びて飛ぶ鶴が描かれていた。ツルレコードという俗称はここに由来している。ツルレコードには日本レコード史に燦然と輝く栄光の歴史があった。それは、後で詳細にのべるが、日本で最初の電気吹込みの国産レコードを発売したことである。電気吹込みのための新録音システムが完備されると、企画・製作・宣伝というシステムも必要となり新たに文芸部が設置された。そこには夥《おびただし》しい歌詞が集められ、また、それにメロディーを付ける作曲家が必要となった。

大正後期、街頭演歌師の鳥取春陽は関西のレコード界で活躍し絶頂期にいた。大阪道頓堀筋には、浪花座、角座、中座、朝日座等々が並ぶ。その街角から聴こえてくるのは、当代随一の街頭演歌師鳥取春陽の唄だった。大正十三年の作であるが、《恋慕小唄》（松崎ただし・作詞／鳥取春陽・作曲）《すたれもの》（野口雨情・作詞／鳥取春陽・作曲）《赤いばら》（野口雨情・作詞／鳥取春陽・作曲）が大ヒットしていたのである。

大正街頭演歌の傑作の《籠の鳥》の作曲でも知られ、その鳥取春陽の名声は名古屋の歓楽街にも知れ渡っていた。明治大正期の名古屋の広小路、大須観音界隈は街頭演歌師の書生節が鳴り響いており、大正後期、春陽は大和蓄音器時代にすでに名古屋レコード界には足を踏み入れていた。

大正十四年、成立間もないツルレコードは、早速、鳥取春陽の書生節演歌を聞きつけて同社に招いた。鳥取春陽の資料館には、レコード番号が七一三―Aの《ハートソング》のツルレコード吹込みの音盤が所蔵されている。これはツルレコードの創成期の頃の吹込みであると思われる。歌唱は鳥取春陽で常盤静子が共演した。

松崎ただし、鳥取春陽の大正悲歌の傑作に《恋慕小唄》（松崎ただし・作詞／鳥取春陽・作曲）という書生節演歌のそれがある。親に結婚を反対された男女が駆け落ちして小豆島で暮らすというストーリーだが、抑圧された男女の心情が良く理解できる。

《ハートソング》レーベル
（所蔵：宮古市新里生涯学習センター）

親が許さぬ恋ぢやとて　諦められよか　ねぇお前
いっそ二人は　知らぬ国　はなれ小島で　くらさうよ

春陽のレコードは、ヒコーキ印の帝国蓄音器商会からも発売されている。ヒコーキ・フジサンレコード総目録の番号一二三八Aからすると、おそらく大正十三、四年頃であろう。巽京子とのデュエットで伴奏は帝蓄管絃楽団となっている。すでにのべたが、ツルレコードの前身である大和蓄音器商会から鳥取春陽の《恋慕小唄》をテーマにした映画劇同名レコードや瀧静調、高山つる吹込みの《籠の鳥》が発売されている。おそらく、これは筆者の推測だが、鳥取春陽の書生節は大正後期から相当数のレコードがツルレコードから新譜発売されていたと思われる。

しかし、書生節演歌の全盛の時代、関西レコード界で絶頂を極め、流行歌の寵児として活躍する鳥取春陽に大きな変化が押し寄せようとしていた。それは太平洋を隔てたアメリカからの電気吹込みという新しい録音システムを完備した外資の波が目前に迫っていたことである。演歌師の巨星・添田唖蟬坊も大正十四年の《金々節》以後、沈黙が始まる。著作物には「生活戦線異状あり」（現在、書名には「状」が使われているが、パロディーとして、唖蟬坊は「異常」と記した）があるが、唖蟬坊は、大正十四年四月十八日をもって桐生に山居し、新生活に入ったのである。

電気吹込みという新時代を迎え、西洋の音楽技法によって俗謡に眠る日本人の情緒が旋律となる近代流行歌の黄金時代が到来する。この動きを唖蟬坊は敏感に感じ沈黙し、鳥取春陽は新たな展開を求めていったのである。

ツルレコード——電気吹込みの成功

ツルレコードの日本最初の電気吹込みの成功には外資の動きが大きく関係している。昭和二年二月、日本蓄音器商会は、ギリンガム（ギリングハム）という録音技師を米国コロムビアから招いた。この外国人技師が持参した録音機は、麹町区内幸町の幸ビルにあった日蓄吹込み所に設置された。だが、この録音機は性能が悪く、五月にはイギリスのウエスタン式電気録音機に変更した。

日蓄はこれをもって旧吹込みから電気吹込みに切り替わったが、あくまでも輸入の原盤プレスであり、まだ、電気吹込みによる国産レコードの生産体制が確立したわけではなかった。

昭和二年四月、米国ビクターの輸出部長、D・T・ミッチェルが派遣され、市場調査にあたった。これを日本側で補佐したのが、後に日本人の相談役としてビクターの経営に参画した岡庄五である。岡は、ビクター製品の日本総代理店であったセール・フレーザー商会から派遣されてきた人物だった。この調査結果にもとづき、米国ビクターはただちに新会社設立に必要な法的準備を進めたのである。

昭和二年五月三十日、技術提携を条件に英国コロムビアに三十五・七パーセントの株式を譲渡し、強力な資本提携が生まれた。同年七月、日本蓄音器商会は、英米独コロムビアの電気吹込みによる原盤を輸入し、日蓄の工場で製造した洋盤レコード（コロムビアレーベル）を発売した。これは黒盤レコードで一枚一円五十銭だった。これ以後、日蓄は、欧米のコロムビア製品を一手に引き受けて順次発売することになった。

ツルレコードは日本蓄音器商会がアメリカコロムビアと資本提携するという情報を得て、同社の電気吹込システムの導入を急いだ。昭和二年の上半期において、巨大な資本を誇る米国ビクター、英米コロムビアは新たな製造会社を日本でまだ設立していない。ツルレコードとしては、これらのメジャーレーベルが電気吹込みレコードの生産体制に入る前にどうしても電気吹込み国産レコードの製造・販売にこぎつけたかったのである。ツルレコードとしては、中部地方のレコード市場は絶対に外資系レコード会社には渡さないという気概があった。

アサヒ蓄音器商会・昭和２年の新譜広告
（所蔵：加藤正義氏）

ツルレコードが、名古屋放送局との技術提携があったことはすでにのべた。名古屋テレビ放送株式会社編の『歴史ウォッチング（４）』によれば、技術提携についてはスムーズだったが、マイクロフォンについては放送局の重要な備品ということもあり、玄関から持ち出せないので、技術室の窓から受け渡したというエピソードが記されている。

名古屋放送局との技術提携によって、ツルレコードは昭和二年七月新譜で電気吹込みレコード（国内録音）を発売した。日本コロムビア、日本ビクターにさきがけて電気吹込みによる国内録音盤を新譜発売したのである。外国資本の技術導入もなく、日本人の力だけで電気吹込みによる国内録音を成功させたことは快挙であった。そこには外資系へ対抗しようとする強烈な国粋意識が見られたのだ。また、鳥取春陽がオリエントから福永恭三という優秀な録音技師を連れてきたことも大きかった。

ツルレコード発行の「ラヂオ蓄音機新報」には第一回・第二回の新譜発売のレコード演目が掲載されている。第一回新譜発売は小唄《奴さん》《かっぽれ》《都々逸》、ヴァイオリン独奏《チゴイネルワイゼン》《スパニッシュダンス》、童謡《靴が鳴る》（正木千枝子）《しゃぼん玉》、喜歌劇《熊さんの活惚ダンス》（アサヒ歌劇団）、浪花節《小牧山合戦（池田信輝の討死）》（吉田奈良友）《遊女の情けいくよ餅》（東家楽洋）《切られ與三郎（木更津の見染）》（末廣亭小辰丸）などである。

外資系レコード産業の成立

昭和に入ると、いよいよ外資の波が日本のレコード産業に接近してきた。昭和二年十月三日、英国コロムビアのルイス・スターリングを乗せたエムプレス・オブ・エシヤ（ア）号が横浜に到着した。目的は日本市場視察である。彼は関東・関西の状況をつぶさに視察した。同月、日蓄の総株式の十一・七パーセントを米国コロムビアに譲渡し英国資本に米国資本が加わった。

これをもって日本レコード界においてはもっとも歴史の古い日本蓄音器商会が、世界に販売網を持つ英米コロムビアの傘下に加わることになった。

昭和二年十月十五日、日蓄はイタリアから帰国したオペラ歌手・藤原義江の電気吹込みによる独唱曲の録音を完了した。昭和三年一月十八日、日本コロムビア（商号・日本コロンビア蓄音器株式会社 ＊この場合のみ「コロンビア」）が成立した。

昭和三年二月、国内プレスによる洋盤の第一回新譜が日本ビクターから発売された。ピアノのラフマニノフ、ヴァイオリンのクライスラー、ジンバリスト、声楽家のシャリアピン、スキーパーら赤盤芸術家のレコードがきら星のごとく並んだ。この中にはアメリカキャムデンで吹込まれた「我らのテナー」藤原義江の独唱レコード（日本歌曲・古謡）も含まれていた。また、電気吹込みによる国内録音の邦盤が四月から発売された。これらの赤盤、黒盤の新譜レコードは名古屋の濃尾蓄音器店、三福蓄音器店で販売され、名古屋レコード市場に氾濫した。

日本ビクターは、新しいレコード産業にふさわしい流行歌を企画・製作するために作家・演奏家を充実させた。欧米で人気を博した赤盤芸術家藤原義江、ジャズ・ソングを歌う二村定一、初代歌姫佐藤千夜子らを擁し、作家陣にもフランス象徴派詩人西條八十、民衆歌曲の第一人者中山晋平、ジャズのリズムと日本情緒を巧みに融合させた佐々紅華らが腕を振い、昭和モダンにふさわしい流行歌を作りだした。殊に早稲田大学教授で詩壇の第一線にいた西條八十が仏留学後日本ビクターでレコード歌謡の作詞を始めたことは話題となった。

ツルレコードは昭和三年に入り、錦席日出丸、稲葉家ツバメ、武本糸男らが吹込んだ《ココ口節（上・下）（日本ライン犬山踊り）》、《犬山音頭（上・下）》（野口雨情・作詞／藤井清水・作曲）を発売した。

名古屋へ来たなら寄ってみな
ながくはとめないあすぐかえす
尾張犬山は桜の名所　アリヤセ
春にや桜のコラサ花ざかり

歌のテーマになっている犬山城は白亜の天守閣で知られ、木曽川の清流が日本ラインを形成する日本有数の名所として盛り込まれている。

だが、外資系ビクターが発売し佐藤千夜子が歌う《波浮の港》（野口雨情・作詞／中山晋平・作曲）は十万枚を超えるヒットとなった。また、《波浮の港》は米国ビクターで吹込まれた藤原義江の赤盤レコードも発売された。早速、名古屋のビクターの専門店の三福蓄音器店から、佐藤千夜子の黒盤、藤原義江の赤盤が流れた。電気吹込みの音はクリアーで、オペラ調とはいえ、洋風の歌い方は明らかに街頭演歌師とは異なり、新鮮な響きだった。大正十四年に始まった日本のジャズエイジが本格的に展開しジャズブームを迎え、昭和に入ると、ジャズ・バンドが外資系レコード会社でレコードの吹込みを開始し、二村定一が歌うジャズ・ソングが隆盛した。この二村のジャズレコードも佐藤千夜子、藤原義江のレコードに交じって広小路などのモダン空間の街頭に流れたのである。

このように新民謡とジャズ・ソングの流行によって、昭和初期のレコード歌謡は日本情緒趣味の地方文化（新民謡）と外国趣味の都市文化（ジャズ）が二大潮流として明確になった。ツルレコードも外資の波に対抗するために新企画を打ち出していかなければならなかったのである。

昭和流行歌新時代を迎え、鳥取春陽は、ツルレコードでは作詞、作曲、歌唱の一人三役をこなす、シンガーソングライターのスタイルだった。そればかりか吹込み楽曲の編曲も手掛け、企画・製作を担当し録音室で音響をチェックするディレクターの役割もこなしていた。

ツルレコードの関係者は、仕事の打ち合わせのために、鳥取春陽が編曲の仕事場にしている喫茶店を訪れ、春陽の採譜の速さに驚いた。蓄音器から流れる音を採る速さは、ほとんど文章を書くようなスピードなのだ。彼らは聴いた音をさらさらと楽譜にする鳥取春陽の姿を見て驚嘆した。中退とはいえあの上野（東京音楽学校の通称・現在の東京芸術大学）出身の黒田進（後の楠木繁夫）が「音感の凄さ」にはかなわないといったことを周囲は納得したのである。

ツルレコードは、巨大な資本で迫る外資系の大手メジャーレーベルに対抗するために鳥取春陽をはじめとしたアーティストを確保し、やがて、ニットーレコードから文芸部長に筒井二郎を招き体制を整備するのである。

ツル印琉球レコード

ツルレコードは大正後期からの琉球民謡レコードの製作を充実させていた。同社は設立直後から昭和初期にかけて、ツル印琉球レコードを発売している。大島・沖縄・奄美・八重山・久米島民謡のみならず、俚謡、狂言、古典劇、喜劇、歌劇など琉球芸能のあらゆるジャンルに及んでいる。ツルレコードで吹込まれた曲数は二百数十曲。その中で主なものは次のとおりである。

琉球俚謡《金細工節（合交）》《伊集早作田節・イケハナリ節》鶴亀踊節《黒島節・ソンバレー節》歌劇薬師堂の一部《百名節・宮古節》俚謡《ランコ節・儀保引節》俚謡《モチツキ歌・ヤーマネー歌・アン小節》八重山民謡《小濱節》喜歌情の歌《チヨキリ節》琉球音楽《遊ビシヨンガイナ節》歌劇《波之上劇、早作田、川平今三人節》琉球音楽《四季口節》先島民謡《トーガナイ節・改良シヨガイナ（節）》琉球端唄《センスル節》琉球端唄《國頭サバク（キ）節》八重山民謡《踊（り）鳩間節》琉球音楽《下述懐節》琉球音楽《コテイ節》琉球音楽《上り口説》琉球音楽《ムンス（ズ）ル節・芋ヌ葉節》琉球音楽《踊り天川節》踊り松竹梅（其一）《揚作田節・東里節》踊り松竹梅（其二）《赤田尾類小風節・夜雨節・浮島節》琉球音楽《千鳥節》沖縄民謡《談話會に歌》沖縄歌劇《網曳口節（仲直り夫婦）上》沖縄歌劇《網曳口節（仲直り夫婦）下》沖縄喜劇《新発明（汗水節）上》沖縄喜劇《新発明（汗水節）下》琉球音楽野村流《御前風（其一）かきやで風節》琉球音楽野村流《御前風（其二、三）恩納節　中城はんた前節》琉球音楽野村流俚謡《濱野喜節・芋ヌ葉節》琉球端唄《口説はやし節》八重山民謡《バシン鳥節》琉球端唄《大島ヤンゴウ節・スーリアガリ節》琉球端唄《踊リアヤグ節》歌劇コリ舟踊《汀間當節・イリサスネ節・宮古ネー節》琉球民謡《踊リクフワデーサー節》琉球音楽《花風節》沖縄民謡《白保節》喜劇

《御願立》安富祖流歌劇《首里登り（上）》安富祖流歌劇《首里登り（下）》琉球歌劇《夜半参り（一）》琉球歌劇《夜半参り（二）琉球歌劇《夜半参り（三）》琉球歌劇《夜半参り（四）悲歌劇》《八重山行（一）》悲歌劇《八重山行（二）》悲歌劇《八重山行（三）》悲歌劇《八重山行（四）》琉球音楽野村流《仲間節》琉球音楽野村流《赤田風節》。

演唱者は、高宮城朝篤、宮平良常、當真嗣勝、平田秀徳、平良晨盛、泉川寛興、富原盛勇、嘉手納良芳、多嘉良朝成、板良敷朝賢、多嘉良カナ子、崎濱カメ子、志慶真マツ子、大城シヅ子、盛興初音らが名前を連ねている。

このレコードの存在は、平成三年六月、当時カリフォルニア在住の大城孝永氏（沖縄県南風原町津嘉出身）が帰郷の際、大正末から昭和初期と思われるツル印の琉球民謡のレコードを南風原町に寄贈したことで分かったのである。

寄贈者の大城氏は大正八年にアメリカに移民し、昭和五年に里帰りしたときにこれらのレコードを那覇市のレコード店で買い求めた。それをアメリカに持ち帰り、アメリカに在住の沖縄県出身者に聴かせたのである。太平洋戦争中、アメリカ軍当局に没収される危機に直面したが、沖縄の民謡、アメリカでいうならカントリー・ソングにあたる「オキナワ・フォーク・ソング」と説明し、手踊りまで見せてようやく返してもらったという逸話もある。

これらのレコードの演唱の中に、盛興堂歌劇団員の名前が散見する。盛興堂は戦前那覇市上之蔵町の新天地劇場付近の石門通りにあったレコード店で、当時、本土で製作されたレコードの沖縄の発売元である。また、それだけではなく、民謡の演唱者、楽器演奏者、役者などを擁して吹込みをさせており、その名称を付けた歌劇団が盛興堂歌劇団（盛興堂音楽研究部）である。古典劇組踊『手水の縁』の八枚組レコードには津嘉山朝度、高宮城朝篤らと交じって「盛興堂歌劇団」が名前を連ねている。また、沖縄喜劇《新発明（汗水節）上・下》にもその名前が見受けられる。

この喜劇の内容は、大金を得る新しい仕事を「新発明」として考案したという話である。ストーリーはつぎのように展開する。沖縄本島の中央にある美しい恩納岳に松の大木をテレビ塔のように押し立てて、それに長いマータク（真竹）を結び、その先にオーダー（もっこ）をつけて、つまり、大きなクレーンを造り、那覇の荷物を名護に、名護の荷物は那覇にと左右にふりながら一瞬のうちに運んでしまう会社を造って大儲けしようとする話の筋で、平良晨盛と盛興堂歌劇団がこれを吹込んだ。とにかく、ツルレコードはユニークな企画を行っていたのである。

なぜ、ツルレコードから、ツル印琉球レコードが発売されたのだろうか。それは大曽根の大工場群の紡績工場で働く職工、女工には沖縄出身者が多く、慰安音楽の目的で故郷を偲ぶレコードがツルレコードにおいて作られたと考えられる。工場主が娯楽や慰安を目的にこのツル印琉球レコードを一括して購入したのであろう。

夜になると、工場群の心臓である大曽根十字路から四方の通りにそって夜店が出る。古本屋、玩具屋、駄菓子屋、香具師などが軒を連ね、工業地帯の職工・女工の労働者家族、郊外の百姓、その家族たちで賑いを見せた。ツルレコードはマイナーレーベルなので、正規のレコード店ではなく露店の夜店で販売されている場合が多かった。この大曽根十字路四方に出る夜店でもツル印の琉球レコードの廉価盤も売られていた可能性がある。夜店の蓄音器から流れるツル印の琉球レコードに足を止め耳にした沖縄出身の人たちも数多くいたにちがいない。

2　ツルレコードのテナー歌手・黒田進

流行歌手への途

ツルレコードの昭和流行歌史において、鳥取春陽と共にどうしても忘れてはならない歌手が黒田進である。成立して間もないツルレコードには、ビクターの藤原義江、佐藤千夜子、二村定一などに対抗できる洋楽系のテナー歌手がいなかった。だから、同社にとって、黒田進は貴重な戦力だった。このテナー黒田進がツルレコードの看板歌手となり、メロディーメーカー鳥取春陽と共に奮闘するのである。

黒田進は明治三十七年一月二十日、南国土佐は高知県高岡郡佐川町に生まれ、大正十三年春、東京音楽学校乙種師範科に進んだ。翌年の春、乙種師範科を修了すると、そのまま声楽科への進学を考え、高知へ帰郷せずに芝の白金台の小学校の教師になった。勤務先の学校ではオルガンを弾きながら唱歌を生徒に教えた。これが試験に備えてのよい練習になった。

大正十五年の春、黒田は再び上京し、念願の東京音楽学校声楽科に入学した。だが、黒田は昭和三年五月十六日、高木東六とともに同校を退校処分となってしまった。学校当局は、校長排斥運動、課外演奏、赤化防止などいろいろ理由をつけて、校内の秩序を破壊する者として厳格な処分を下したのである。とにかく、学校当局は、酒場をうろつき浅草のカフェーに入り浸り、吉原界隈を徘徊するという黒田や高木たちを風紀を乱す輩として弾劾し、「上野」（東京音楽学校）から排除したかったのである。そのためには理由は何でもよかった。しかも、自由恋愛が盛んな時代とはいえ、ツルレコードに関わった山田貞子らが共同生活しているアパートに入り浸るなど、不純な異性交遊も問題になっていた。

黒田は、大阪で生活の糧を求めた。道頓堀界隈のネオンの輝く通りの裏に少し入ると、路地裏では街頭演歌師の切ない唄が流れている。だが、彼らもやがてラジオ、レコード歌謡によって街頭から消えてゆく運命なのである。大衆に新たなコミュニケーションをもたらす文明の利器の発達は演歌に生きる男たちの生活の糧を奪い始めていた。

黒田は大阪福島区にある青年共鳴会に顔を出した。演歌師の仕事を貰うためだった。電気吹込みを完備した外資系レコード会社である日本ビクター、日本コロムビアの成立によって、青年共鳴会は戦々恐々となっていた。洋楽演奏家が人気流行歌手になる時代が到来することは時間の問題である。そうなれば、当然、書生節スタイルの演歌師にも変化が生じてくることは自明である。

黒田はモダンの象徴であるアコーディオンを購入した。瀟洒なアパートにアコーディオン教室の看板を掲げた。そして、教えるだけではなく、青年共鳴会から流しの許可を貰い、アコーディオンを抱えて道頓堀を中心にしたカフェー街を流し歩くようになった。黒田が大阪に来た昭和三年は昭和流行歌の幕開けである。それは藤原義江、佐藤千夜子らがオペラ調に歌う新民謡と、井田一郎のジャズバンドでヴォーカルを担った二村定一のコミカルなジャズ・ソングによってその歴史が動いた。黒田にとって、新民謡は晋平節に代表されるように歌曲の延長で作られているから馴染みやすかった。また、ジャズのリズムは至極新鮮だった。早速、レコードで聞き覚えたジャズ・ソングを歌って夜の街頭を流し歩いたのである。

鳥取春陽との出会い

黒田はいつものようにアコーディオンを弾きながら流し歩き、カフェーに立ち寄った。そこには、大正時代、街頭演歌師として活躍し、《籠の鳥》の作曲でも知られ、関西レコード界において書生節ジャズで声価を得た鳥取春陽を取り巻いて、一群が酒を飲んでいた。黒田は座の中心にいる男が鳥取春陽であると一目でわかった。書生節レコードのジャケットの顔写真を見て彼の顔を知っていたからだ。取り巻きの連中は、天下の鳥取春陽の前で何か歌えと黒田にリクエストした。黒田は《波浮の港》を歌い、周囲はその洋風の歌い方に驚いた。演歌師は鳥取春陽を頂点にヴァイオリンを奏でる書生節と相場が決まっている。それをオペラがかった洋風に感情を込めて歌うのだから、周囲は吃驚した。黒田は《波浮の港》を歌い終わると、続けてジャズ・ソングの《キャラバン》《アラビアの唄》を歌い始めた。カフェーの女給が集まり、手拍子をとりはじめた。場が盛り上がる。

鳥取春陽が拍手しながら、歌い終わった黒田に近づき握手を求めた。春陽は青年共鳴会からアコーディオンを奏でる洋風演歌師・黒田進のことを聞いていたので、春陽の方から「よろしかったら、一緒にレコード吹込みの仕事をやりませんか」と黒田に申し出た。黒田は天下の鳥取春陽にレコードの仕事の話をされ喜んだ。鳥取春陽はジャズ・ソングを洋風に歌える歌手を求めていたのである。

昭和流行歌は、ジャズのフォックス・トロットの刺激を受けて、ジャズ・ソングが隆盛を極めた。鳥取春陽は、そのような時代を考慮して、日本人の深い感情を表現した民謡をジャズ調に編曲していた。《さのさ節》をジャズ調に編曲して自ら歌ったり、また、奈良貫一の変名を使いオリエントレコードでジャズ小唄、ジャズ民謡を吹込んでいた。《トンヤレ節》《野毛の山》《ヤッコラヤノヤ》《新磯節》などがそうだ。《トンヤレ節》は《トコトンヤレ節》といって、幕末、有栖川宮熾仁親王を東征大総督とする討幕軍（東征軍）が江戸に進軍するとき、進軍歌として唄われたことで知られている。

ビクターでは、二村定一がフォックス・トロットのリズムに編曲された《木曽節》《佐渡おけさ》などの日本民謡を吹込んでいた。鳥取春陽も、ほぼ同時期に同じような試みを行っていたのだ。鳥取春陽はツルレコードにおいても書生節ジャズはもちろんのこと、民謡ジャズ、ジャズ・ソングを試みるつもりでいた。そして、ビクターの二村定一に対抗できる男性テナー歌手がどうしても必要だった。街頭演歌とアコーディオンを結び付けた洋風演歌師の黒田進が眼の前に出現したことは鳥取春陽にとって願ってもないことであり、早速、黒田に名古屋のツルレコードでの仕事を斡旋したのである。

黒田進、ツルレコードへ

黒田進は、名古屋に着くとツルレコードの近くにある旅館に宿泊した。大曽根駅の終点の十字路にある十洲楼は、名古屋でも屈指の歴史ある料理旅館であり、ツルレコード関係者はそこを常宿にしていた。十洲楼の裏手には映画館「日の出」（日の出館）ができて以来、カフェーが増加し賑やかな新開地の雰囲気を濃くしていた。旅館近くの脇道を少し入ったところに、鳥取春陽らツルレコードの関係者がよく利用する喫茶店があった。黒田もツルレコードにレコード吹込みの仕事で来社するようになると、吹込み前によくここにきて、コーヒーを飲みながら新刊書を手にしていた。

店内の中央に円形のテーブルが三つあり、わきにソファー付きのボックスが五組あった。HMVルミエールの蓄音器が置かれ、洋楽、邦楽を問わずにレコードも豊富にあった。鳥取春陽は編曲のためにこれらのレコードから音を採譜していた。音をすばやく聴き取り見事な楽譜を書いていたのである。

鳥取春陽は作曲、編曲、歌唱以外にディレクターも兼ねていたので、ミキサー室と録音室を頻繁に往復するので忙しかった。また、この時期、筒井二郎が文芸部長としてツルレコードに来る前だったので、鳥取春陽が文芸部も仕切っていたのである。

黒田進はテノール歌手としてツルレコードのスタジオのマイクロフォンの前に立ち、《荒城の月》《秋の月》を吹込んだ。黒田の美声によって滝廉太郎の歌曲が歌われ、スタジオに朗々と響き渡った。黒田にとって、念願の日本歌曲の吹込みレコードである。

吹込みが終了すると、名古屋のカフェー街に二人で繰り出した。赤いネオンが艶やかに点滅する夜の広小路を「広ブラ」したのだ。広小路の南北は芸者の置屋やカフェーの密集地だった。劇場やダンスホールのジャズバンドの演奏とレヴューの華やかな音と光の光彩は、街燈、広告看板のそれと重なり、織りなされる光と色、音のシンフォニーとなり、大不夜城を形成していた。ネオンの輝く表通りの華やかさとは対照的に、路地裏からは演歌師の切ない唄が聞こえてきた。かつては、街頭演歌師は繁華街の表通りの主役だった。だが、もはや、ネオンが妖艶に輝く表通りでは奏でることができない演歌師の姿は哀切が溢れ哀しかった。

テナー黒田進の登場

昭和四年三月新譜で、黒田進独唱の《荒城の月》（土井晩翠・作詞／滝廉太郎・作曲）《秋の月》が発売された。そして、新民謡の《犬山音頭》《郡上の八幡》なども発売された。

翌五年になると、一月新譜で《麦打ちの唄》、ロシア民謡の《ステンカラズィン》など、黒田進が吹込んだ外国曲も発売された。そして、鶴舞公園の新譜発売コンサートではツルレコードのテナー黒田進のレコードコンサートが企画された。ツルレコードは新譜発売レコードの宣伝を兼ねて、四季折々の色どりが美しい花に囲まれた鶴舞公園の演奏場でレコードコンサートを催したのである。

ステージには色とりどりのカラー照明が備え付けられ、艶やかな舞台だった。鶴舞公園は明治四十二年、第十回関西府県連合共進会の会場として造営され、公園のシンボルである噴水塔はローマ様式の大理石の円柱と岩を組んで配置し、和洋折衷のデザインが施されている。

昭和五年六月新譜でツルレコードから黒田進が新たに吹込み直した《荒城の月》が発売された。翌月には《アカシヤの花の散る頃》《南国の唄》が発売された。だが、流行歌にもしだいにモダニズムの堕落を意味した頽廃文化のエロ・グロ・ナンセンスが色濃く染まりだした。

一方、東京浅草の映画館ではビクターの二村定一の奇抜なアトラクションが催され、好評を博したというニュースがツルレコードにも聞こえてきた。舞台の上に蓄音器が置かれ、かけられたレコードで一番を流し、二番に入ると舞台の袖から二村定一がステージの中央に現れ、舞台の下に設置されたボックスにいるビクターオーケストラの演奏で本人が歌うという趣向だった。これが非常に受け、たちまち人気となった。このアトラクションの情報がツルレコードに入ると、早速、同社でも同じ趣向を企画し、黒田のレコードを流した後、本物の黒田進が

戦前の鶴舞公園。中央やや右の東屋の奥に見えるのが奏楽堂

舞台袖から姿を現し歌った。ビクターの企画を模倣したこのアトラクションは大変好評だった。

また、東京浅草の電気館をはじめとする映画館では、井田一郎のジャズバンドで歌う二村定一の実演ショーのアトラクションも人気を博していた。これに対してツルレコードはテナー黒田進にアサヒ管弦楽団、アサヒジャズバンドをバックに歌わせ東京のビクターに対抗した。

広小路界隈には古くは中央電気館、納屋橋近くの金輝館があり、隣接する大須観音には、パラマウント、メトロ、ユニバーサル、ワーナー・ブラザースの封切り館の千歳劇場、御園座、小劇場でありながら名古屋の武蔵野館と称し名古屋映画界の尖端を行く八重垣劇場、日活、千恵蔵プロの封切り館の港座、松竹右太プロ専門の世界館、レヴュー劇場でお馴染みの松竹座、電気館、文明館、洋画専門の太陽館などがあった。これらの映画館においてテナー黒田進のアトラクションが企画されたのである。かつて活動映画常設館の休憩音楽を担ったオーケストラのメンバーはツルレコードの吹込みの仕事をするようになっていたので、黒田とは息が合っていた。このオーケストラのメンバーは「松坂屋少年音楽隊」の出身が多く、沼泰三（名古屋の「いとう呉服店・現大丸松坂屋」が少年音楽隊を結成した当時の指導者）に鍛えられ、「船の楽隊」や活動映画常設館の幕間演奏で腕を磨いた楽士たちである。この少年音楽隊から、ヴァイオリンでは日比野愛次、伊藤顕雄などの名手が輩出された。トランペットでは中村鈜次郎、さらにフルートの高麗貞道、ホルンの丹下吉太郎らが、いずれも後のＮＨＫ交響楽団となる新響のオーケストラメンバーで活躍した。沼泰三の後を受け継いだのが早川弥左衛門である。早川はシンフォニックを充実させ、オーケストラの拡充を図った。

名古屋は東京と大阪の中間に位置するので、東上、西上する演奏家を途中の名古屋で下車させレコード吹込みやアトラクション演奏をスムーズに行った。黒田はこのメンバーの演奏でツルレコードにおいて吹込まれた一連のジャズ・ソングを各劇場で歌ったのである。

ツルレコードは流行歌や邦楽系などの大衆路線が目立つが、ピアノ四重奏による《荒城の月》などの純クラシック分野においてもレコードを発売している。ピアノ演奏は高木東六。ヴァイオリンは地元名古屋出身の「鈴木弦楽四重団」(ヴァイオリン・鈴木喜久雄／ヴィオラ・鈴木章／チェロ・鈴木二三雄／他一名)。高木東六は昭和三年東京音楽学校中退後、親友の黒田の縁でツルレコードにやって来た。フランスに留学する前であり、藤本政子という声楽家の吹込みの伴奏を担当した。その傍ら室内音楽の邦楽レコードのピアノ演奏を受け持っていたのである。

3　昭和モダンとツルレコード

モダン名古屋の光と翳

モダン名古屋の中心であり、華やかなネオンが輝く広小路は、堂々たる偉観のモダン建築が立ち並ぶ。GO！・STOP！の警笛は華麗な都会の夜のアスファルトを走る自動車の往来を見事に流動させる。その音に合わせ、青赤のサインが点滅し、ヘッドライトの光と暗が交錯する。まるで渓流のように走る自動車がスピーディーなモダン空間を展開していた。

「廣小路《ひろこうじ》――

ブロウド・ウエイは紐育《ニユウヨーク》の、否《いや》アメリカの都會では、必らず主要街《メーンストリート》として存在する繁華な大通りである。

そのブロウド・ウエイを、日本式に行けば廣小路。とりもなほさず名古屋の心臓である」（『百萬・名古屋』）

アメリカのニューヨークのブロードウェイに比肩された広小路は、東京でいうならば銀座である。その広小路のモダニズムの光に対して、大曽根は名古屋の「東端街《イエストエンド》」と呼ばれていた。

「もっとも正確な位置から云へば東北端になるが、倫敦《ロンドン》や、紐育《ニユウヨーク》の東端街《イエストエンド》が、所謂《いはゆる》第四第五階級の住む貧民窟、魔窟《まくつ》で在り、東京の東端街たる本所やはり、工業地帯で魔窟で在る意味から、大曾根を名古屋の東端街と呼ぶ所以で在る」（同上）

東京の深川、本所から向島の玉の井にかけての地帯は、モダニズムの翳をどんよりと感じさせる猥雑で雑多なアンダーワールドである。銀座の華やかなモダンの光に対して翳を漂わせた地域なのだ。それと同じように名古屋の広小路が名古屋モダンの象徴に対して、大曽根は魔窟特有の暗い翳を背後に帯びていた。

大曽根駅の終点の十字路には名古屋屈指の歴史的料理屋と『百萬・名古屋』でも記された十洲楼があり、毎夜、裏座敷の二階から夜店街に向けて、賑やかな三味線・太鼓を響かせていた。その一方、北側一帯は大曽根の花柳界で、小料理屋と芸妓屋が立ち並び、艶やかな雰囲気が漂っていた。

また、この辺りには十洲楼の裏手に広場や空き地があり、春から秋にかけて旅回りの種々の見世物（手品、猿芝居、大蛇生首）の小屋がかかった。大掛かりな軽業を見せる曲馬団の小屋もかかることがあった。そして、駅の終点から南へ下った瀬戸電鉄の停留所から、矢田のガード下まで通ずる電車路の沿線一帯に「大曽根魔窟」が広がっていた。

このように、ツルレコードの周辺は、頽廃、享楽、悪徳が混ぜ合わされたようなゾーンが暗い都市風俗の翳を形成しており、鳥取春陽にとっては吹き荒れる風と雨の日、冷たい夜風に吹かれながら流し歩いた街頭演歌師時代の頃を思い出させる雰囲気があった。ここにモダン名古屋の光と翳が交錯していたのである。

音感の男・鳥取春陽

昭和四年、ツルレコードにテナー黒田進が参画することによって、それとパラレルに、街頭演歌師から作曲家・歌手に転じた鳥取春陽の吹込みも本格的になった。昭和四年に入り、「酒場小唄」というジャンルで《淋しい夜は》（水島流口・作詞／鳥取春陽・作曲）、抒情詩の《黄昏の唄》（水島流口・作詞／鳥取春陽・作曲）が発売されたが、歌唱はいずれもアサヒ管弦楽団演奏による鳥取春陽である。

作詞の水島流口は松崎ただし（質）の変名で、「水島流之助」を名乗ることもあり、《恋慕小唄》《月は無情》などの作曲で知られている。大正街頭演歌を彩った作詞家の一人で、ツルレコードでも鳥取春陽とコンビをくみ仕事をした。

名古屋の東陽町は大衆的な商業地域で、広小路、大須、圓《えん》頓寺《どうじ》と比較して享楽的な盛り場ではない。「酒場小唄」の雰

《黄昏の唄》レーベル
（所蔵：宮古市新里生涯学習センター）

《淋しい夜は》レーベル
（所蔵：宮古市新里生涯学習センター）

囲気があり、モダニズムのスピード感もなく、モボ・モガも少ない。アメリカニズムが席捲する以前の名古屋らしい盛り場だった。松崎ただし（水島流口）はこの雰囲気が好きだったらしい。彼の作詞の「酒場小唄」は、賑やかなカフェーというよりも、酒場で一人酒を呑みながらしんみりと聴く昭和流行歌の先駆的なものだった。

鳥取春陽が音感の男であることはツルレコードでも変わりはなかった。昭和四年の暮れの或る日のことである。しんしんと冷え込む霙《みぞれ》まじりの寒い日だった。スタジオでは、赤く燃え上がったストーブを囲んで、早めにきていた楽士たちに、吹込み技師の福永という人物がしきりに春陽のことを語っていた。鳥取春陽がいかに素晴らしい音楽センスの持ち主か、吹込みの伴奏をする演奏者に力説していたのだ。

「僕は永い間技師として、方々のレコード会社で録音の仕事をさせてもらった。いろいろな作家を知っているが、彼の右に出る者はいない」

福永は一呼吸置いて、また喋りはじめた。

「まず、仕事が早い。詩やコミカルなドラマの原稿も書くし、自ら演出、実演、バックミュージックも一人で数人分の仕事をこなす」

昭和五年二月新譜で発売された《戀の思（ひ）出》（鳥取春陽・作詞／作曲）は、やはり福永がのべるように春陽の作詞家としての技量を十分に示していた。

暮れゆく山の上に　のぼり来て
涙あふれぬ　わが瞳
悲しき恋の　おもひ出は
君と語りし　此木陰

この歌は青春の哀歓を感じさせる。流行歌では、清純な二人の淡い恋がテーマになるが、春陽の《戀の思（ひ）出》は、その先駆的なものである。演奏はアサヒ管弦楽団で、歌は鳥取春陽。ジャズ新小唄の《私のメリー》もモダンな流行歌として発売された。

福永は、ますます得意気になって春陽を賛美する言葉を続けた。今度は、特に音感の良さを強調した。

「曲を採譜する時でもレコードを二、三回廻したと思ったら、もうメロディーを採ってしまっている。そこらの音楽学校の先生よりも音感が良い。大酒さえ飲まなかったら、大した男だが、これがあるから、凄いのだろう」

福永の言葉どおりに春陽は己の才能をツルレコードでフルに発揮した。昭和五年一月、正月新譜では、大和家杵子の歌でレコード番号五四〇五《良いじゃありませんか（上野小唄）》（鳥取春陽・作詞／作曲）、丸山利子、南陽菊栄、鳥取春陽の掛け合いでレコード番号二五一〇《恋慕小唄》（渋谷白涙・作詞／鳥取春陽・作曲）、春陽の日本民謡の造詣の深さを十分に生かした歌唱で《新磯節》《大漁節》が発売された。

二月に入るとアサヒ管絃楽団の演奏でレコード番号五四一一ABの《戀の思（ひ）出》（鳥取春陽・作詞／作曲）《私のメリー》、三月には、すでにトンボ印のニッポンレコードで吹込んでいた《三崎小唄》（正岡蓉・作詞／鳥取春陽・作曲）が発売されている。いずれも鳥取春陽の歌唱である。

ツルレコードでは、赤レーベルのほかに紺レーベルの盤もある。昭和五年六月新譜では大正街頭演歌師時代の《浮草の旅》《さすらいの唄》が発売された。また、黒田進とのコンビでは、《椿姫の唄》（マキノ文芸部・作詞／鳥取春陽・作曲）が同月新譜発売。A面は、黒田進の独唱で《荒城の月》がカップリングされている。九月新譜の《二八娘》（平井潮湖・作詞／鳥取春陽・作曲）《酒樽小唄》（平井潮湖・作詞／鳥取春陽・作曲）は、和太鼓や木琴が組み合わされた和洋合奏の演奏に黒田進の歌唱も冴えている。とにかく、ツルレコード時代の鳥取春陽は、まさに作詞、作曲、歌手として一人三役、八面六臂の活躍だった。

麻雀ブームとダンスホール

春の陽気が感じられる昭和五年四月、ツルレコードから新譜で《麻雀小唄》（平井潮湖・作詞／鳥取春陽・作曲）が発売された。ツルレコード目録の四月の新譜案内には、つぎのように紹介されている。

「春の名残りの雪とけて、冬ごもりせる若草も燃ゆる春日に恵まれて――殊に流行歌は本社の最も得意とする處にて毎新譜毎にお耳新らしき物を発売仕り多大の御好評を博して居りますが今度は目下各都市にて流行の家庭遊戯、麻雀を首題として麻雀小唄を創作いたしお馴染の大和家杵子山田貞子の両嬢に依って吹込いたしました故何卒御試聴御批判を賜はらん事をお願申上ます」（『ツルレコード目録四月』）

当時、巷では「麻雀ゲーム」が流行していた。すでに昭和四年の三月、国民新聞と日本麻雀連盟によって全国選手権が開催されるなど、その流行は燎原の火の如く拡大をみせていた。名古屋での麻雀の流行が席捲するのは昭和四年からであり、昭和五年の秋にブームの頂点に達する。名古屋市内にも陸ビルの麻雀倶楽部を皮切りに猛烈な勢いで麻雀荘ができた。鳥取春陽作曲の《麻雀小唄》は名古屋の麻雀ブームの火付け役となりそれに拍車をかけたといえる。

歌の前奏には中国音楽によく使われるドラが入っている。そのけたたましい出だし音のわりには品の良い甘い旋律の前奏だった。また、《麻雀小唄》は、翌五月、黒田進のレコードが発売されている。B面には《良いじゃありませんか》（鳥取春陽・作詞／作曲）がカップリングされていた。

鳥取春陽が大阪、京都、名古屋と、関西中部のレコード会社で活躍している頃、東京のレベルは彼の予想を上回るほどの高さをしめしていた。レコード会社に吹込みにくる楽士やダンスホールのバンドひとつとっても、その演奏能力は、関西を大きく引き離していた。とくに大阪のダンスホールが昭和二年十二月いっぱいで全面禁止されたこともあり、関西の楽士たちが東上したことが大きかったといえる。名古屋はそれよりも早くダンスホールが禁止されていた。禁止以前は「ビナ・ダンスホール」というものが大須会館にあり、その後、陸ビルに移り、ジャズバンドも入れるなどいよいよ本格的なダンスホールの隆盛を迎えようとした頃、突然禁止となったのである。

名古屋のダンスホールの禁止の要因は、花柳界で流行した裸踊りを兼ねたお座敷ダンスと無関係ではなかった。今西英造の『演歌に生きた男たち』には「黒瀬と花園歌子は名古屋のさる有力なパトロンをつかんで（一説には松坂屋の伊藤一族）大須遊廓あとの旅館を根城にして、ダンス芸者の養成所を開いたがこれが大当たり」と記されている。黒瀬とは黒瀬春吉のことであり、「性の実験室」を謳い文句にし、浅草の観音裏の馬道付近にあった「パンタライ社」（パンタライとはギリシャ語で「万物流転」の意味）の社主だった。女優派出という看板を掲げながら、その実態は官能的な刺激をひたすら追求するヌードショー・裸踊りをメインにした、いわゆるストリップショーである。その中心である黒瀬春吉と花園歌子が名古屋に裸ダンスをもたらし、花柳界のお座敷にも流行させたことがその格式を汚し、ダンスホールの禁止に影響をあたえていたと考えられる。

昭和モダンを踊らせるジャズ・ソングの隆盛を迎えると、東京の大手メジャーレーベルのレコード会社は腕利きのバンドマンを集めオーケストラを編成した。井田一郎率いる「日本ビクター・ジャズ・バンド」、「アーネスト・カアイ・ジャズ・バンド」、「ラッカンサン・ジャズ・バンド」、紙恭輔の渡米後ビクターからコロムビアに転じた井田一郎が指揮する「コロムビア・ジャズ・バンド」などが次々と結成され、ジャズ・ソングのレコード吹込みに拍車をかけていた。このような情報は、当然名古屋のツルレコードで活躍する春陽の耳にも入っていた。鳥取春陽は、本格的な東京への進出の時期を感じていたのである。

カフェー歌謡

広小路は名古屋のメインストリートである。一六六〇年の「万治の大火」は名古屋城下の半分を焼き尽くすほどの被害をもたらしたが、これを契機に道幅が三間から十五間（二七・二七メートル）に広がり、名称も「堀切筋」から「広小路」へと変わった。

昭和初期の広小路を中心にしたスピーディーな名古屋のモダン空間と面貌は『百萬・名古屋』につぎのように描かれている。

「心臓《しんぞう》廣小路は、窒く道路をアスファルトにして以來は、面目を一新、行路樹の鈴懸の青葉風にそよぐ風情《ふぜい》、立ち並んだ堂々たる銀行、會社のビルデング、各店舗飾窓《ショウウヰンド》の輝き、晝を欺くネオン・サインの光《ひか》り、交錯する自動車、トラック、自動自轉車、GO・STOPの青赤シグナル等々」（『百萬・名古屋』）

広小路は、赤いネオンが輝く艶やかなカフェー街だった。カフェーとは、フランス語でコーヒー店のことであるが、日本では意味が異なる。女給をおいてトンカツやカレーライスなどの洋食を食べてお酒を飲むところであった。だが、やがて、食欲よりも情欲が強くなって酒と女の色気に酔い痴《し》れ、戯れる場所に変貌していった。震災以後、モダニズムの現象と相まって、いつしか「官能文明の先端をゆく紳士たち」に猟色の場所を提供したのである。

東京のカフェーは、明治四十四年、松山省三が銀座の日吉町二十番地に開いた「カフェー・プランタン」に始まる。現在の銀座八丁目の並木通りあたりだ。これは、文化人のサロンの性格が強かった。したがって、本格的なカフェーといえば、同年八月、銀座尾張町（現銀座四丁目）に精養軒の経営

戦前の広小路

でオープンした「カフェー・ライオン」である。三十名の女給が置かれた。同年十一月には、「カフェー・パウリスタ」が開店して本格的なブラジルコーヒーを飲ませた。震災後、東京のカフェーは急増する。昭和四年八月の警視庁の統計によれば 六一八七軒、女給の数は一万三八四九人をしめした。

震災後の東京の二大カフェーは、カフェー・ライオンとカフェー・タイガーである。西條八十が《当世銀座節》で〈虎と獅子とが酌に出る〉と作詞したのは、この二大カフェーのことである。また、昭和三年、大阪のニットー・レコードの《銀座行進曲》（正岡蓉・作詞／塩尻精八・作曲）では〈タイガー女給さん　文士が好きで　ライオンウエイトレス　レディー気取り〉という歌詞が登場し、当時の両カフェーの様相を巧みに表現している。ライオンは、ビールが五リットル売れるたびに一階の青銅製のライオンが吠える仕掛けがあった。やがて、震災後突如銀座に進出したタイガーが一時期そのライオンを圧倒する。なぜなら、女給のサービスがライオンよりも濃厚だったからである。

二村定一は、そのようなカフェーを舞台に昭和五年一月新譜でアーネスト・カアイ・ジャズ・バンド演奏の《洒落男》（坂井透・訳詞／フランク・クルミット・作曲）を大ヒットさせ、絶頂を極めた。原題は《ゲイ・キャバレロ》。作曲者のフランク・クルミットは、舞台、レコード・ラジオに活躍したエンターテイナーである。ノベルティー・ナンバーを得意とした。

黒田進は赤いネオンが輝く不夜城・広小路のカフェー街を「和製プレジャンを気どった演歌師」に扮し《洒落男》を流し歌い歩いていた。かつて、青い灯、赤い灯が艶冶に色めく名古屋のカフェー街は明治大正期の街頭演歌師たちが流し歩いた伝統があり、黒田の盟友鳥取春陽もそれを担った一人である。

納屋橋から仲ノ橋を越すと、大阪の赤玉に負けない威容を誇る赤玉カフェーがあった。大阪の道頓堀の夜空に輝くムーランルージュの赤い風車と同様に、名古屋の赤玉の風車も光彩を放ち色鮮やかに回っていた。広いホール中央はサロンスペースとなり、四隅にボックスがある。女給の数は三十余人。街頭での宣伝は凄まじかった。

広小路を代表するもう一つのカフェーがユニオンである。住吉町の角の明治銀行の地下にあり、「グレート・キャバレー」の名に背かないゴージャスさを誇っていた。内部の装飾はヨーロッパ風で、樹木の配置も異国情緒たっぷりであった。中央には立派な舞台があり、ジャズバンドの演奏による黒田進のレヴュー形式の歌謡ショーも催されていた。女給の数は四十人ほどいて、その代表格が東活の女優だった月村節子である。この名古屋を代表する赤玉とユニオンの二大カフェーは東京・京阪から来るカフェー通さえも驚くほどの豪華さだった。

鳥取春陽が大阪カフェーのジャズバンドを使って吹込みをしていた関係で、東京へ行く途上のジャズメンが名古屋のカフェーにも来て演奏した。『百萬・名古屋』には「蓄音機が歩頭の人々の足を踊らすアメリカ協奏曲を奏でる」とあるが、ジャズレコードのみならずバンド演奏もジャズの狂騒を奏でていた。夜のネオンが発する艶めく色彩とジャズの響きは広小路をニューヨークのブロードウェイそのものに思わせた。

黒田は繁華街の路上でも歌った。路上空間で流し歌いながら、自分は二村よりも歌手としての力量が上であるとアピールしたかった。表通りでは自慢の喉をふるわせオペラ調にして朗々と歌った。《君恋し》も二村定一を意識して歌った。

昭和五年秋、大阪のスタンダードレコードから発売された鳥取春陽のカフェー歌謡《思い直して頂戴な》（塚本篤夫・作詞／鳥取春陽・作曲）も名古屋のカフェー街で流れるようになった。カフェー街での流行が明確になると、ツルレコードでも早速吹込まれた。これは昭和六年十月新譜で発売された。歌ったのは佐藤緋奈子という歌手である。

《思い直して頂戴な》は大正時代の初心《うぶ》な純愛そのものであった。広小路にはモボモガのアベックが語らう喫茶店があり、二人でカルピスを飲むほのぼのとした空間があった。ブラジルコーヒーが一杯五銭の時代である。広小路の老舗の喫茶店ライオンの装飾は豪華で天井からはシャンデリアが下がっていた。モダンな二人の語らいの象徴が喫茶店だった。

《思い直して頂戴な》は、作詞家としてツルレコードでも腕を振う塚本篤夫の数少ないヒット曲であり、彼の代表作でもある。塚本は本来、白鳥省吾や野口雨情の詩情に傾倒し詩界に入った民謡詩人だが、モダニズムを反映した詩句も得意としていた。

この歌は、オリエント、ツル、タイヘイの各レーベルから発売され、歌手も川田定子（山田貞子）、佐藤緋奈子、梅村早苗らが吹込んだ。翌昭和六年九月、ヒコーキからは、江上喜久代の歌で発売されている。多種少量生産のマイナーレコード会社からの発売とはいえ、これだけの会社で吹込めばかなりのプレス枚数である。しかも、大阪、京都、名古屋と主要都市のカフェー街は鳥取春陽の牙城である。外資系のメジャーレーベルのビクターから発売される一連のカフェー歌謡には勝てる自信を持っていたのである。

鳥取春陽は明らかに関西（大阪・京都）と中京（名古屋）を拠点にしたマイナーレコード会社の大同団結による一大勢力圏を《思い直して頂戴な》のヒットによって形成しようとしていた。《思い直して頂戴な》の吹込みがその第一弾であった。

エロ・グロ・ナンセンス

黒田進はツルレコードの貴重なテナー歌手であり、看板歌手だった。アサヒジャズバンド演奏、黒田進のテノール独唱によるジャズ新小唄《恋の川内川》が昭和五年二月新譜の赤レーベルで発売された。B面が立石智恵子のソプラノ独唱による《薩摩小唄》。同月新譜発売の《名古屋小唄》もジャズ新小唄というジャンルで発売された。演奏は「アサヒジャズバンド」、大和家杵子と城徳一の唄入りレコードである。だが、ジャズ調の色彩が見られる流行歌にもエロ・グロ・ナンセンスが色濃くなってきた。

エロ・グロ・ナンセンスは、崩壊、破滅へと進行する状況への不安を回避する、頽廃を内在した疑似的明るさである。その背後にある翳は闇の戦慄を感じさせる。『カジノ・フォーリー』（もともとは「フォリー」、読みやすいように「フォーリー」となる）と名乗るレヴュー劇団が浅草奥山通りの水族館二階に旗揚げをしたのは、昭和四年七月十日。「カジノ」は演芸場、「フォリー」は馬鹿騒ぎの意味。それが合成されて劇団の名称になったのである。その年の十二月、川端康成が

『朝日新聞』に小説『浅草紅団』を連載し、学生、インテリの注目を浴びるようになった。翌年、「金曜日には踊り子がズロースを落とす」という噂が流れると、その人気は爆発的となった。

エロ・グロ全盛時代になると、大阪からタイガーよりさらに濃厚なサービスを武器にしたカフェーが進出してきた。昭和五年六月の美人座が開店したときは、飛行機で大阪娘の女給を三十人ずつ数回に分けて輸送し話題を呼んだ。カフェーもダンスホールも大阪のやりかたに東京、名古屋の大都市が追随するようになり、モダニズムの消費文化は、まさに大阪文化が東京、名古屋を席巻しようとしていたのである。

大阪カフェーの進出によって東上してきたエロは、インテリジェンスを忘却した「バンクロフト型の野蛮美」(レヴューの踊り子や女給の肢体美のグロテスクを象徴した語)をもたらした。そして、エロがおさわり、接吻ではおさまらず、本能的なもの、いわゆる売春行為におよぶこともあった。名古屋のカフェーもエロ戦法が色濃くなり、その手法はパリの娼家顔負けだった。

「カフエーの洪水《こうずい》、酒場《パブ》の氾濫《はんらん》、その結果特殊な構造や、寄席の照明を案出して、盛んに客の争奪戦を始めた。更に女給のエロチックな戦術を以て客を曳《ひ》き始《はじ》めた」(『百萬・名古屋』)

御園の路面電車の停車場から北に歩くと伏見町に出る。その小路は大黒小路といって、別名カフェー小路とも呼ばれ、大阪カフェーの影響を受けた濃厚サービスを売りにしていた。元禄茶屋はその代表格であり、そこの女給はエロ丸出しの濃厚サービスで知られていた。『百萬・

名古屋』には大黒小路のカフェー街を「正に銀座裏と云ったところだ」と記しているが、永井荷風の『断腸亭日乗』に見られる「銀座裏通芝玉木屋裏の露地に白夜といふカフェー有。この店にては祝儀四、五円与る時は女給テーブルの下にもぐり込み、男の物を口に入れて気をやらせる由評判あり」と同様に濃厚なエロ行為が行われていたのである。

当然、エロ行為が蔓延すれば、警察の監視も厳しくなる。そして、「エロ・グロ」の汚染は流行歌にも現れた。そのハシリがビクターから発売された「ネエー小唄」第一号といわれた佐藤千夜子の《愛して頂戴》（西條八十・作詞／松竹音楽部／作曲）である。コロムビアからも東京音楽学校出身の河原喜久恵が歌った《ザッツ・オーケー》（多蛾谷素一・作詞／奥山貞吉・作曲）が発売された。そして、芸術歌曲を専門とするビクター専属の四家文子までが昭和六年に《わたしこのごろ変なのよ》（西條八十・作詞／町田嘉章・作曲）を歌っている。

ツルレコードで活躍する鳥取春陽も、エロ歌謡において、当時の風潮を反映して多くの曲を作っている。特に、昭和五年十二月新譜でオリエントから発売された《尖端小唄》（松崎流之助・作詞／鳥取春陽・作曲）は、エロ・グロに染まるモダンガールの生態がよく描かれている。《尖端小唄》の歌詞にも登場する「イット」とはクララ・ボウ主演の一九二七年の映画『It』からきたもので、性的魅力という意味である。その性的魅力はエロの根源であり、エロは連日新聞を賑わせた。

ツルレコードでも《エロ小唄》（平井潮湖・作詞／鳥取春陽・作曲）《だって淋しいからなのよ》《紐育の囁き》（塚本篤夫・作詞／レイモンド・作曲）《キッスセレナード》《逢えなきゃい、のよ》《早く帰って頂戴ネ！》《妾はあなたのものなのよ》《女は恋に弱いのよ》などのエロ歌謡が発売された。

これらの歌は肉体派のエロ攻撃の大黒小路のカフェー街でも随分と流れたのである。

そして、昭和七年以後、《誰にも内密でね》《浮気バンザイ》《薫る口紅》《君の口吻》《好いてくれるな！》《みんな私を好きと云う》などのエロ歌謡がツルレコードから発売され、そのような傾向の歌が急増し、ツルレコードのエロ歌謡は暗い闇への道筋を辿るかのようだった。「ツル印レコード」と書かれた煙突が見える市電の終点から南へ、瀬戸電鉄停留所から、矢田のガード下まで通ずる電車路の一帯は所謂「大曽根魔窟」といわれた場所である。『百萬・名古屋』には「間口《まぐち》一間半から精々《せいぜい》二間、セメント叩きの土間《どま》に粗末《そまつ》な卓《たく》、四五人の賣笑婦が、青い入口の暖簾《のれん》の蔭《かげ》から鼠鳴《ねずみな》きして、往來の遊野郎を呼び止める」とあるが、その描写はまさに魔窟である。また、魔窟気分を横溢させる怪しげなカフェーもあり、工場の職工、土工らの客寄せのために、蓄音器から得体のしれないレコードを流していた。ツルレコードから発売されるエロ歌謡の急増を考えれば、頽廃を色濃く反映した猥雑不気味なエロ歌謡がそこで流れていたことは十分に考えられる。

Ⅱ　名古屋ジャズ

1　ツルレコードのジャズ・ソング

モダンとジャズ

宮崎駿の『風立ちぬ』は、昭和初期の名古屋が舞台となっている。主人公は、東京帝国大学を卒業すると、航空機の設計技師として名古屋の航空機製作会社に就職した。近代化された名古屋駅に降り立ち彼が見た光景は、スピーディーに流動するモダンな空間であった。

昭和とは、大衆文化においてまさにアメリカの時代だった。アメリカの影響を受けた消費文化のすさまじい発達は、人々の感覚を刺激し享楽へと駆り立てる。これまでは一部の人々の間に占有されていた「嗜好品」が、きらびやかな装いを凝らして安価に大衆の前に登場した。活動写真、自動車、ラジオなどの普及、ビルディングに代表される鉄筋コンクリート建築、アパート型の新形態の都市への脱皮、ネオン、カフェー、レヴューの流行、文化住宅の書斎を飾る円本、『キング』などの大衆雑誌の氾濫。機械文明、都会主義、大衆娯楽、それらモダニズムが大衆を魅了した。そのなかでも、電気吹込みによる新時代の流行歌はジャズのリズムにのって大衆の耳に快く響いたのである。

ジャズは、特定の個人の創造物ではなかった。アメリカのなかで「もっとも複雑な人種構成と地理的条件を備えていたニューオリンズという港町の特殊な社会的環境と歴史的背景」（大和明『ジャズの黄金時代とアメリカの世紀』）をもちながら、黒人特有のリズム、労働歌、奴隷としての生活から生まれた悲哀に満ちた叫びとクリ（レ）オール（フランス人と黒人の混血）が持ち込んだ西洋音楽との結合によって誕生した音楽である。

日本におけるジャズの先駆は、明治四十五年（出港してから数日後の七月三十日、明治天皇が崩御し、大正に改元）アメリカ行きの東洋汽船の地洋丸に乗り込んだ五人の青年である。波多野福太郎、奥山貞吉、田中平三郎、斉藤佐和、高桑慶照、いずれも東洋音楽学校（現在の東京音楽大学）の卒業生だった。この船出には当時校長であった鈴木米次郎も一緒に乗船した。

大正十四、五年頃、日本はジャズエイジを迎え、ジャズレコードの響きが目立つようになった。二村定一が外国のジャズ・ソングをニッポノホン（日本蓄音器商会のレーベル）に吹込み始めていた。大正十四年十一月新譜《テルミー》（妹尾幸陽・作詞／マックス・コートランダー・作曲）、《スパニッシュ・セレナーデ》（堀内敬三・訳詞／ビゼー・作曲）、大正十四年十二月新譜《ヴァンプ》（堀内敬三・訳詞／ガイ・作曲）、《イエス・ウィ・ハブ・ノー・バナナ》（F・シルバー&I・コーン・作曲）、大正十五年一月《スエズ》（妹尾幸陽・作詞／P・デ・ローゼ&F・グローフェ・作曲）、《ドリゴのセレナーデ》（堀内敬三・訳詞／R・ドリゴ・作曲）など、これらのレコードはダンスホールやカフェーの蓄音器から新時代を感じさせる音楽として流れた。

すでにのべたように、昭和に入り、名古屋のダンスホールは禁止されていたが、広小路ではアメリカ狂騒曲と言われたジャズレコードが街頭の拡声器から流れ、流動する雑踏の中で響いていた。ジャズ演奏もダンスホールからカフェーに移り、妖艶な空間に心地よいリズムを与えていた。ツルレコードにやって来た鳥取春陽は名古屋もジャズの街に変貌していることを感じた。ジャズの魅力はリズムとコード進行、そして即興演奏である。鳥取春陽はこれを使って、ジャズ民謡、ジャズ小唄、書生節ジャズをツルレコードでも吹込もうとしたのである。

昭和三年一月、日本コロムビアが成立し、すでに成立していた日本ビクター（昭和二年九月設立）同様にジャズバンドがレコード吹込みの中心なると、大阪からジャズメンの移動が始まった。名古屋のツルレコードはそれを逃さなかった。また、大正後期、ニッポノホンでジャズ・ソングを吹込んだ二村定一がビクターでも吹込むという情報がツルレコードに入ってきていた。ビクターは大阪から東京へ移動した井田一郎のバンドを中心にレコード吹込み用のジャズバンドを編成しようとしていた。そこに二村定一がジャズシンガーとして加わるのである。そうなると、ツルレコードもそれに対抗しなければならない。多彩なジャズ・ソングや邦楽レコードを企画し、伴奏楽団の演奏水準を上げるために関西から東上するジャズメンや楽士を積極的に集め「アサヒジャズバンド」に編成し、ジャズヴォーカルとして黒田進を起用したのである。

たしかに、大正後期から昭和三年頃までのジャズ演奏はあくまでもバンド演奏が主体であり、歌は演奏の一部にすぎなかった。なぜなら、当時のジャズ演奏はダンスミュージックの性格が強く、踊るための音楽だったからである。ところが、ジャズ・ソングが流行歌として隆盛すると、ジャズ演奏における歌手の個性が要求されるようになり、ジャズヴォーカルとして認識されるようになったのである。

黒田進――ジャズ・ソングの吹込み

フォックス・トロットは、日本製のジャズ・ソングのリズムになった。昭和三年春、ジャズのリズムにのったカフェー流行歌の大ヒットが、まず大阪のニットーレコードから生まれるべくして生まれた。それが行進曲ものの大ヒット第一号、〈赤い灯　青い灯　道頓堀の〉でお馴染みの《道頓堀行進曲》（日比繁次〔治〕郎・作詞／塩尻精八・作曲）である。

ジャズ・ソングは舶来のポピュラーソングの総称で、タンゴ、ルンバ、シャンソンなど舶来なら何でもジャズ・ソングと言った。昭和三年十月新譜で、ビクターから《青空》（堀内敬三・訳詞／ドナルドソン・作曲）《アラビアの唄》（堀内敬三・訳詞／フィッシャー・作曲）が発売され、ジャズのテンポがダンスホール、カフェーで流行しはじめていた。歌は二村定一、伴奏は井田一郎率いる日本ビクタージャズ・バンド。メンバーは、井田一郎（バンジョー）高見友祥（サックス）橘川正（トランペット）河野絢一（トロンボーン）関真次（ピアノ）泉君男（ドラムス）。翌十一月コロムビアからは《あほ空》（天野喜久代・共演　＊レーベルに「あほ空」と表記）《アラビヤの唄》（すでに五月に日本蓄音器商会の鷲印ニッポノホンから発売）が《森の鍛冶屋》（ミカエリス・作曲）《新訳ヴァレンチア（ヴァ

《青空》レーベル
（所蔵：加藤正義氏）

レンシア)》(パディラ・作曲)とともに発売された。

昭和三年十月のツルレコードの月報をみると、日本小唄ジャズとして「アサヒジャズバンド」の演奏による《深川節》《桑名の殿様》が新譜発売されている。俗謡に眠る日本人の心情がジャズのリズムに乗り、ジャズ・ソングブームの兆しを見て、和洋合奏によるジャズレコードが発売されたのである。おそらくこの手法を得意とする鳥取春陽が編曲したと思われる。

では、ツルレコードのジャズ・ソングだが、それは大手メジャーレーベルのビクターの二村定一のジャズ・ソングに対抗して企画し、黒田進が当時流行のジャズ・ソングの《アラビヤの唄》(堀内敬三・訳詞/フレッド・フィッシャー・作曲 *ツル盤は「アラビヤ」と表記)《青空》(堀内敬三・訳詞/ドナルドソン・作曲)を吹込んだことに始まる。

沙漠に日が落ちて　夜となる頃
恋人よなつかしい　唄をうたおうよ
あの淋しい調べに　今日も涙ながそう
恋人よ　アラビヤの唄をうたおうよ

このジャズ・ソングのレコード番号が二〇〇〇番台なので、レーベルはビクターを意識した赤盤である。新譜発売は昭和四年三月。ビクター、コロムビア盤に比べて発売が遅かった。演奏はアサヒジャズバンド。このバンドは松坂屋少年音楽隊出身のメンバーで編成されていた。

大阪と東京の中継となった名古屋の近代音楽普及の歴史は松坂屋少年音楽隊と陸軍第三師団軍楽隊の演奏による洋楽普及貢献に始まっている。

松坂屋少年音楽隊は明治四十四年四月十八日に設立した。昭和に入ると、早川弥左衛門がシンフォニックなサウンドを求め、交響楽団へと発展させるため尽力していた頃だが、ジャズバンドに流れる楽士も多かった。彼らにとってレコード吹込みは実演を経験するうえで格好の場だった。また、エノケンのジャズ・レヴュー楽団（PB管弦楽団）で作曲・編曲を行った栗原重一（指揮者）も同音楽少年隊の出身で明治四十四年入隊した。栗原はアメリカからの直輸入の新譜を研究しエノケンのジャズを充実させたが、その洋楽の基礎は松坂屋少年音楽隊で鍛えたものであった。

名古屋の興行界は広小路通りの繁華街、大須観音の界隈における古くからの芝居の興行の歴史があった。やがて大正時代の活動常設館の映画館音楽を経て、ツルレコードにおけるレコード吹込みが多くの職業演奏家に洋楽演奏の場を提供することになったのである。

《アラビヤの歌》と《青空》は、帝キネ専属の東一聲（声）の吹込みレコードもツルレコードから発売されている。これは昭和四年四月、紺レーベルで新譜発売された。東一聲の吹込みレコードは書生節調のジャズ・ソングを中心に紺レーベルの五〇〇〇番台で、昭和四年から五年にかけて《濱唄物語》《懐かしのエプロン》《別れの戀》《浮気者》《戀の花》《酒場の桜》《ラインの流れ》《さざ波》《瀬戸の港》《ジャズが鳴る》《ハンドバ（パ）ックモダン》《チャンチューの唄》《別れのキッス》《百パーセント》《悩ましの胸》などが発売されている。東一聲については、帝キネ専属ということしか分からず、街頭演歌師を含めた複数の歌手が「東一聲」の名前を使って吹込みを行った可能性があり、その経歴はよく分かっていない。また、民謡を素材にしたジャズ小唄では常盤静子がアサヒジャズバンドの演奏によって《佐渡おけさ》《串本節》などを吹込んだ。これも東一聲盤と同様に紺レーベルの五〇〇〇番台で発売されている。

《酒場の櫻》レーベル
（所蔵：加藤正義氏）

二村定一への対抗

ツルレコードのスタジオのマイクロフォンの前に立つ黒田進のジャズ・ソングは明らかに二村定一を意識しての吹込みだった。二村定一は浅草オペラ出身とはいえ、浅草ではテナーのスター歌手だったわけではない。その二村が昭和モダンを迎え、ジャズシンガーとして躍り出たのだから、黒田が二村を意識するのも無理はなかった。

演奏のアサヒジャズバンドは井田一郎らのビクター盤の編曲を模倣しているが、演奏レベルはかなり見劣りした。黒田も二村定一のジャズヴォーカルによる吹込みのビクター盤、ニッポノホン盤の演奏を聴いていたので、アサヒジャズバンドの演奏には不満が残った。黒田は、上野中退とはいえ、梁田貞の弟子としての自負もあり、浅草で高田雅夫に歌を習った程度の自己流の二村に負けるはずがないと思っていた。カフェー街をターゲットにした多種少量生産のマイナーレーベルとはいえ、上野のプライドをかけても負けられなかったのだ。だが、アサヒジャズバンドの演奏がこれでは、競演するどころか全くお話にならない。黒田進の歌唱によるツルレコードのジャズ・ソングは、完全に二村のジャズ・ソングレコードに差をつけられてしまったのである。

黒田のジャズ・ソングが関西、中部地方のカフェー街に流れ出した頃、東京の水準は鳥取春陽を中心とするツルレコード文芸部の予想を上回るほどの高さをしめしていた。ツルレコードに吹込みにくる楽士やダンスホールのバンドひとつをとっても、その演奏能力は、関西、中京を大きく引き離していた。すでにのべたように大阪のダンスホールが昭和二年十二月いっぱいで全面禁止されて以降、腕に自信のある楽士たちは東上するものが増え、それが大きかったといえる。ツルレコードとしては、楽士たちに名古屋で途中下車してもらい、アサヒジャズバンドに加え、演奏の水準を上げることが必須だったのである。

一方、二村定一は浅草でジャズバンドの演奏に乗って、バンドシンガーの地位を得てソリストとして颯爽とコンサートの舞台やアトラクションのステージに登場した。《浅草行進曲》《青空》《アラビアの唄》と次々に歌い、館内は割れんばかりの拍手の渦だった。電気館の並びには、東京倶楽部、常盤座、金竜館が連なる。向かいには松竹の封切り館である帝国館がある。各劇場は客集めのために二村定一がジャズ・ソングを歌うアトラクションを企画した。浅草の群衆は二村の歌に注目したのである。

昭和四年九月新譜で《思出（スーベニヤ）》（川畑誠二・作詞／ニコル・作曲）が黒田進の歌唱でツルレコードから発売された。演奏のアサヒジャズバンドの腕も、大阪から東京へ東上するジャズ演奏家が加わることによってかなり演奏の水準をあげていた。ようやく、アサヒジャズバンドの演奏レベルも大手メジャーにある程度は近づき始めたのである。

心のすがた取りやらず　ひとり寂しき夕暮れや
清き心やさし便り　我に与えし慰めよ
燃ゆる思い胸に秘めて　君と語りし思出よ
涙ながらその日しのぶ　いまも儚き思出よ

このジャズ・ソングは二村定一、天野喜久代、青木晴子らメジャーレーベルのレコード歌手らによってすでに発売されていたので、二村定一に対する対抗心のみならず、黒田進のメジャーレーベルへの対抗心は相当なものがあった。

2　充実するジャズヴォーカル

映画主題歌

昭和六年の晩秋、日本の流行歌界は藤山一郎の声楽技術を正統に解釈したクルーン唱法による古賀メロディーが一世を風靡して以来、ギター曲が流行歌の主流になり始めていた。そこで、ツルレコードは中野二郎にギター曲を作らせる一方、ジャズ・ソングを充実させる方針を採った。このようにツルレコードの東京のメジャーレーベルへ向けられた対抗意識は凄まじかった。ジャズ・ソングには佐藤緋奈子、永井智子、谷田信子（織田のぶ子）、立石喬子などの女性歌手も投入した。その中でも織田のぶ子が吹込んだ《みんなが私を好きと云ふ》（大和麦二・作詞／ハリー・ルビー・作曲）は、原曲がマルクス兄弟のパラマウント映画『御冗談でショ』の主題歌で知られ、歌詞には〝Everyone Say?〟〝I Love You〟という英語が入るなどいかにもモダンを感じさせ、合いの手に〈ルルルルル〉と黒田進の歌を入れる工夫が凝らされていた。

昭和七年に入ると、ツルレコードのジャズヴォーカルは充実する。黒田進のジャズ・ソングが発売されたのだ。《お丶天使よ》は昭和七年二月新譜発売で、ユナイテッド映画『魅惑を賭けて』の主題歌。このジャズ・ソングは藤山一郎が東京音楽学校在校中に吹込んだポリドール盤が知られている。

遠く星はかがやく　遠く君はほほえむ
こころなつかしく慕えば　いとしの夢は吾に来る

ああ君、いずこや　その声その唄
うるわしの空高く　君が眼燃え輝けり
ああ君、あかるく　美しのほほえみ
吾が見るはいつか君が夢
青い小鳥よ　吾が君よ

この映画『魅惑を賭けて』の主題歌には永井智子が吹込んだ《私のオーロラ》（畑喜代司・訳詞／フドルフ・フリムル・作曲）もあり、《お丶天使よ》とカップリングで発売された。

一方、浅草で人気を博す二村定一が吹込んだコミックソング、《もぐりの唄─靴屋の大将の内》（飯田心美・作詞／フレッド・パーリー／チャゴン・作曲）が昭和七年六月新譜の発売で太陽レコードというマイナーレコードから発売された。これはフランスのパテ映画『靴屋の大将』の主題歌で、コミックソングとしてジョルジュ・ミルトンが歌って話題になった曲である。ツルレコードではタイトルを《あたしやお里がなつかしい》（松村又一・作詞／フレッド・パーリー／チャゴン・作曲）にして発売した。ツルレコードは黒田進を起用し、早速このコミックソングを二村とエノケンに対抗してレコード化したわけだが、歌唱者の黒田も二村とエノケンのペーソス溢れるコミカルな歌唱を意識し、麗しのパリの郷愁に殉じながらもソフトに軽いコミック調で歌っている。歌詞には「シャンゼリゼ」「モンマルトル」「マロニエの並木道」「ムーランルージュ」など、青空が広がる花の都パリの風景が盛り込まれ、憧れの都の抒情が目に浮かぶようである。パロディー中心の二村盤とは対照的だった。

なつかしき街なれば　恋しき人なれば
甘き思い出に涙流るる
シャンゼリゼよモンマルトルよ
花の都はわが憧れ
マロニエの並木道　なつかしいモン・パリ
青空よ鐘の音よ　恋しきモン・パリ
夕べ夕べのそぞろ歩きに
アミーと聴くは、おおアコーディオン　ヘイ！
わが恋よわが夢よ　なつかしのモン・パリ

これを作詞した松村又一のツルレコードとの関わりは鳥取春陽との縁によるものである。ツルレコードから昭和七年十二月新譜で発売された《みんなが私を好きと云ふ》と《泣き濡れて》

の作詞者である大和麦二は松村又一の変名である。松村は農民詩人でありながら、まったく対極のエロ歌謡の色彩が濃い詩句を提供した。

シャンソンとタンゴ

黒田はジャズ・ソングを精力的にツルレコードで吹込みながら、名古屋から大阪に向かい、船場、島ノ内、千日前へと流し、艶めく色街とは対照的なうらぶれた裏通りで唄っても、相変わらず金を一銭も取らなかった。裏通りの人間の相貌の奥に共通して感じられる貧しさに応えるかのように唄ったのだ。凍てついた夜の底を白い風が吹く日、過ぎ去りし思い出に郷愁を求め、涙を流しながら唄うこともあった。決して、夜に虚空に響く己の唄に酔っているのではなかった。

かつて、カフェーの蓄音器からは、書生節、新内、端唄などの粋なレコードが流れていたが、この頃になると、ラジオというメディアの発達、電気吹込みという最新システムによるレコードが溢れ、蓄音器も蓄音機に変わり、ジャズ調の外国の流行歌・映画主題歌、古賀メロディーが流れることが多くなった。そのため路地裏で奏でる演歌師の姿もめっきり少なくなっていた。だが、放浪から滲み出る孤独な身を象徴するような黒田の美声が猥雑な裏街で響いた。

黒田はフランス映画『巴里の屋根の下』の主人公の演歌師（アルベール・プレジャン）を気どりアコーディオンを奏でる姿がますます板につき、名古屋のいたるところのカフェー街で客のリクエストに応えていた。彼の得意とするところは、薄汚れたパリの裏町に漂うペーソスを歌うシャンソンだった。

昭和七年二月、陽気なシャンソン風の《掻払ひの一夜（マドロスの唄）》（塚本篤夫・作詞／パレス・作曲）が発売された。この盤では黒田は軽くソフトな面をだしている。このシャンソンはテノールの奥田良三もポリドールで吹込んでおり、黒田としては楽壇の雄・奥田良三には負けられなかった。奥田は大正十三年、東京音楽学校を中退しイタリアへ留学。昭和四年、ローマ・サンタ・チェチーリア音楽院を卒業、帰国後「植森たかを」「鈴野雪夫」の名前でコロムビア、ビクターで流行歌を吹込む。その後ポリドール専属となり意欲的に流行歌を吹込んだ。奥田良三はリリコレジェロの音色をもつテノールの声楽家として、日本声楽界の雄として君臨した。

《恋の巴里っ子》（塚本篤夫・作詞／ラルフ・エルウィン・作曲）でも、黒田は従来のオペラを意識した感情溢れんばかりの歌唱を捨てて軽くソフトに歌っている。黒田は大阪のカフェー街でも名古屋の広小路でもアコーディオンを弾きながら、流行歌のみならずシャンソンを歌い歩き、リクエストにも応えていた。《掻払ひの一夜（マドロスの唄）》《恋の巴里っ子》などはお得意とするところだった。広小路ではモボとモガがネオンサインの光の波の中で、「ボンソワ（今晩わ）」と「アデユウ（さようなら）」を交わしている。ここに黒田のアコーディオンの音と歌声が加わると、広小路はさながらパリの街角のようだった。

作詞の塚本篤夫は農民詩を出発点にしているが、エロが色濃く反映されるジャズ・ソングの詩句にも手を染めていた。土俗的な農民詩を心情としながらも、彼の生活はモダンそのものであり、芦屋の有閑マダムとの浮名を流すなど、実体験にもとづいて作詞をしている。西條八十への対抗意識は尋常ではなく、とはいえエロさながらの自由恋愛を詩作するという矛盾に塚本の苦しみがあった。

塚本はコンチネンタルタンゴでお馴染みの《小さな喫茶店》を《紐育の囁き》というタイトルに代えてエロ満載の詩句を施し作詞をしている。昭和六年十月新譜で発売された。この歌には「ホールドアップ」「ウィンク」「キッス」「ネオン」などのモダン語が鏤《ちりば》められ、〈キッスがいいなら　さあどうぞ　それとも乳房が　乳房がほしいなら〉とエロ・グロ・ナンセンス時代の世相と風俗を反映している。また、〈ブロードウェイが　憂いの灯をたてて忍ぶ車は二人連れ〉という歌詞は、塚本のブロードウェイ趣味を反映していた。

ホールドアップに泣いたとて
ジャズと浮気な　浮気な夜が更けりゃ
仇なウィンク、ジャック・モーション
抱いて抱かれた囁きは
人に語らず　語らず悟られず
伊達者が恋のプロポーズ

キッスがいいなら　さあどうぞ

それとも乳房が　乳房がほしいなら
ホテルの部屋は二号室
ネオンサインの雨と降る
ブロードウェイが　憂いの灯をたてて
忍ぶ車は二人連れ

『百萬・名古屋』では広小路を日本のブロードウェイと讃えているが、この《紐育の囁き》は、ネオンの光輝く繁華街のモダン趣味と、エロ・グロ・ナンセンスの頽廃ぶりを反映していた。

三文オペラ

クルト・ヴァイルの『三文オペラ』は日本でも映画化され、ブームとなった。《匕首メッキーの唄》（志保花明・訳詞／クルト・ヴァイル・作曲）は日本では《マック・ザ・ナイフ》として戦後知られるようになったが、すでに黒田進によって戦前、ツルレコードで吹込まれていた。レコードは昭和七年四月新譜で発売された。

するどい刃をした匕首持って
メッキーはあるくが誰も知らない

川辺に一人の男が死んでた
其処に居たのは匕首メッキー

一人の金持　行方が知れず
それからメッキーの金づかいが荒い

女が乳房を匕首で刺された
波止場をメッキーが歩いて居たが

下町の大火で子供が死んだ
野次馬の中でメッキーが見てた

有名な後家さんが死ぬ目にあった
有名な後家さんが死ぬ目にあった

メッキーがどれほど値打ちがあろう

B面も『三文オペラ』の劇中で歌われる《タンゴ・バラード》が原曲の《惚れ合った二人》(志保花明・訳詞/クルト・ヴァイル・作曲)で、黒田がA面同様に歌った。志保花明は塩入亀輔の変名。ジャズ愛好家として知られる音楽ジャーナリストである。

なつかしい過ぎ去りし日
ともに暮らした二人
はるかに浮かぶかの日
苦労をしあった二人
それでいい、それでいい

嫌な客などきた時に
笑い顔を見せねばならぬ
お前の顔を見ると
いじらしくなるのだよ
二人でただ楽しく苦労をしたのも昔

クルト・ヴァイルの作曲といえば、昭和七年七月二日、黒田を退校処分にした東京音楽学校の奏楽堂において『デー・ヤ・ザーガー(英語の題名=イエスマン)』が上演されていた(クラウス・

プリングスハイム・指揮)。これは、《三文オペラ》で一躍世界に名を博したベルト(ベルトルト)・ブレヒトの作詞で日本の能の物語『谷行』に拠る学校歌劇である。このオペラを指揮・演出したのが昭和六年に東京音楽学校の教授としてドイツから招聘されていたクラウス・プリングスハイムであった。

このオペラの主役を演じた増永丈夫が古賀メロディーを歌い一世を風靡した藤山一郎である。ドイツリートのバリトンが本来持つ美しいテノールの音色をいかし主役(少年)を務めたのだ。ドイツリートやフランスのフォーレを歌うヨーロッパのバリトン歌手は、イタリアオペラのバリトンとは異なり、テノールの音色があり美しい。増永丈夫(藤山一郎)のバリトンは柔らかい透明感のある美しいバリトンだった。また、教師役は黒田の上野時代の同期、バリトンの伊藤武雄が演じた。黒田がこの母校「上野」における学校劇オペラを知っていたかどうかはわからない。

3　洋楽専門レーベル・センター

ジャズコーラス

ジャズヴォーカルに続いて、ジャズコーラスブームもツルレコードに刺激を与え、「東京コミックメールコール」というジャズコーラスグループがハワイアン風なジャズ・ソング《恋に踊る》を吹込んだ。この曲は心躍るモダン青年の恋がテーマで昭和八年に発売された。これはディック・ミネが歌ったジャズ・ソングでもあり、「東京コミックメールコール」のソロヴォーカルはディック・ミネを思わせる歌い方をしている。

聞いてくれ　僕の胸を
恋に踊る心　楽しいとき
（歌詞繰り返し）
聞いてくれ　僕の恋は
朗らかなる胸に　高いひびき
（歌詞繰り返し）
聞いてくれ　僕の唄を

朗らかなる恋に　楽しい声

また、既にコロムビアから発売されたジャズコーラスの名曲《山の人気者》（本牧二郎・作詞／サーロニ・作曲）、コンチネンタルタンゴの《小さな喫茶店》（瀬沼喜久雄・作詞／レイモンド・作曲）もツルレコードで吹込まれ発売された。ツル盤の《山の人気者》はディック・ミチオ＝作間毅の英語歌唱によるレコードである。

作間毅は法政大学の「ラッカンサン・ジャズ・バンド」のリーダーとして編曲を担当し、ドラムスとジャズヴォーカルでもその才能を発揮した。作間はビクターにおいて昭和三年、翌四年に《バルセロナ》《夢の人魚》《ラモーナ》《お月さまの下で》《月夜の晩に》《フー》《ハワイへ行こうよ》《カレジエート》を吹込んでいた。この頃から、作間はジャズ感覚を盛り込むために英語ヴォーカルを試みていた。作間毅の英語歌唱レコードはメジャーレーベルのコロムビア盤ほどのヒットには至らなかったが、インストの演奏も安定したユニークなレコードである。

これらの吹込みや発売のためにツルレコードは新しく洋楽専門センターレーベルを立ち上げ、ダンス・オーケストラを充実させた。名称は「センター・ダンス・オーケストラ」。名古屋交響楽団の主要メンバーも加わり、ジャズコーラス、ジャズ・ソング、タンゴ、ハワイアンなど多彩な演奏を展開した。

センターレーベルから発売されたジャズ・ソングにはミッキー松山の歌唱盤もある。スウィングジャズの感覚をいかした《ジプシーの喫茶店》、岸井明、中野忠晴らが吹込んだノヴェルティーソングとして知られる《君と二人で》、アル・ジョルスンが主演したワーナー映画『カジノ・ド・巴里』の主題歌で知られる《楽しき今宵》、MGM映画『踊るブロードウェイ』の主題歌《からかわないで》などのジャズヴォーカルが松山の歌唱によって発売された。

小さなジプシー・ジル　淋しそう
小さなジプシー・ジル　沈みよう
ジプシー女の占い　なんとしょう
尋ねさがす君はそこにいる
夢に浮かんだあの乙女　ときめく想い
見つめる君はいじらしい　なつかしの君
微笑みもて向かうは　いとしの君
我と結びしジル　うるわしい君

ミッキー松山（松山映子）は大正元年十一月十五日、大連の生まれ。本名を松崎榮子といった。昭和十年六月新譜発売の《恋人よわれに》（小笠原新・作詞／南里文雄・編曲）でタイヘイレコードからデビューした。昭和十二年七月新譜でキングから発売された《ブルームーン》（時雨音羽・作詞／井田一郎・編曲）が代表曲だが、ツルレコード時代は彼女にとって修練の時代だった。

ダイナの競演

ツルレコードからジャズ・ソングが発売されていた頃、「テイチクジャズ」が隆盛を極めていた。ツルレコードも「テイチクジャズ」には敏感だった。テイチクは、昭和六年二月十一日、大阪・長堀橋筋に設立された（テイチクの社史である『レコードと共に五十年』では昭和六年十一月）。設立当初は邦楽レコードを中心にした純国産レーベルを発売していた。ツルレコード同様マイナーレーベルだが、関西レコード界特有の書生節演歌の色が濃い。

創業者南口重太郎は、奈良県生駒郡片桐村（現在の大和郡山市）で大和蚊帳を扱って莫大な利益を上げた人物である。南口は、事業で成功した資金でレコード業界に進出、地元（奈良）にレコードのプレス工場を作って、関西市場を中心にレコード販売を行った。浪花節、長唄、端唄、小唄、落語など関西の純邦楽を中心に販路を広げた。

そして、古賀政男を重役に迎え、昭和九年五月、東京文芸部を立ち上げ、ついに東京進出を果たした。マイナーレーベルからの飛躍を目指したこのテイチクとツルレコードは《ダイナ》で競演するのである。

昭和十年一月新譜でテイチクから発売されたジャズ・ソング《ダイナ》（三根徳一・訳詞／ハリー・アクスト・作曲）は、軍国の暗い空気を吹き飛ばすかのように大ヒットした。ディック・ミネが本格的にジャズヴォーカルでヒットを放った。《ダイナ》はコロムビアからは中野忠晴、キング盤は林伊佐緒が吹込んでいたが、ディック・ミネの音盤は個性豊かなジャズ感覚が際立っていた。テイチク盤の《ダイナ》のレコードで南里文雄がルイ・アームストロング張りにイントロ・間奏・エンディングを吹くトランペットは絶品である。

また、ディック・ミネの《ダイナ》は別ヴァージョンもある。黒人バンド「AL・キング・エンド・ヒズ・フロリダ・リズム・エーセス」の演奏によるレーベルである。この楽団は「フロリダ」が招聘したジャズバンドである。ニューヨークのグリニッジ・ヴィレッジで鳴らしただけあって、アドリブを得意とした黒人バンドの特色があり、速いテンポの演奏でディック・ミネのジャズヴォーカルが冴えている。前奏はアドリブを演じるチャールズ・ジョーンズのピアノが主奏で、カレー・レクターのトランペットもホットなサウンドを提供している。

一方、テイチクに対抗するツルレコードでは、作間毅が「鉄仮面」と名乗り、昭和十一年に名古屋へ再来して《ダイナ》を吹込んだ。演奏は「アサヒジャズ・オーケストラ」。東京へ進出し「中央交響楽団」になる以前の「名古屋交響楽団」のメンバーが入っている。「センター・ダンス・オーケストラ」が充実すると主要レーベルのジャズオーケトラもそれに負けない演奏をした。《ダイナ》の編曲は南里文雄のトランペットをいかしたディック・ミネのオリジナル盤（テイチク）を模倣している。前奏はトランペットのソロの後、ギターが主奏となりスローテンポで始まるが、後半のアップテンポにおいてはヴォーカルの「鉄仮面」が原語で歌唱している。

ダイナ　うるわしの君よ
わが胸は燃ゆる　君を想えば

ダイナ　夢にうつつに
わが胸はなれぬ　君が姿よ
甘き君が愛の言葉　悩ましや
熱い汝がくちづけ
おお　ダイナ　私の恋人
悩みは果てなし　君を慕いて

Dinah is there any fner
In the state of Carolina?
If there is and you know'er
Show'er to me
Dinah with her Dixie eyes blazin'
How I love to sit and gaze in
To the eyes of Dinah Lee.
Every night why do I, shake
With fright because my Dinah might
Change her mind about me.
Dinah if she wanderd to China

I would hop an ocean liner
Just to be with Dinah Lee.

歌唱者の作間毅はビクターやツルレコードでは「作間毅」でジャズを歌ったが、ポリドールでは「佐久間武」の名で歌っている。とにかく、多彩な才能を発揮した作間毅（鉄火面）のツルレコード吹込みの《ダイナ》は、テイチクのディック・ミネ盤への対抗という形で売り出され、競演となったのである。

4 「あきれたぼういず」

グループの結成

名古屋のデパートといえば、流行をしかけ、高級なイメージ戦略を展開するモダンな偉容を誇る松坂屋である。このデパートは近代都市の色と音、匂いの集合地として相応しく、一日平均三万五千から五万人の入場者を記録していた。それに対して十一屋は昭和六年春、モダン・デパートに様変わりしたとはいえ、松坂屋にはその規模において大きく水をあけられていた。しかし、昭和十一年、十一屋は装い新たにモダンな近代的デパートメント「十一屋百貨店」として完成し賑いを見せた。翌昭和十二年二月、名古屋駅が幅五十メートルの道路の正面に位置する近代的な駅舎として完成した。鉄筋コンクリート造りの地上五階（一部六階）、地下一階、当時東洋一といわれた堂々たる建物が地上線路の西側に完成した

戦前の松坂屋の絵葉書（提供：長谷川裕恭氏）

のである。モダン名古屋はその繁栄の頂点を迎えようとしていた。

この頃、日本の流行歌はモダンライフをテーマにした古賀メロディーのテイチク黄金時代であり、日本調の道中・股旅歌謡のポリドールがそれに拮抗していた。そして、ジャズのフィーリングをいかしたブルース歌謡の服部良一が一流の作曲家の仲間入りを果たし、コロムビアから淡谷のり子の妖艶な歌唱による一連の服部メロディー（ブルース歌謡）が発売され、昭和モダンの哀愁を彩った。その一方で、古関裕而の軍国歌謡も大ヒットした。

ツルレコードは昭和十一年から立て直しを図り、メインレーベルを「アサヒ」に刷新した。洋楽専門レーベルには「センター」という新レーベルを作り新たなスタートを切り、それも軌道に乗りつつあった。そして、ツルレコードは音楽漫芸のジャズを基調にしたあるコミックミュージックグループに注目したのである。それが後の人気グループ「あきれたぼういず」だった。

中国との戦争が泥沼化する様相を見せ始めた頃、「あきれたぼういず」は名古屋のツルレコードに立ち寄り、盛んにレコード吹込みをしていた。ビクターから昭和十三年十二月新譜発売の《四人の突撃兵》でデビューする以前のことである。漫芸レコードは「愉快なリズムボーイズ」という名前で発売された。さらにツル系列のセンターレコードでは、「ハワイアン・リズム・キング」や「呆れたコーラス」というレーベルネームが付けられ、レコードが市場に出回っていた。

昭和十三年発売の《ハワイアンブルース》は感傷的な抒情歌で、川田義雄の弾き語りがフィーチャーされている。間奏の途中からアップテンポとなり、ギターの主奏のままリズミカルになり終曲する。

ハワイの月の浜辺で
フラを踊る　可愛いあの娘
中でもひときわ目につく
可愛いあの娘は　僕のあの娘

《バリバリの浜辺にて》は芝利英の甘い歌声がハワイアンの抒情に合っていた。この曲も主奏のギターにウクレレがリズムを刻み、アップテンポとなり終曲している。

バリバリの浜辺で遭った　綺麗な綺麗な人
数多の人の中にも　ひときわ澄んだ瞳
私は忘れられない　幾度も夢に見ては
いつでも寂しく想う　悩ましの海の女王

あの浜に行ってももう二度と会えぬ
バリバリの浜辺は　つまらない浜辺になったよ

瞳の綺麗な人は　今ごろどこかで
誰かを悩ましている　そうだよ、きっとそうだ

リーダーの川田義雄はかつて「永田キング一党」のメンバーの一人として、浅草花月劇場の舞台に出演していた。川田は広沢虎造の浪曲をジャズ風のアレンジにしたモダン浪曲で人気を博していた。永田キングが『森の石松』を演じた際、追分三五郎に扮して虎造節を歌っている。下地があったわけだ。「吉本ショウ」に出演していた坊屋三郎とは楽屋仲間で、その実弟「オオタケフォーリー」の芝利英（モーリス・シュバリエをモジる）と結成したのが、「あきれたぼういず」だった。そこに、バスター・キートンをモジった益田キートン（喜頓）が入り、「あきれたぼういず」は四人組となった。

正式デビューは昭和十二年九月。はやくも花月劇場の常打ちとなった。ギター、ウクレレを奏で、それに合わせて歌をこなし、《商売往来》《四文オペラ》などのヒットを飛ばし新しい音楽コメディーを演じ、浅草六区の名物グループとなったのである。

「自嘲とレジスタンス、ぶちこわしとくすぐりとおとぼけ、これらが日毎に深まり行く戦争のうっとうしさの中にあった人々にとって、息抜きのお楽しみだったのだろう。音楽学校の教授や作家、新聞記者など案外知識層にファンがいた」（上山敬三『日本の流行歌』）

この四人組の新しい演芸ジャンルは、同じような編成で楽器をかかえたコミック・グループを誕生させた。古川ロッパの「ハリキリボーイズ」もそのひとつである。だが、「あき・ぼす」（あきれたぼういずの俗称）は一味違った。テーマソングの《ダイナ狂想曲》は〈ちょいと出ましたアキレタボーイズ〉をひっさげ、川田が歌う《ダイナ狂想曲》の〈ダイナダイナはナンダイナ／ダイナは英語の都々逸で〉の虎造節は受けた。ダイナのリズムにのって演じる坊屋の漫画ポパイの声帯模写は爆笑の渦だった。益田喜頓はヨーデルを演じてみせた。

「あき・ぼす」ツルレコードで活躍

「あきれたぼういず」が人気を博すと、すでにのべたように変名を使って、さかんに名古屋のツルレコードで吹込んだ。昭和十三年発売のツルレコード吹込みの《聴いておくれよ僕の心臓》は《スイート・ジェニー・リー》が原曲。前奏の主奏がハワイアンで始まり、前半が川田のヴォーカルでハワイアン風の牧歌的な歌唱に寸劇が入る。後半はウッドベースの打撃音をきっかけにテンポアップし、坊屋三郎のマウストランペット芸が披露される。ウッドベースのアドリブで高潮しながら、擬態語のスキャットが入り原語のコーラス（全員）が入り、バラード風に余韻を残して終曲している。

坊屋　サテ皆さん　甘いメロディー「スイトゼニ」より

聴いて極楽みて地獄　さあさお立会い

〈スウィート・ジェニー・リー　〝Sweet Jennie Lee〟〉

川田　スイート・ジェニー・リー
可愛いあの娘　僕の恋人
スイート・ジェニー・リー
朝にも夕べの日にも可愛い笑顔
おおベビー

川田　ある日あの娘と二人で　晴れた一日舟遊び
「ね、ベビーちゃん」「なにさお兄ちゃん」
聴いておくれよ胸の音

全員　Sweet Jenny Lee from sunny Tennessee
You'll love her when you see
Sweet jenny Lee! Sweet Jenny Lee

同年発売の《泣き笑いの人生》はビクターからの発売の《スクラム組んで》とネタ構成が重なっている。楽想はハワイアンに編曲されたアメリカ民謡で始まり、灰田勝彦風のハワイアンヴォーカルへとつなぎ、途中からタンゴの《小さな喫茶店》となる。そして、リズムが変化して義太夫を思わせる日本調へと旋律が変化し、その後ブルース歌謡に移り、最後は寄席調で終わっている。

「ミルク・ブラザース」

昭和十四年三月、「あきれたぼういず」が川田義雄を残して新興演芸部へ移った。『快賊四銃士』が連日超満員で人気の上昇中にチームが割れたので、孤影悄然として川田の姿はいかにも寂しそうだった。川田はその後、アメリカ黒人ジャズコーラス「ミルス・ブラザース」をヒントに「ミルク・ブラザース」を結成。メンバーは川田以下、バリトンの岡村龍雄（川田の実弟）、頭山光、菅井太郎の四人編成で舞台に登った。五月末、浅草花月劇場で行われた『グリーン・アルバム』の八景にその姿を初めて登場させた。そして川田は、平茂夫がジャズ調のオーケストラ伴奏に編曲した《浪曲ダイナ》でヒットを飛ばした。

すでに服部良一が《ジャズ浪曲》（服部良一・作詞／作曲）をルンバのリズムで作曲していた。浪花節を巧みに取り入れた、微妙な哀愁をもたせたメロディーがルンバのリズムに乗ったのだ。服部は、浪曲ジャズ歌謡の先駆けだが、お笑いのジャズ漫才となれば、やはり川田らの《浪曲ダイナ》であろう。
昭和十四年五月新譜でビクターから《大人の四季》が発売されたが、これは昭和十三年にツルから発売されたジャズ調のコミックソング《花に浮かれて》からのネタが展開されている。「あきれたぼういず」のツルレコード録音は初期のメンバーによるものである。

川田　さくら　さくら
　　　弥生の空は　見渡す限り
　　　さくら　さくら　ああ〜

益田（鼻歌）

〈尾崎士郎　人生劇場〉

芝　　夕暮れの空に咲いたる桜花
　　　やくざの果ての老いの身に
　　　散るも淋しき花吹雪
　　　おお、全ては人生劇場である

坊屋　アオッ（合いの手）

川田　頃は大正末年の
夕暮れの風いとも淋しい横須賀村へ
印半纏もじりの外套　草履に乗せたる身も軽く
帰りきましたひとりの男　これぞ別人ならずして
三州吉良の吉良常なり

〈高勢実乗〉

坊屋　なーるほどええ文句じゃねえ。
わしは今聴いていてもホロリとしたよ。
人は散り際が大切じゃからね。アノネ、わたしゃね、
なるべくのんびり散りたいと思っているんじゃよ

〈コミックソング　清兵衛さん〉

坊屋　向こうの盥に鴨一羽　こっちの盥に鴨一羽

盥（互い）に見合わす鴨と鴨（顔と顔）
向こうから来るのは清兵衛さん
こっちから来るのも清兵衛さん
そこで二人が喧嘩した
これが喧嘩の両清兵衛（両成敗）

川田　ジャカジャカジャカお終いだ

長い歌詞引用となったが、大河内伝次郎との激しい立ち回り（『血煙荒神山』）の熱演で知られる高勢実乗の物真似が入るなど、ツルでは実にユニークなコミックソングが吹込まれていたのである。

また、ツルレコードでは《スクラム組んで》の原型となる《泣き笑いの人生》も吹込まれていた。ブルースの《ケアレス・ラブ》ではじまり、芝利英が甘く歌うハワイアンの《マリヒニ・メレ》と続き、川田の〈それは去年の秋だった〉と《小さな喫茶店》から始まり『艶容女舞衣より酒屋の段』という義太夫につながるフレーズはビクター盤で再現されている。

吉本興業は、木下華声を中心に「ザツオン・ブラザース」を結成させ、内部で「ミルク・ブラザース」と競わせた。これは、華声の三味線と声帯模写、銀光児のベース、兄茶兵（あんちゃべい、「安茶平」とも表記）のトランペット、ジェリー来栖（栗栖）のギターと歌で構成されていた。

昭和十四年六月十日、『世紀の楽団』では「ミルク・ブラザース」と「ザツオン・ブラザース」の競演となり大きな話題を呼んだ。同ステージには、ディック・ミネ、ベティ稲田が特別出演しており、ジャズを主体にした音楽も充実していた。

吉本はスウィングジャズの趨勢を考慮に入れ、昭和十四年七月一日から始まった『花月大放送』十六景を公演し、川田義雄の「ミルク・ブラザース」と木下華声の「ザツオン・ブラザース」の競演に加え、トロンボーンの谷口又士が率いる「スウィング・バンド」が出演した。メンバーは、飯山茂雄の新橋ダンスホールのバンドから選抜された錚々《そうそう》たるプレイヤーだった。後藤博（トランペット）レイモンド・コンデ（クラリネット）松本伸（テナーサックス）飯山茂雄（ドラム）原田総（ベース）柴田喬（ピアノ）。個々の優秀なプレイヤーのソロが舞台でスウィング感を与えていた。殊に《タイガー・ラグ》における松本伸のテナーサックスとコンデのクラリネットの掛け合いは聴衆を熱狂させるホットな演奏だった。

十六景のフィナーレでは「ミルク・ブラザース」が登場し、頭山光のヴァイオリン、菅井太郎のアコーディオンに川田と岡村の歌が交り、音楽サウンドとしては申し分なかった。その後も「吉本ショウ」は、「ミルク・ブラザース」「ザツオン・ブラザース」「南スリー・シスターズ」、ベビー・タップ鳩姉妹、高園ルリ子、ややま良一、紅井良人のアクロバットコメディーを中心にジャズの色濃いヴァラエティーショーを発展させていった。

昭和十七年二月、川田が脊椎カリエスを発病し、「ミルク・ブラザース」は解散した。ともあれ、「あきれたぼういず」から「ミルク・ブラザース」の存在は、エノケン・ロッパからシミキンまでの浅草喜劇の間隙《かんげき》を埋め、浅草の興行界に笑いの輝きをもたらしたことは確かである。そして、彼らのジャズを主体にしたポピュラーミュージックと、邦楽要素が色濃く反映された音楽の原型が、ツルレコードのレーベルにしっかりと刻まれていたのである。

Ⅲ　名古屋軍歌・軍国歌謡物語

1　満洲事変と流行歌

時局小唄

昭和十年代に入り、ツルレコードは厳しいヒット競争の渦のなかで退潮を余儀なくされたが、ただ東京のメジャーレーベルの巨大資本によってなすがままに衰退したわけではなかった。殊に昭和六年の柳条湖事件（九月十八日）を契機にした満洲事変以来、時局ニュース的な役割を持つ時局レコードで、ツルレコードは気を吐いた。満洲事変が進展すると、ツルレコードは時局小唄、国防歌、愛国歌というジャンルで軍歌・軍国歌謡を発売した。ツルレコードは時局レコードの時事性を能動的に展開し、群雄割拠の時代から中部レコード界の雄としての時局ニュースのレコード製作を担ったのである。ツルレコードの軍歌・軍国歌謡は非常にユニークであり、日本レコード界に燦然と輝く歴史を刻んでいる。

昭和六年九月十八日、満天の星空が輝く夜、河本末守中尉ら一行は南満州鉄道西側路線に黄色方形爆薬を装置し、十時二十分点火とともに奉天郊外柳条湖付近の路線を爆破した。これは十時四十分通過の急行列車の転覆を避けるように計画されており、この爆破を中国軍がやったとみせかけ、軍事行動を起こした。柳条湖事件勃発後、九月十九日、土肥原大佐は奉天市長に就任し軍政を布いた。日本軍はまたたくまに長春、営口を占領し、奉天付近の戦闘が終わったが、林銑十郎が率いる朝鮮国境部隊が独断越境して満洲に入った。関東軍は匪賊討伐を行い、翌七年三月にはチチハル、ハルピン付近の戦闘が一応終わった。このような日本軍の勝利を祝す歌が作られた。これが《凱旋行進曲》（小国比沙志・作詞／阪東政一・作曲）である。歌詞の〈祖国は勝てり建設の　今日の凱旋　この良き日〉という件《くだり》は関東軍の目覚ましい進撃を讃えていた。

満洲事変が拡大する中、関東軍は満洲独立計画をすすめ、天津にいた溥儀を引き出した。昭和七年二月、関東軍の新国家構想案にもとづき、東北行政委員会が設立され、東三省（黒竜江・吉林・奉天）に熱河・興安を加えて新国家組織大綱を決定し、三月一日には溥儀を執政とする満洲国が建国された。黒田が吹込んだ《満蒙新国家建設の歌》（小国比沙志・作詞／阪東政一・作曲）は建国の気運を煽るレコード歌謡である。このレコードは昭和七年二月新譜として満洲国建国宣言目前に発売された。

正義に刃向う刃なく　風雲去りて全満洲
東洋平和確立の　満蒙国家建設を
祝え諸人　もろともに

極寒零度雪解けて　草木は靡く広漠の
天地に轟く喊勢の声　満蒙国家建設を
祝え諸人　もろともに

守れ忘るな皇恩を　祖国は勝てり大陸に
朝日に輝く日の御旗　満蒙国家建設を
祝え諸人　もろともに

満洲国が建国されると徳山璉が歌った《満洲行進曲》（大江素天・作詞／堀内敬三・作曲）が流行した。B面は藤本二三吉が歌った。松竹蒲田『満洲行進曲』の主題歌で朝日新聞社が在満皇軍慰問の目的で企画し、これは満洲国建国宣言前に昭和七年一月新譜で発売された歌だが、満洲国建国宣言の三月に臨時発売され、新国家建国の息吹とともにヒットした。

ツルレコードからは、時局小唄として明るい音頭調の《満蒙行進曲》（松村又一・作詞／筒井二郎・作曲）が黒田進の歌唱によって昭和七年二月新譜で発売された。日露戦争以来、多くの日本人の血を流して手にした満洲は日本のものであるという意識が根底に流れていた。

高粱枯れし満蒙の　風雲暗く血に染まり
平和を乱す暴虐の　鬼畜の輩荒れに荒る
起て起て皇軍　いまぞ今
満蒙全線　異状あり

興安颪血に飢えて　氷雪飢えを裂く夜半も
祖国を守る前衛の　胸は平和の愛に燃ゆ
行け行け皇軍　いまぞ今
満蒙全線　異状あり

二条の鉄路満蒙の　大動脈をなすところ
無限の宝庫うもれたり　ねらう鼠賊は何奴ぞ
行け行け皇軍　いまぞ今
満蒙全線　異状あり

満洲の中心である東三省（遼寧・吉林・黒竜江、満洲国建国後、遼寧省は奉天省となる）を支配下におくと、北満の防備が重要となった。これをテーマに時局国民歌として、《北満守備の歌》（村田吉邦・作詞／近藤十九二・作曲）が発売された。これ以後、「北満」をテーマにした歌が作られるが、その先鞭をつけたのはツルレコードであった。

立てや正義の旗の下　懲《こら》せや不正の輩を
欧亜を繋ぐ満蒙の　鉄路に燃ゆる大和魂

出では退かぬ背水の　流れも尽きじ鴨緑江
向う嵐にそそり立つ　意気白頭の峰におう

凍烈零下三十余度　炎熱焦がす百余度の
水火の責は辛く共　護国の名誉吾にあり

国難両度の戦いに　屍に換えし此の土地を
護るは兵の力ぞや　英霊吾に教ゆなり

立てや護れやいざ共に　光り輝やく吾が国威
よしや嵐の荒ぶ共　誓ぞ堅し関東軍

また、事変拡大に伴う出征兵士の妻の心情をテーマにした《戦線を憶ふ妻の唄》（塚本篤夫・作詞／近藤十九二・作曲）という銃後歌謡が時局小唄として発売された。夫の安否を思う銃後の妻の心情をテーマにした軍国歌謡がその後数多く作られるが、《戦線を憶ふ妻の唄》はその先駆である。

御国のために泣き果てる　元気で凱旋するその日
待って待つわと別れたも　遠い昔の夢のよう

みぞれ北風肌をつく　寒さつのれば今更に
あなたのことが思われて　身を剥ぐように痛い胸

親も子もないこの私　日毎夜毎の陰膳に
二人で一緒に居た頃を　寂しく偲んでおりますわ

不覚の夢に騙されて　知らずに濡らす枕髪
赤い手柄の丸髷も　やるせないやら悲しやら

歌詞に登場する「陰膳《かげぜん》」は出征などによる不在者のために、その人が飢えたり、危害を加えられ生命の危機に陥らないように、留守を守る者がその宅で供える膳のことである。

満洲国成立後も、民間人に偽装した便衣隊や抗日ゲリラ分子の日本勢力排斥の動きは衰えることはなかった。関東軍はゲリラ討伐作戦を繰り返した。黒田進の吹込みによって《便衣隊討伐の歌》（小国比沙志・作詞／アサヒ文芸部・作曲）が発売されたが、すでにこの時代から、便衣兵という民間人に偽装し一般民間人を巻き込んだゲリラ兵による卑劣な行為が繰り返されていた。

正義を標榜皇軍の　進路を阻み良民に
姿をかりて我を打つ　不逞の輩便衣隊
天に代わりて　いざ討たん

昼は潜みて影もなく　夜はコウモリ軒庇
暗に隠れて手榴弾　卑怯未練の便衣隊
天に代わりて　いざ討たん

恨みは尽きぬ同胞が　婦女子嬰児罪なきに
受けた屈辱犠牲を　人意に背く便衣隊
天に代わりて　いざ討たん

揮う悪魔の青龍刀　暴虐無尽横行の
壊滅期して遂に立つ　世界にはゆる日本刀
天に代わりて　いざ討たん

満洲防備

南満州鉄道とその付属地を警備したのが独立守備隊である。ポーツマス条約の結果、日本はロシアから遼東半島南部（関東州）の一部の一切の権利とともに長春～旅順間（東清鉄道）と付属利権を譲られた。これを防備する独立守備隊を讃えた時局小唄が《独立守備隊の歌》（土井晩翠・作詞／中川東男・作曲）である。黒田進が歌った。

ああ満洲の大平野　亜細亜大陸東より
始まるところ黄海の　波打つ岸に端開き
蜿蜒北に三百里　東亜の文化進め行く
南満洲鉄道の　守備の任負うわが部隊

普蘭店をば後にして　大石橋過ぎ行けば
北は奉天公主嶺　はては長春一線は
連山関に安東に　二条の鉄路満洲の
大動脈をなすところ　守は堅しわが備え

黄塵くらく天を覆い　緑林風に狂うとも
鎧の袖の一触れと　降魔の剣の腰に鳴る
炎熱鉄を溶かす日も　氷雪膚を裂く夜半も
難きに耐えて国防の　第一戦に勇み立つ

ああ十万の英霊の　静に眠る大陸の
残せし勲受け継ぎて　国威を振い東洋の
永き平和を理想とし　務めにつくす守備隊の
名にとこしえに誉あれ　名にとこしえに栄あれ

作詞は独立守備隊司令部となっているが、実際は昭和四年、土井晩翠が依頼を受け作詞したものである。曲は陸軍戸山学校軍楽隊の中川東男が作曲した。この歌は、赤い襟章と特別の記章（鉄道のレールの断面に銃を組み合わせた）をつけ、在満邦人のために職務を全うする守備隊を讃えるという内容から、軍歌の範疇に入る。黄塵が空を蔽い酷寒に耐えながら東洋平和の任に就く守備隊の兵士をテーマにしているが、曲調は悲愴感を感じさせない音頭調で明るく作曲されている。在満邦人にとって忘れ難い歌でもある。

肉弾三勇士

満洲事変を拡大する軍部は、戦意高揚のために、肉弾三勇士の戦死を公表した。これは、昭和七年二月二十二日未明、廟行鎮《びょうこうちん》の中国陣地攻撃に先立って敢行された鉄条網爆破作戦において、歩兵の突撃路を作るために、作江・北川・江下の三兵士が爆薬筒を抱えて突入し三人とも砕け散ったという軍国美談である。ところが、実際は肉弾的な突撃による戦死ではなく、爆薬筒をおいて、それを点火後戻る手順が狂って爆死したというのが正しい事実だった。それを参謀本部の戦闘記録がしめすように点火寸前の爆発筒を抱き敢然と鉄条網に驀進し、間一髪轟然たる爆音とともに「全員壮烈ナル爆死ヲトゲルニ至レリ」という軍国美談に祭り上げた。それを流布するために、肉弾三勇士をテーマにした歌がレコード各社においていくつも作られた。

山田耕筰、中山晋平らの大御所、新鋭の古賀政男、古関裕而と各社メジャーレーベルの作曲陣による作品が生まれた。そのなかでも、ポリドールから発売された与謝野鉄幹作詞の《爆弾三勇士の歌》(作曲は陸軍戸山学校軍楽隊となっているが、実際は辻順治が作曲)がヒットした。

ツルレコードからも黒田進の吹込みによる《肉弾三勇士の歌》(松村又一・作詞/近藤十九二・作曲)が発売された。B面が《大航空行進曲》(小国比沙志・作詞/近藤十九二・作曲)。これも黒田進が歌った。

朝霧こむる廟行鎮　おおその敵陣その塹壕
雨土血潮にこむるとも　いかでか撃滅すべけんや

深き塹壕鉄条網　飛びくる弾は雨あられ
幾度か決死の我が勇士　爆弾手にして進みしが

鉄条網に点火する　いとまもあらず倒さるる
この時三人の勇士あり　おのれ憎き敵兵と

点火なしたる爆弾を　背に背負いて鉄条網
目指してサッと飛び込めば　忽ち起こる大火炎

この時すかさず我が歩兵　敵陣めがけて突き込めば
さしもに衆を頼みたる　敵はたちまち崩れけり

ああ勇ましの三勇士　我と我が身は肉弾に
遠く護国の鬼となる　誉れも高き三勇士

ツルレコードは「時局壮烈歌」というジャンルでこの軍国美談歌謡を発売した。明朗単純な旋律で作曲されており、ポリドール盤の《爆弾三勇士の歌》同様に曲そのものは重くなく、悲壮感がまったく感じられない。前奏がトランペットのファンファーレではじまり、曲調も音頭調に近く爆破成功美談のみが強調されていた。

2　国内情勢と時局歌

エロに染まる時局歌

柳条湖事件が勃発すると、中国はすぐに国際連盟に提訴した。翌年イギリスのリットン卿を委員長にした米仏独伊各国委員から成る調査委員会が現地に派遣された。リットン調査団は二月末、東京に到着し、四月に満洲に赴き現地調査を開始した。九月四日、リットンの報告書が完成し、十月一日に日本政府に手交され翌日公表された。報告書には日本軍の軍事行動は「正当ナル自衛行為」ではなく、満洲国の成立は同地域の自発的な独立運動によるものではないという内容であった。対ソを考慮した妥協的な側面もあったとはいえ、日本に対しては厳しいものであった。

これに対して日本側は猛烈に反発した。国内では「認識不足」という流行語が生まれた。これを踏まえてツルレコードから《リットンぶし（認識不足も程がある）》（英はじめ・作詞／阪東政一・作曲）が黒田進の吹込みによって発売された。《十三対一（名誉の孤立）》（松村又一・作詞／近藤十九二・作曲）は、昭和六年九月十九日以後の国際連盟理事会における日本の孤立をテーマに、昭和七年二月新譜で連盟小唄として発売された、滑稽風刺の明るい音頭調の時局小唄である。タイトルの「十三対一」という数字は国際連盟理事会に提出された期限付き撤兵勧告案の採決結果である。日本にとっては厳しい結果であり、以降、国際社会における孤立化を深めた。副題の「名誉の孤立」はそれを物語っている。

《リットンぶし（認識不足も程がある）》の歌詞はつぎのとおり。

リットン卿　リットン卿
厳めしく　半年かかって調査して
出来た報告書が　こりゃどうじゃ
認識不足も　程がある

リットン卿　リットン卿
ペンを執り　389ページ
書きも書いたり　恥をかく
旅行日記じゃ　はじまらぬ

リットン卿　リットン卿
名は良いが　経済知識がどこにある
浅薄極まる　大ファッシヨ

素人臭いじゃ　ないかいな

リットン卿　リットン卿
慌てたか　日本ちょいとみて支那のぞき
エロに見とれて　脂下がり
脱線するとは　情けない

「エロ」は当時の都市文化を象徴する流行語で、モダニズムの堕落ともいうべきエロ・グロ・ナンセンスの頽廃文化の蔓延を反映している。リットンの眼が調査そっちのけで日本国内のエロ文化にのみ注視していると曲中で揶揄されるほど、エロに染まる日本の都市文化は繁栄していたのである。

《あらまあ認識不足よ（リットン程ではないけれど）》も《リットンぶし》と同様に当時の流行語となった「認識不足」が盛り込まれている。これも時局小唄だが、リットン卿をテーマに風刺した内容というよりは、ジャズ調のエロ歌謡の路線を踏まえたナンセンス歌謡の部類に入るものである。

葉書十枚ラブレター　切手貼らない不足礼
あらまああなた認識不足よ　リットン程ではないけれど

恋はめくらか知らないが　ままにキッスをするなんて
あらまああなた認識不足よ　リットン程ではないけれど

体取りばかり重んじて　こんな人絹買ってきて
あらまああなた認識不足よ　リットン程ではないけれど

彼女のエロなウインクに　飛んで行ったらやぶにらみ
あらまああなた認識不足よ　リットン程ではないけれど

この時局小唄の発売前後、ツルレコードからエロ満載のレコードがかなりの数、発売されている。《誰にも内密でね》《浮気バンザイ》《夢に抱れて》《薫る口紅》《君の口吻》《好いてくれるな!》《泣き濡れて》《抱いて抱かれて》《忘れちゃ嫌よ捨てちゃ嫌よ》などが昭和七年十二月新譜前後に発売された。

五・一五事件

国内では満洲事変に呼応するかのように三月事件についでふたたびクーデタ未遂事件、昭和六年の秋、十月事件がおこった。十月事件は橋本欣五郎ら桜会急進派、大川周明らが中心となり、荒木貞夫を首班とする軍部内閣樹立を目指すクーデタ計画だった。翌年には政党、財閥に国民の反感を代弁するかのように血盟団によるテロ事件が発生した。

昭和七年、二月九日には総選挙を前にして、民政党候補応援のため東京本郷の駒本小学校に赴いた前蔵相井上準之助が小沼正によって射殺、三月五日には、三井合名会社理事長団琢磨が、菱沼五郎によって三井銀行玄関前で射殺された。いずれも「一人一殺」を唱え、井上日召が率いる「血盟団」の団員によって射殺されたのだった。

同年五月、五・一五事件が起こる。古賀清志、中村義雄両中尉は、橘孝三郎の愛郷塾一派、陸軍士官候補生、血盟団の残党と糾合してついに決起した。この海軍の青年将校らを中心としたグループは四組に分かれて行動をおこし、三上卓ら九人は首相官邸を襲撃して、「問答無用」の一言のもとに犬養毅を暗殺、第二組の古賀中尉らは内大臣牧野伸顕邸に手榴弾を投弾した。この五・一五事件は軍部急進派によって実行に移された最初のクーデタ計画であった。これによって「憲政の常道」に終止符が打たれ、政党政治は崩壊した。彼らの目的は東京市中を混乱に陥れて、戒厳令を布いて国家改造への途を開くことにあった。五・一五事件の後は、元老西園寺公望の推薦によって斎藤実が内閣を組閣した。ここに大正デモクラシーの成果であった政党政治が終焉したのである。

ツルレコードは五・一五事件を題材に《五・一五事件　昭和維新行進曲（海軍の歌）》（畑中正澄・作詞／黒田進・作曲）《五・一五事件　昭和維新行進曲（陸軍の歌）》（畑中正澄・作詞／阪東政一・作曲）

という愛国歌を黒田進の歌で発売した。
A面の「海軍の歌」は明朗な旋律だが、裏面の「陸軍の歌」は哀調と哀切溢れる悲歌だった。レコードは昭和八年の秋頃に発売された。レコード番号が特二八三AB。おそらく十月新譜と思われる。

若き陸星殉国の　犠牲に勇む大和魂
昭和維新のそのために　起った決意の五・一五
ドンと一発革新の　烽火に揚る時の声
醒ませ悪夢を聞け眼を　寄せる黒潮なんと見る
国のためなら身命も　捧げてなんの悔があろ
永き平和を神かけて　警鐘たたく五・一五
どうせ散るなら潔く　桜と咲いて君のため
陸の勇士が国難に　花と飾った五・一五

このレコードに加えて、同じツルレコードから発売の《五・一五事件血涙の法廷（海軍公判）》（栗

《五・一五事件 昭和維新行進曲（海軍の歌）》
（所蔵：加藤正義氏）

島狭衣・脚色）が当局を刺激し、内務省警保局が検閲に入った。五・一五事件の被告を称賛する内容と判断され、レコードには治安警察法第一六条、歌詞には出版法第一九条を適用し、「街頭でかけることを禁止する」と全国へ通達した。これが契機となり、昭和九年三月、第六五議会で「出版法中改正法案」が通過し、思想・風俗上不穏なものを取り締まる目的で、五月二日公布され、八月一日に施行された。これにより内務省警保局図書課にレコード検閲室が設置され、内務省の手によってレコード歌謡の検閲が実施された。

　昭和十年に入り、この制度に抵触するレコード歌謡が続発した。流行歌の持つ媚態的な哀感、頽廃性は教育側が徹底する道徳的な健康主義とは相反するものであり、思想・風俗上不穏当として厳しく取り締まりの対象となった。大都市や地方都市では、農村の疲弊、下層社会の陰惨とは異質な都市文化が繁栄し、ジャズに酔いしれ、ダンスホールで自由恋愛の名の下に男女が絡み合い、カフェーでは公然と猥褻行為が横行していたが、それを煽情する流行歌が規制・処罰の対象となった。

　検閲によって最初に抵触したのが、テイチクから発売された古賀メロディー《二人は若い》（玉川映二・作詞／古賀政男・作曲）とカップリングで発売された《のぞかれた花嫁》である。〈誰

《五・一五事件血涙の法廷（海軍公判）》（一）
（所蔵：加藤正義氏）

も見ていない部屋ならアノ甘い接吻しないネーお前あなたと二人〉の描写が男女の痴態表現という理由で発売禁止になった。新婚男女がホテルの一室で演じている肉体の交接・痴態描写が性的倫理違反として問題視されたのである。また、コロムビアからウエット歌謡として発売された《雨に咲く花》も〈ひとり泣くのよ咽ぶのよ〉という表現において恋に泣く女性の内向性があまりにも感傷的すぎるという理由で発禁処分になった。

黒田はこの「五・一五事件」を題材にしたレコードがおそらくツルレコードにおける最後の吹込みではないかと思われる。二度目の都落ちからはや二年になろうとしているが、東京の大手メジャーレーベルでは新鋭の作曲家と新人歌手たちが登場しており、黒田を大いに刺激したのである。

国際的孤立

ツルレコードから国防歌としてユニークなレコード歌謡が発売された。「日米若し戦はゞ」という副題がついた国防歌《太平洋航進曲》（アサヒ文芸部・作詞／近藤十九二・作曲）《守れ太平洋》（松本英一・作詞／小松平五郎・作曲）である。盤面には「原作・池崎忠孝」と記されているが、池崎忠孝とは『米国怖るゝに足らず』（昭和四年、先進社）『日本潜水艦戦　太平洋作戦と潜水艦戦』（昭和四年、先進社）『六割海軍戦ひ得るか　続米国怖るゝに足らず』（昭和六年、先進社）『宿命の日米戦争』（昭和七年、先進社）などの著作において、日米戦争を歴史の必然と予見していた赤木桁平の本名である。

日米決戦については、昭和四年七月、石原莞爾が長春で「戦争史大観」を講義した際にそれは人類最後の戦争として捉えられていた。つまり、来るべき戦争こそ人類最後の世界大戦であり、日本が東洋文明の中心、アメリカが西洋文明の中心であり、最終戦争は日米の戦いで決着するというものであった。そのためにも満蒙問題の解決は急務であり、満蒙を国防上の拠点とし日米決戦に備えなければならないという考えであった。

ワシントン体制以来、アメリカは中国、太平洋において日本封じ込めを展開してきたが、海軍補助艦の保有トン数に制限を加えたロンドン海軍軍縮会議によって、その傾向は一層強まった。そして、満洲事変以後は、スチムソン＝ノート（スティムソン・ドクトリン、昭和七年一月七日）が発表され、中国におけるアメリカの諸権利を侵害する事態、条約、日中の合意にもとづく承認は認めないという姿勢を表明した。つまり、満洲における日本の行動を全否定したものだった。ツルレコードから発売された《太平洋航進曲》は悲愴勇壮なメロディーで、アメリカへの敵愾心を表している。

西よ南よ果てしなき　海原青く眠る頃
四海を呑まん怪獣の　竿頭高く星条旗
太平洋に浮かびなば　東亜の護り何とする

敵艦隊は常に立ち　我を撹乱根拠地の
パールの港に寄ると聞く　起てよ国難この時ぞ
ぶつかるなくか破らずば　光輝の歴史何とする

広袤戦線一万里　ただ洋々の水や空
有史このかた試しなき　今たけなわの大海戦
太平洋は波高き　懸けし国運何とする

不戦軍縮世を挙げて　叫びし声や今いずこ
平和を口に〇〇〇〇〇　布告やがて兵弱し
来るアメリカのこと絶えて　太平洋は日の御旗

＊〇は歌詞不明部分

歌の歌詞では、アメリカが「怪獣」と認識されており、その脅威が意識されていた。明治末期の満洲の権益からアメリカを排除したことへの報復を懸念し、真珠湾に停泊するアメリカ太平洋艦隊への恐怖が滲《にじ》みでている。

また、既に述べたアメリカのスチムソン＝ノートも少なからず影響を与えている。アメリカはこれに拘《こだわ》り、日本との対立姿勢を強めていった。
Ｂ面の《守れ太平洋》はＡ面とは曲調が異なり明るい音頭調である。

朝日あまねく輝きて　黄金白銀湛えたる
太平洋の波砕き　極東平和の夢破る
敵何ものぞすわ来れ　護らん我らの空と海

艨艟軽舸世迫り来て　星条の旗ひるがえし
日本の海を脅かす　貿易破壊の潜水艦
暁霧を衝いて響き来る　本土を襲う爆撃機

太平洋上修羅と勝て　万歳千里轟きて
渦巻き狂う水煙　海の際間に空の果て
敵影藻屑と殲滅し　煥燿示さん我が御稜威

昭和六〜七年を中心に「非常時」という言葉が日本全土を蔽ったが、既に昭和は金融恐慌（昭和二年）から昭和恐慌（昭和五年）という日本経済の崩壊によって大きく揺れ動き、社会不安と農村の疲弊が大きな社会問題となっていた。中国の北伐による内乱が満洲にも波及し、日本の既得権益を巡る満蒙問題が非常時を惹き起していた。
この「非常時」をテーマにツルレコードから《乗切れ乗切れ非常時》（松本英一・作詞／近藤十九二・作曲）が愛国歌として発売された。明治演歌の《ダイナマイト節》のような国権意識をかざすような歌詞と明るい曲調である。

春だ夜明けだ満洲は白んだ　生みの悩みは命がけ
ピンチだピンチだ非常時だ　国威発揚して○○○○○
もし行かなきゃ　大和魂でドン

来るか来るかと手ぐすね引けど　星条艦隊こけ脅し
ピンチだピンチだ非常時だ　国威発揚して○○○○○
もし行かなきゃ　大和魂でドン

ヨイヨイ
ヨーイヨーイ　デッカンショ

覚悟ありゃこそ連盟会議　何条なにこぞ聞かばこそ
ピンチだピンチだ非常時だ　国威発揚して○○○○○

もし行かなきゃ　大和魂でドン

＊○は歌詞不明部分

「大和魂でドン」の箇所で太鼓の音を効果音として使い、滑稽味が溢れている。二番と三番の間にデカンショの囃子詞を入れるなど、当局が声高に叫ぶほどの非常時の緊張感を感じさせない。

だが、昭和八年、日本は国際連盟を脱退し、翌年はワシントン海軍軍縮条約を破棄し、ついで同十年にはロンドン海軍軍縮条約も破棄することによって、国際的孤立の状況が明確になるのである。

日本ファッショの歌

昭和七年十二月、ツルレコードから愛国歌として《日本ファッショの歌》が発売された。「ファッショ」という語彙は《リットンぶし》ですでに見られるが、ここでは非常時を日本式ファッショで乗り切ろうとすることを示している。ファシズムの語源は古代ローマの執政官の権威を象徴する斧と棒を束ねた儀式用のファスケス（fasces）で、力と団結（束・結社）を意味する。

一九三〇年代、世界恐慌の波及によって、米英を中心に構築された国際秩序、ヴェルサイユーワシントン体制が動揺した。そうしたなか、再軍備、旧領土の回復を目指すドイツ（ヒトラーのナチス支配)、エチオピア侵略を行うイタリア(ムッソリーニ)、満洲事変を拡大し満洲国をめぐって孤立する日本は、全体主義の方向を選択し、新たな世界秩序を構築しようとした。日本はファシズム運動の成熟の時期に入っており、急進的民間右翼と軍部勢力(青年将校)が結びつき、五・一五事件によって政党内閣を崩壊させ、二・二六事件へと至る時期でもある。

元老西園寺公望は、不況の克服と国際的危機打開の切迫した状況のなかで、海軍大将の斎藤実を内閣首班に奏請した。斎藤実内閣は政党に基盤を置かない挙国一致内閣として成立した。西園寺は、この内閣に政党政治復帰までの過渡的役割を期待したが、政党政治は復活することなくファシズムへの流れを抑えることができなかった。

横道政治今日死して　アジア大陸日に映ゆる
その輝きの皇国史　讃え同胞国粋の
我らが　日本ファシズム

非常にあたる今日の日に　もし国難の時あらば
期せよ護れよ心して　讃え同胞国粋の
我らが　日本ファシズム

一度干戈を交う時　老いも若きも大兵の
世界に誇る適性を　讃え同胞国粋の
我らが　日本ファシズム

正義の盾に伝統の　日本男児が栄光を
汚すな護れもろともに　讃え同胞国粋の
我らが　日本ファシズム

歌詞は政党政治崩壊後の挙国一致体制を団結の意味での「ファッショ」の体制で臨むという内容だが、曲調は明るい唱歌調で作曲されている。

昭和八年の世相は暗い翳を帯びていた。一月、大島三原山の実践女子学校専門部生徒の自殺、二月には国際連盟の総会で撤退対日勧告案に対して松岡洋右が退場（三月二七日正式脱退通告）、四月、自由主義的な刑法学説を唱えていた滝川幸辰が休職に追い込まれた滝川事件、日本共産党の最高指導者たちの獄中からの転向表明など、思想、学問への圧力が目立ちはじめた。このような内外の動きは、年初から国民に少なからぬ不安と動揺をあたえた。その一方、日本経済は世界恐慌以前の経済水準を回復し恐慌から脱出した。高橋財政（蔵相高橋是清）のインフレ政策によって景気が回復し、満洲事変による軍需と政府の保護政策とに支えられて重化学工業が目覚ましく発展した。さらに金輸出再禁止による円相場の下落を利用して飛躍的に輸出を伸ばした。殊に綿織物の輸出の拡大は目覚ましいものがあり、イギリスを抜いて世界第一位の規模に達したのである。

帝人事件をきっかけに斎藤実内閣が退陣した。昭和九年七月八日、代わって岡田啓介内閣が成立した。同年十月、陸軍省新聞班が発行した「国防の本義と其強化の提唱」(陸軍パンフレット)は総力戦思想にもとづく高度国防国家の構想を明確にした。

昭和十年、国家全体を高度国防国家に改造し、元老西園寺公望、内大臣牧野伸顕、枢密院議長一木喜徳郎などの「現状維持派」に決定的な打撃をあたえるために、軍部・右翼に押された岡田内閣は美濃部達吉の「天皇機関説」を葬った。天皇機関説とは、天皇は法人である国家の最高機関として憲法にしたがって統治権を行使するというもので、明治憲法を立憲的自由主義的に解釈しており、上杉慎吉らの天皇主権説とは対立する考え方であった。

軍部内では皇道派(クーデタによって天皇と国民が一体となった軍部内閣樹立を目指す)と統制派(総力戦に対応する高度国防国家)が、どちらがヘゲモニー(主導権)をにぎるかで対立が激しくなり、八月、統制派の永田鉄山軍務局長が相沢三郎中佐に惨殺される事件が起こった。相沢の行動は皇道派将校たちを大いに奮い立たせた。だが、陸軍省は皇道派青年将校たちの第一師団の満洲派遣を決定し、これが統制派を一掃しようとするクーデタへの蜂起となるのである。

ツルレコードから満洲をテーマにした音頭歌謡の《満洲音頭》(松坂なおみ・作詞/黒田進・作曲)と《輝く大満洲》(松村又一・作詞/佐藤長助・作曲)が昭和九年四月新譜で発売された。すでに満洲事変は、塘沽停戦協定(同八年五月)を結び収拾していた。

昭和八年頃から、日本国内から新天地を求めて農民が満洲に渡った。また、開拓農民のみならず、満洲国へ各省庁から送り込まれる新官僚、新興財閥の日産コンツェルンの進出から、末端は、一獲千金を狙うならず者や芸者・売春婦まで膨大な数に及んでいた。このため、昭和に入ると、すでに満洲をテーマにしたレコード歌謡が作られるようになっていた。ニットーから発売の《満蒙節》(伊藤松雄・作詞/草笛道雄・作曲)、徳山璉が吹込みビクターから発売された《満州行進曲》(大江素天・作詞/堀内敬三・作曲)などが巷に流れ、これを背景に広大な満洲を美化した「曠野もの」というジャンルの流行歌が生まれた。「満洲」でなく、「曠野」という名称となったのは、「彷徨《さすらう》」というような漂泊感が歌の主題にあったからである。

3 「日中戦争」と軍国歌謡の台頭

花咲く日本流行歌

昭和十年代を迎え、ツルレコードは厳しい状況を迎えた。エロ歌謡、ジャズ・ソング、時局小唄、愛国歌などのジャンルにおいて多種少量生産とはいえかなり奮闘していたが、肝心の純流行歌における大ヒットがなかった。その一方で、大手メジャーレーベルは激しいヒット競争を展開した。

昭和十、十一年の日本流行歌史を概観してみることにする。昭和十年昭和流行歌の前半は、藤田まさと—大村能章—東海林太郎、藤田まさと—阿部武雄—東海林太郎を擁するポリドールが道中・股旅歌謡において《旅笠道中》（藤田まさと・作詞／大村能章・作曲）《むらさき小唄》（佐藤惣之助・作詞／阿部武雄・作曲）を発売しヒットさせた。殊に前年暮れからの《国境の町》（大木惇夫・作詞／阿部武雄・作曲）のヒットによって東海林太郎の人気は男性歌手の頂点となった。

名門ビクターは、イタリアでオペラを勉強した児玉好雄が歌った《無情の夢》（佐伯孝夫・作詞／佐々木俊一・作曲）のヒットを放った。彼は、オペラの勉強中にも日本の小唄、端唄、民謡の研究に余念がなく、その成果がヒットにつながった。同じくビクターでは、大御所の中山晋平が作曲生活二十周年を迎えるが、《無情の夢》のヒットで、同社のヒットメーカーは佐々木俊一が中心となった。作詞の佐伯孝夫とのコンビは戦後も続いた。

同じ名門コロムビアは、民謡を基調にした古関メロディー《船頭可愛や》(高橋掬太郎・作詞/古関裕而・作曲)、江口―松平コンビが「曠野物」、関種子がウエット歌謡《雨に咲く花》(高橋掬太郎・作詞/池田不二男・作曲)でヒットを放った。専属以来、流行歌での実績が無かった古関裕而が日本民謡に注目し《船頭可愛や》で作曲家として声価を得た。また、松平晃・豆千代が歌う江口夜詩作品の《夕日は落ちて》(久保田宵二・作詞/江口夜詩・作曲)は十七万枚の売れ行きだった。

そして、中野忠晴がジャズ・コーラス(コロムビア・リズム・ボーイズ)を養成しジャズ・ソングに新生面を切り開いた。昭和十年に入ると「市勝時代」によって隆盛を極めた芸者歌手全盛の時代を迎えた。ビクターの小唄勝太郎と市丸、コロムビアの赤坂小梅、豆千代、ポリドールの新橋喜代三らの邦楽的技巧表現が彩る官能的色彩は、演歌系歌謡曲への途をもたらす要因となった。

昭和十年の夏に入ると、古賀政男を中心とするテイチクはポリドールの東海林太郎旋風、コロムビアの江口メロディーに対抗してヒット量産を目論んだ。テイチクでは、《ダイナ》をヒットさせ日本最高のジャズシンガーの声価を得たディック・ミネと星玲子が歌った《二人は若い》が発売され、モダンライフをテーマにした古賀メロディーがヒットした。晩秋に入ると、楠木繁夫(黒田進)が熱唱した古賀メロディー《緑の地平線》(佐藤惣之助・作詞/古賀政男・作曲)が発売され、古賀政男の力によって楠木繁夫がヒットスターダムに押し上げられた。ポリドールでは日本調歌謡の路線で《野崎小唄》が東海林太郎の歌唱で発売されヒットした。このように各レコード会社のヒット競争が激しく展開する中で、淡谷のり子、小林千代子、ベティ稲田、ヘレン隅田ら洋楽系女性歌手の活躍も目立ち、また、藤山一郎、奥田良三、関種子、四家文子ら声楽家たちが独唱する外国歌曲・民謡も広く愛好された。

ツルレコードはこの時期、作間毅がそれぞれ「鉄火面」と「ディック・ミチオ」の変名を使って歌った《ダイナ》《山の人気者》、ミッキー松山に《ジプシーの喫茶店》と《君と二人》を吹込ませるなどしたが、大手メジャーレーベルにはとても対抗できず、その差を埋めるために新たな打開策を講じなければならなかった。それが昭和十一年以後の新しいメインレーベルのアサヒと洋楽専門レーベルの二本立てという新たなツルレコードの戦略だったのである。

昭和十一年の世相は、皇道派の青年将校が軍部内閣樹立を目指して昭和維新を断行し内外の危機打開する目的でクーデタを敢行した二・二六事件に象徴されていた。皇道派青年将校らが「君側の奸」を殲滅しようとし、大蔵大臣高橋是清、内大臣斎藤実、陸軍教育総監渡辺錠太郎が殺害された。しかし、クーデタは失敗し、それ以後、統制派が粛軍を行い陸軍の実権を握った。このような事件が起こったのは、従来の政治に対する軍部への不信にあるとして、陸軍は遠慮することなく政治的な発言を行うようになったのだ。その後、戒厳令のもとで岡田啓介内閣に代わって登場した広田弘毅内閣は、陸軍の要求によって軍部大臣現役武官制を復活させ、また、軍の国防方針にもとづき大陸と南方を合わせ、日本を中心にブロック化することを国策とし、外交刷新・国内改革を意図した「国策の基準」を決定した。外交においてはドイツとの提携を強化し、防共を旗印にした日独防共協定を締結した。

晩秋に発売された妖艶なソプラノで歌う淡谷のり子の《暗い日曜日》(清野協・作詞/セレス・レゾ・作曲)は、暗い時代を予兆させるもので、その歌唱は日本最初のシャンソンレコードに相応しかった。

昭和十一年一月、ニットーレコードとタイヘイレコードが業務提携を結び合併した。同月には服部良一がコロムビアへ入社し、その第一作《おしゃれ娘》(久保田宵二・作詞/服部良一・作曲)が淡谷のり子の歌唱で吹込まれた。コロムビアは「コロムビア・ジャズ・バンド」を充実させ、服部良一、仁木他喜雄、淡谷のり子らを中心にスウィングジャズ時代の到来に相応しい陣容を揃えた。この年のレコード歌謡の話題は、二・二六事件という世相のなかでビクターから発売された煽情的な官能歌謡《忘れちゃいやヨ》(最上洋・作詞/細田義勝・作曲)だった。これは治安警察法が適用され発売禁止となった。

昭和十一年春、東海林太郎が歌う演歌系の日本調歌謡で全盛期を迎えたポリドール旋風のさなか、テイチクでは古賀政男と藤山一郎のコンビが復活した。二人の合作芸術による《東京ラプソディー》(門田ゆたか・作詞/古賀政男・作曲)はモダン都市東京を高らかに歌った平和の讃歌でもあった。声量も豊かで正確無比な藤山一郎の歌唱は、昭和モダンの風景を象徴し古賀メロディーを決定的なものにし、古賀政男の流行歌王の地位が確立した。そして、テイチクは、ディック・ミネ、杉原泰蔵らを中心にした「テイチク・ジャズオーケストラ」が「コロムビア・ジャズ・バンド」と拮抗し、さらに古賀メロディー全盛によって黄金時代を迎える。

この年は、健全な歌を目指し、国民歌謡もスタートした。前述の《忘れちゃいやヨ》に対して「官能的歌唱」という批判もあり、国民歌謡は軽佻浮薄な様相を帯びる流行歌の浄化を目的にしていた。しかし、藤山一郎（増永丈夫）、奥田良三、関種子、徳山璉、四家文子、松平晃、永田絃次郎らが歌い放送された国民歌謡は、日本歌曲のような格調が高いものが多く、音楽性を優先するあまり流行歌ほどの広がりは見られなかった。

「日中戦争」勃発

昭和十二年七月七日、近衛文麿内閣の成立直後に、北京郊外の永定河にかかる盧溝橋で日中両国軍の武力衝突事件が発生した。盧溝橋事件である。近衛内閣は、はじめ不拡大方針をとった。七月十一日、現地でも停戦の動きがあったにもかかわらず、近衛は、軍部に強く押される形で閣議において「重大決定を為し、北支派兵に関し、政府としてとるべき所要の措置をなす事」と表明し派兵が決定された。

八月九日、上海で海軍陸戦隊の大山勇夫大尉が中国保安隊によって惨殺された事件が起きた。これによって事変は拡大し、日本は松井石根大将を司令官とする上海派遣軍二個師団を上海に上陸させた（八月二十三日）。十一月に入ると、「日本百万上陸杭州湾」というアドバルーンを掲げて杭州湾に増援部隊を送り、一気に南京へと進撃した。

昭和十二年十一月二十日には、日露戦争以来三十三年ぶりに東京に大本営が設置され、日中戦争に対して本腰を構えたことを示した。大軍が投入されることによって陸軍の軍事行動は拡大し、戦線は中国各地へと延び全面戦争となったのである。
上海が陥落すると、《日本陸軍》（大和田建樹・作詞／深沢登代吉・作曲）のメロディーを使用した《上海陥落祝勝歌》（大村瀬収・作詞／深沢登代吉・作曲）がツルレコードから発売された。

歓呼の声や旗の波　不義を懲らせと励まされ
光る門出の鉄兜　進軍喇叭高鳴りて
堂々進む御軍と　向うところに敵もなし

我が皇軍の精鋭は　防御の固き上海に
砲弾地雷か何のその　世界戦史に記を見ざる
敵前上陸成功し　将兵の意気天を突く

大陸風の協力に　敵が命と頼みたる
クリークトーチカものとせず　爆撃吶喊肉弾戦
ああ江南の花と散る　日本男児の雄々しさよ

昭和十二年の暮れ、アサヒ蓄音器商会は、メインレーベルをツルレコードからアサヒレコードに変更し、軍国歌謡の時代に対応しようとした。国民歌謡の《塹壕の夢唄》（南条みき子・作詞／丹羽伸策・作曲）《祖国の前衛》（松坂直美・作詞／黒田進・作曲）が早速、発売された。

日中戦争が始まった昭和十二年の日本流行歌、レコード歌謡は、古賀メロディーの第二期黄金時代である。ディック・ミネが切々と歌う《人生の並木路》（佐藤惣之助・作詞／古賀政男・作曲）、藤山一郎の美しく澄んだ歌唱による《青い背広で》（佐藤惣之助・作詞／古賀政男・作曲）《青春日記》（佐藤惣之助・作詞／古賀政男・作曲）がヒットした。このような古賀メロディーの黄金時代はテイチクの全盛期を意味していた。

この年、キングレコードからもようやくヒット曲が生まれた。松島詩子の歌唱でモダンな《マロニエの木蔭》が流行したのである。後でのべるが、松島詩子も変名を使いツルレコードで吹込みを行っている。

ポリドールはテイチクの古賀メロディーに対抗するために名作歌謡・文芸歌謡の企画を打ち出した。これによってテイチクの藤山一郎とポリドールの東海林太郎が圧倒的な人気を誇り、歌謡界の「団菊時代」を形成した。このようにSPレコード歌謡は黄金時代を呈するが、淡谷のり子が歌うブルースは新しい風をもたらした。淡谷のり子の《別れのブルース》は、哀愁に満ち人々の心を捉えた。淡谷は、昭和モダンの哀愁を感じさせる妖艶なソプラノでジャズ、タンゴ、シャンソンを歌っていたが、これに加えてブルースの女王という新たな魅力を大衆にアピールした。作曲者の服部良一は、流行歌にジャズのフィーリングをいかした作曲をしていたが、この《別れのブルース》で一流の作曲者の仲間入りをはたした。

服部良一が台頭すると、ポリドールは、日本調歌謡で新たなスターを売りだした。それが上原敏である。東海林太郎とは個性が異なる歌唱で、上原敏は《妻恋道中》（藤田まさと・作詞／阿部武雄・作曲）《流転》（藤田まさと・作詞／阿部武雄・作曲）《裏町人生》（島田磬也・作詞／阿部武雄・作曲）などをヒットさせた。また、ポリドールの先輩歌手東海林太郎は、文芸歌謡として《すみだ川》（佐藤惣之助・作詞／山田栄一・作曲）、社会派歌謡の《湖底の故郷》（島田磬也・作詞／鈴木武男・作曲）をヒットさせた。

このように流行歌隆盛の時代を迎え、都市文化の讃歌を歌う藤山一郎の古賀メロディー第二期黄金時代、東海林太郎の名作歌謡・文芸歌謡、新鋭上原敏が歌う「アベタケメロディー」（道中・股旅歌謡）による演歌系歌謡曲の隆盛、淡谷のり子・服部良一のブルース歌謡の登場というように、日本流行歌の系脈が複雑になってきたのである。

ツルレコードはこのような日本流行歌の系脈の複雑化に対応できなかった。かつてツルレコードで腕を奮った作詞家、作曲家、歌手も大手メジャーで活躍するようになり、流行歌において人材難であった。ツルレコードはダンスオーケストラを充実させ、センターという洋楽専門レーベルも新たに設けたが、東京への一極集中という状況において、ここでも人材難は否めなかった。そのような状況の中で、高まる軍国歌謡の時代を迎え、ツルレコードは栄光から挫折の途を辿りはじめるのである。

高まる軍国歌謡人気

昭和十二年八月二十四日、近衛内閣は国民精神総動員実施要綱を決定し、十月にはその推進団体として国民精神総動員中央連盟を結成した（会長は海軍大臣有馬良橘大将）。国民の戦争協力を強化するために、内閣情報部、内務省、文部省が中心となり国民精神総動員運動が展開し国民の華美贅沢な消費を抑制する意図から推進された。そのスローガンとして「挙国一致・尽忠報国・堅忍不抜」が掲げられ、自発的な戦争協力のための国民精神の発揚が求められた。

十一月には、九月に設置されていた内閣情報部募集歌《愛国行進曲》が制定される一方、近衛首相は、十一月五日からドイツの中国駐在大使トラウトマンを通じて和平工作を行っていたが、十二月十三日、南京が陥落すると強硬な態度に変わった。

日本国内の様相も一日一日と厳しく国民生活を変化させた。各レコード会社が競って《愛国行進曲》のレコードを売り出した。この歌は国民精神総動員運動の意図を貫徹するために国民に広く流布することを目的としていた。内閣情報部の募集によって集まった五七五七八の歌詞と九五五五の曲の中から、森川幸雄の詩が一等入選、曲は《軍艦行進曲》の作品で知られる瀬戸口藤吉が選ばれた。戦争への自発的協力を喚起させるのにふさわしい歌詞は、国民精神の昂揚には十分に効果が見られた。二番の〈御稜威に副わん　大使命　征け　八紘を宇となし〉は、天皇の御威光を世界に知らしめ、その下に世界を家のように統一するということが日本の神話から強調されている。

日中戦争も泥沼化し戦時体制が強化される中で、軍国歌謡が台頭した。軍歌は兵士を鼓舞し士気を高めるために、軍隊によって作られた歌や兵士のあいだで自然において歌われたものである。それに対して軍国歌謡は歌謡曲のジャンルのなかで戦意昂揚を広く国民に浸透させるために作られ、時局や国民感情を反映した歌が多い。曲調も西欧風の洋楽調、浪花節、民謡調と幅が広い。

昭和十三年二月新譜で各社一斉に発売された《愛国行進曲》は国民歌に相応しい行進曲である。荘重な曲想を持ち、稜威の昂揚が謳われており、国民合唱に適していた。ツルレコードでも早速発売された。編曲は早川弥左衛門。演奏は名響管弦楽団、合唱は名響合唱団が入った。

見よ東海の空明けて　旭日高く輝けば
天地の正気溌溂と　希望は躍る大八洲
おお晴朗の朝雲に　聳ゆるの富士の姿こそ
金甌《きんおう》無欠揺るぎなく　我が日本の誇りなれ

編曲の早川弥左衛門は、大正四年、海軍軍楽長を務め、大正十四年、沼泰三の後を継いで松坂屋少年音楽隊を指導した。その後、「洋楽研究会」を組織してシンフォニーの活動に尽力し、昭和七年四月、名古屋交響楽団（昭和十五年、「中央交響楽団」、昭和十六年、東京に移り「東京交響楽団」、現「東京フィルハーモニー交響楽団」）の成立に大きな役割をはたした。早川はツルレコードで黒田進が歌った《柳ヶ瀬小唄》（平井潮湖・作詞／早川弥左衛門・作曲）を作曲している。

戦時色が強まる中、召集令状を受けて戦場へ行く人々を見送る旗の波、戦場へ送られていった夫やわが子の安否を念じて千人針を結ぶ女性の姿が増えていた。レコード会社もこのような状況に応じて軍国歌謡という時局を反映するような流行歌の製作に乗り出した。

昭和十三年四月、北・中支両面郡は共同作戦を開始し、五月十九日、徐州を完全に占領。翌六月から武漢作戦が展開された。七月十八日、南唱上空で海軍のエースパイロット、南郷茂章大尉（戦死後少佐）が散った。すでに八機を落とし、それでもなお果敢に敵撃墜に挑み旋回した瞬間敵機と接触、そのまま地上に激突し壮烈な戦死を遂げたのである。この名パイロットの戦死を悼み、ツルレコードからは《噫！南郷少佐》（松島慶三・作詞／筒井二郎・作曲）、同名タイトルの《噫！南郷少佐》（松島慶三・作詞／海軍軍楽隊・作曲）が発売された。

十月二十五日、漢口を占領、二七日、武漢三鎮が占領された。早速、前奏に兵士の「万歳」が挿入された《漢口だより》（上田良作・作詞／三界稔・作曲）が上原敏の歌でポリドールから発売された。B面は東海林太郎が歌う《武漢陥つとも》（柴野為亥知・作詞／杉山長谷雄・作曲）。

このように前年の南京陥落につづいて記念歌が作られたが、ツルレコードでも愛国歌として《奪ったぞ！漢口》（穂積久・作詞／筒井二郎・作曲）が発売された。これは愛国歌であり、漢口を目指して怒濤《どとう》の如く進撃する勇猛果敢な皇軍の勇ましさを高らかに歌い上げている。

東洋平和危機及び　断然起って膺懲す

戦果いよいよ実を上げ　残るは僅か武漢のみ
勝利　勝利　大勝利　聞け連勝の　勝鬨を

勇猛果敢皇軍の　怒濤のごとき進撃に
九江随処既に陥ち　目指すは漢口五十キロ
勝利　勝利　大勝利　将士の意気や　天を衝く

海の荒鷲陸の獅子　巨万の大敵殲滅す
武漢三鎮翩翻と　見よ城頭の日章旗
勝利　勝利　大勝利　勝ったぞ皇軍　大勝利

沈む夕陽か朝露か　蔣介石よ何処へ行く
遂げよ聖戦いつまでも　勝って兜の緒を締めよ
勝利　勝利　大勝利　奪ったぞ漢口　万々歳

歌手の大久良俊《おおくらとし》は後の近江俊郎である。はてしなく続く日中戦争だが、武漢作戦と並行して広東作戦も進められていた。バイヤスに上陸した第二十一軍は十月二十一日に広東を占領した。同地の名称を入れ、ユニークな「広東名物蛇料理」などの歌詞も盛り込まれた《広東だより》

（佐藤惣之助・作詞／三界稔・作曲）が上原敏の歌でポリドールから発売された。

昭和十四年五月、満州西北部満蒙国境をめぐってハルハ河とその周辺の草原で関東軍とソ連軍が武力衝突をした。火力に優るソ連軍によって関東軍は死傷者約二万人の壊滅的打撃を受けた。国内では国家総動員法に基づいて国民徴用令が公布され、一般国民が軍需産業に動員されるようになった。八月、防共協定の仮想敵国をソ連のほかイギリス・フランスにも拡大した軍事同盟への発展を提案していたドイツが、突然ソ連と不可侵条約を締結し、日本は外交に混迷をきたした。平沼騏一郎内閣は「欧州の天地は複雑怪奇なる新情勢」という声明をのこし総辞職した。この時点でノモンハン事件は解決しておらず、政府は外交の方針を見失った。九月、ドイツがついにポーランドに侵入した。イギリス・フランスはただちにドイツに宣戦布告し、ここに第二次世界大戦が始まった。だが、政府は当初、大戦不介入の態度をとった。

このような状況を反映し、軍国歌謡がますます花盛りになる。《愛馬進軍歌》（久保井信夫・作詞／新城正一・作曲）が各社から発売された。これは、陸軍省の馬政課が公募したことによって企画され、馬と人間の間にかよう深い愛情を素朴に歌いあげたものである。

《愛馬進軍歌》は軍国歌謡の傑作のひとつである。須磨洋朔（当時陸軍軍楽隊員）の曲が首席当選だったが、演歌系歌謡の要素が濃く、次席の新城正一の楽曲が繰り上げ当選になった。

レコードは各社から相次いで発売されたが、キング盤が好評だった。永田絃次郎と長門美保が高らかに歌い馬の蹄の音を効果音に入れ、人気があった。また、テイチクから発売された藤山一郎の歌唱盤は、模範的な名盤として評価が高い。B面はテイチクオーケストラ演奏による

《愛馬進軍歌（管弦楽）》。

ツルレコードも《愛馬進軍歌》を早速発売した。アサヒ管弦楽団の演奏で名古屋交響楽団の合唱が歌った。

くにを出てから幾月ぞ　共に死ぬ気でこの馬と
攻めて進んだ山や河　執った手綱に血が通う

昨日陥したトーチカで　今日は仮寝のたか鼾
馬よぐっすり眠れたか　明日の戦《いくさ》は手強いぞ

だが、映画主題歌と軍国歌謡で隆盛を極めるメジャーレーベルの前にはツルレコードの健闘はここまでであった。ツルレコードは、昭和十四年、同社の録音システムが故障をきたし、関西のタイヘイレコードに吹込みを依託するという不運なアクシデントに見舞われた。そうなると、経営に不安を感じる資本提供者の持株がツルレコードの資本から離れることになるのである。これによって、ツルレコードは独自資本の展開が困難となり、企画・製作に支障をきたすことになった。同社はその煽りを受け、他社原盤の製造や旧譜の再発売が主な業務となり、新譜発売というレコード会社本来の姿を失ってしまうのである。

一方、軍国歌謡を吹き飛ばすかのような勢いを呈する昭和十三、四年の日本流行歌、レコード歌謡界の状況を俯瞰すれば次のとおりである。

昭和十三年は古賀政男のテイチク退社と、道中・股旅歌謡への検閲が厳しくなりテイチクーポリドール二強時代が終わりを告げ、それに代わって映画主題歌を中心にコロムビアが黄金時代を迎えた。昭和十三年、映画『愛染かつら』の主題歌《旅の夜風》(西條八十・作詞/万城目正・作曲)が大流行、これによって、霧島昇がスターダムにのし上がった。また、中国を舞台に甘い哀愁を漂わせた《支那の夜》も渡辺はま子の歌声で大流行した。そして、日中戦争が深まるなか、国際都市上海を舞台にした異国情緒豊かな「上海歌謡」も流行した。歌謡曲に軍国調が目立ってきたとはいえ、和製洋楽歌謡も隆盛を極めた。淡谷のり子が歌う服部メロディー《雨のブルース》(野川香文・作詞/服部良一・作曲)などがその代表であり、和製ブルース歌謡全盛の時代を迎えた。

昭和十四年に入ると、映画主題歌は一層隆盛を極めた。コロムビアの女性歌手では、二葉あき子がブルース調の《古き花園》(サトウ・ハチロー・作詞/早乙女光・作曲)を歌いスター歌手の仲間入りをはたした。これは松竹映画『春雷』の主題歌だった。また、他の映画主題歌では霧島昇と高峰三枝子が共演した《純情二重奏》(西條八十・作詞/万城目正・作曲)、映画主題歌の隆盛とともに古賀政男が去った後のテイチクでは、ディック・ミネが《或る雨の午後(午后)》(和気徹・作詞/大久保徳二郎・作曲)《上海ブルース》(北村雄三・作詞/大久保徳二郎・作曲)などを外国曲のフィーリングをいかしながらヒットさせた。モダンな香りのするレコード歌謡といえば、霧島昇とミス・コロムビアが歌う《一杯のコーヒーから》(藤浦洸・作詞/服部良一・作曲)も好評だった。

昭和十四年四月、藤山一郎がテイチクからコロムビアに移籍し、再び、声楽家増永丈夫と流行歌テナー藤山一郎の二刀流が始まる。南国の異国情緒を感じさせる《懐かしのボレロ》(藤浦洸・作詞/服部良一・作曲)が藤山一郎の歌唱によってヒットし、コロムビアは、翌年には映画主題と軍国歌謡において黄金時を迎えることになる。

『神野三郎伝』によると、ツルレコードは「昭和十四年一月十六日、その建物・機械一切を金壺ゴム株式会社(後の東洋合成化工株式会社)へ売却し、更に同年七月十一日に、同(アサヒ蓄音器)商会の株式過半数を、大阪のレコード問屋中西万次郎(保次郎)他七名に譲渡し、ここにアサヒ蓄音器商会は完全にその歴史を閉じた」と記されている。だが、前述の《愛馬進軍歌》の発売は昭和十四年三月である。各社競作のなかで軍国歌謡の先陣を切ったツルレコードは意地を見せたのだ。また、資本金は減額され、経営権が大阪の中西商会に移り、名古屋におけるレコード製作の実態を失ったとはいえ、レコード生産は中西商会において他社原盤、旧ツル印レコード、センターレーベルの再発盤を中心に昭和十五年の段階でも細々と行われていた。

Ⅳ ツルレコード――多彩な人材の坩堝

1　鳥取春陽

籠の鳥

ツルレコードは昭和流行歌史の一断面を彩る多彩な人材の坩堝《るつぼ》である。なかでも、ツルレコード以前の大和蓄音器商会時代から名古屋レコード界に大きな関わりをもつ、鳥取春陽をまず挙げなければならない。すでに、鳥取春陽の代表作《籠の鳥》《夕陽は落ちる》《恋慕小唄》などが大和蓄音器商会から発売されており、名古屋ツルレコードの昭和流行歌は、鳥取春陽の活躍によって、その歴史の黎明を迎えた。

鳥取春陽は、本名鳥取貫一。明治三十三年十二月十六日、岩手県下閉伊郡刈屋村（旧新里村・現宮古市）の北山というところで、父民五郎、母キク（ノ）の長男として生まれた。

大正時代の流行り唄は、演歌師が街頭でヴァイオリン

岩手県宮古市「宮古市新里生涯学習センター（玄翁館）」の鳥取春陽展示ホール

を奏で唄って流行らせていた唄をレコード会社がレコードにしていた。大正十年代に入ると、街頭演歌師のレコード進出が目立ってくる。秋山楓谷・静代夫妻、後藤紫雲、宮島郁芳、高橋銀声、鳥取春陽、渋谷白涙、横尾晩秋、寺井金春、斎藤一聲ら多士済々の活躍が見られた。そのなかでも当代随一の実力を持っていたのが鳥取春陽だった。

鳥取春陽

鳥取春陽は、中山晋平作曲の《船頭小唄》（野口雨情・作詞／中山晋平・作曲）を、小編成ながらオーケストラ伴奏でレコードに吹込み（ヒコーキ印・帝国蓄音器）、オリエントではヴァイオリン演歌のスタイルで吹込み、それを大衆に広めた。また、感傷的情緒と哀調溢れる《籠の鳥》（千野かほる・作詞／鳥取春陽・作曲）の作曲で知られていた。

《籠の鳥》は春陽の声価を決定的にしたばかりではなく、彼自身最大のヒット曲でもある。

逢いたさ見たさに怖さも忘れ　暗い夜道を　只ひとり
逢いに来たのに　何故出て来ない　僕の呼ぶ声　忘れたか
あなたの呼ぶ声　忘れはせぬが　出るに出られぬ　籠の鳥
籠の鳥でも　知恵（実）ある鳥は　人目忍んで　逢いにくる
人目忍べば　世間の人は　怪しい女と　指さされる

怪しい女と　指さされても　実があるなら　来わりょうもの
指をさされちゃ　困るよわたし　だから私は　籠の鳥
（歌詞は鳥取春陽／巽京子・ヒコーキ印の帝国蓄音器盤から採る）

すでにのべたとおり、各蓄音器会社は街頭演歌師たちの「唄」を「書生節レコード」として売り出していた。ヒコーキ印の帝国蓄音器、オリエントレコード、ニットーレコード、東京蓄音器から発売されていたのだ。レコードは飛ぶように売れた。アコースティック録音（ラッパ吹込み）時代の大正期のレコード吹込みは、圧倒的に邦楽分野が多かった。謡曲、長唄、常磐津節、清元、義太夫、浪花節、小唄、端唄、新内などが多く、また、落語、映画の活弁など広く及んでいたのである。当時、浅草オペラの人気歌手、清水金太郎、原信子、田谷力三らのレコードも発売されていたが、人気は「書生節レコード」の方に軍配があがった。

これらの邦楽は邦画の演奏楽曲として使われた。立ち回りのシーンでは三味線を入れた長唄の合い方、濡れ場では義太夫・清元・新内の一部、情緒的な情景場面では箏曲や端唄・小唄の類いを演奏した。そして、無声映画の主題・挿入歌が流行すると、蔭唄歌手の登場によって、無声映画時代の主題歌が映画常設館の幕間で唄われたのである。蔭唄歌手とは、スクリーンの隅に待機していて、クライマックスの場面になると、楽士の伴奏に合わせて唄う歌手のことで、名古屋の映画常設館にもそのような唄い手が多くいた。

大正十三年八月十四日、大阪千日前の「芦辺劇場」で封切られた『籠の鳥』（帝キネ作品）は、五週続映という空前の大ヒットだった。名古屋の興行界では、広小路の千歳劇場、大須観音の活動映画常設館（湊屋、世界館、松竹座、電気館など）でも記録的な観客動員だった。繁華街の路上では街頭演歌師が哀調を帯びた《籠の鳥》を奏で唄っていた。

主題歌となった《籠の鳥》は、ニットーレコード（寺井金春）、東亜レコード（横尾晩秋）、オリエントレコード（歌川八重子）、ヒコーキ印の帝国蓄音器（鳥取春陽）などからレコードが発売され、名古屋のカフェーの蓄音器から流れた。映画館の幕間演奏でも薩唄歌手が唄い、楽士らによって演奏された。この映画と歌が両立する構造形態は、昭和初期において、映画会社とレコード会社の同時企画制作提携へとつながり、大衆娯楽の王座を占めるのである。ツルレコードでも、松竹映画『愛よ人類と共にあれ』の同名主題歌をはじめ、時局歌謡やエロ歌謡の発売と並行し、新興キネマ『海に立つ虹』の主題歌《処女の日の歌》、河合映画『目覚めよ感激』の主題歌《目覚めゆく大地》、東活映画の人情時代劇『若殿行状記』の主題歌《女軍出兵は真平よ》《愛の暴風雨に傷ついて》などが発売された。また、オッソオ映画『掻払ひの一夜』の同名主題歌、パラマウント映画『市街』の主題歌《悪く思うなよ》、ユナイテッド映画『魅惑を賭けて』の主題歌《おゝ天使よ》などの外国映画の主題歌も発売され、ツルレコードは日本映画のみならず洋画の主題歌を充実させていた。

大阪道頓堀界隈は街頭演歌師のメッカである。猥雑・雑多な音の集合は雑音だが、そこには人間の喜怒哀楽が織りなす生活感があった。労働の泥音、人間のざわめき、静かな自然の音も聞こえてくる。大正後期になると名古屋界隈のネオンの輝きも増し、大須観音界隈や広小路のカフェー街も街頭演歌師の書生節によって賑いを見せた。

大須は名古屋の浅草といわれた。浅草は街頭演歌のメッカであり、民衆娯楽の中心である。大須は浅草に似た歓楽街の面貌をもっていたのだ。


「先ず浅草観音に比すべき大須観音の大伽藍、仁王門からずらりと両側に並んだ仲店に似せた門前通り。六区そっくりな、旧遊廓地帯の花園若松、吾妻界隈の色っぽさ。劇場映画館の濃厚な色彩等々」（『百萬・名古屋』）

大須観音東側の映画館、小劇場、演芸場では《安来節》が派手に演じられていた。この一帯は旧遊廓で、街頭演歌師が哀しいメロディーを切なく唄い流すのには格好の場であった。大正後期に絶頂を迎えた街頭演歌師時代の鳥取春陽も、宵の灯が一斉に点滅するこの大須で唄い流したのである。

大正も末の頃、鳥取春陽が作詞し、添田さつきが作曲した《思い出した》がヒットし、名古屋の歓楽街の路上では春陽と添田が地元の街頭演歌師と一緒に手拍子を打って唄う光景が見られた。調子の良い唄なので替え唄もどんどん生まれ、大須界隈で広がったのである。

一方、太平洋の向こうで、ビクター、コロムビアによって電気吹込みレコードの日本への大量輸出が目論まれ、欧米のレコード会社による日本でのプレス工場の設立準備が整いはじめた頃、鳥取春陽は関西のオリエントレコードを拠点に、名古屋市や東京のレコード会社でも作詞・

作曲・歌唱をこなしシンガーソングライターとして活躍しており、また、野口雨情とコンビを組んだ《すたれもの》（野口雨情・作詞／鳥取春陽・作曲）《赤いばら》（野口雨情・作詞／鳥取春陽・作曲）が流行していた。

しかし、このような書生節演歌の全盛の時代、大きな転換の波が押し寄せようとしていた。それがアメリカからの外国レコード産業の資本参入と電気吹込みという新しい録音システムであった。演歌師の巨星添田唖蟬坊も大正十四年の《金々節》以後、沈黙が始まる。唖蟬坊は、大正十四年四月十八日をもって桐生に山居した。

大正期の街頭演歌に代わって昭和の流行歌黄金時代が到来する。本格的な外国資本が参入しての大量生産・消費の時代でもある。粗製乱造の構造は変わらないが、レコードの吹込みシステムが大きく変わることによって、音の質は向上する。この動きを唖蟬坊と鳥取春陽は敏感に感じ取っていたのである。

君を慕ひて

鳥取春陽メロディーの傑作集である『モダン流行小唄集』には、黒田進が歌った《君を慕ひて》という、後年の古賀政男の《影を慕いて》と主題が類似している曲が収録されていた。これはヒコーキ、ツルレコードからすでに発売されていたレコードである。

ヒコーキから発売のレコードは、マンドリンを伴奏にいれた感傷歌だった。このヒコーキ盤では、街頭演歌師の石田一松が歌った。昭和四年十一月新譜で発売され、マンドリン（池谷義徳）、ヴァイオリン（小林暁風）、ピアノ（玉崎喜久三）の編成で、マンドリンの調べが浜辺の哀愁を奏でている。

ツルレコードの《君を慕ひて》はレコード番号が二四六七とあり、二四八二の《思出》が昭和四年九月新譜発売ということから想定して、七月か八月の新譜発売と思われる。これは、ツルレコード盤はヒコーキ盤よりも早いことになるのだ。どのような編曲で吹込まれたかは音源が確認できないので分からないが、ジャズに編曲される以前であることは確かであり、旋律を重視した編曲が施されたと思われる。

黒田進はジャズに編曲された感傷曲《浜辺の唄（君を慕ひて）》をスタンダードレコードで吹込んだ。録音は昭和六年に入ってからと思われる。鳥取春陽は、黒田の声楽で鍛えた洋風の歌唱に期待するところが大きかった。スタンダードレコードはテイチクの創業者南口重太郎によって経営されていた（阪神沿線の大阪千船橋）。このレコード会社はすでに昭和五年の秋、鳥取春陽の《思い直して頂戴な》を発売していることから、創業はテイチクよりも早かったと考えられるが、スタンダードレコードとテイチクレコードとの関係は不明な点が多い。二つのレーベルの経営者である南口重太郎は、関西・中京レコード界に君臨する鳥取春陽を中心にビクター、コロムビアの外資系大手レコード会社に対抗する一大勢力を形成することを考えていた。《君を慕ひて》には転調の手法が使われていた。転調とは、曲の途中で他の調に変わることであり、その範囲が短いものや長いものまでさまざまであるが、方法も臨時記号によって一時的に調を変える場合と、いったん曲を区切って調号を変更する場合とがある。鳥取春陽は、臨時記号を使って転調する手法を取っていた。これは、筆者が知る限り、中山晋平のメロディーにはなかったことである。マイナーからメジャーへの転調とジャズのリズムを使った全く新しい手法だったといえよう。

夕陽落ちて狭霧こむる夜の浜辺いと淋し　翼ぬらし波間を飛ぶ千鳥の声涙さそふ
海路はるか渡りゆきし君が姿なつかし　悩み悩むわれを去りていとし君はいずこに
とはに永久に帰らぬ君　慕ふ我ぞあ、哀し
夜霧はれて月照らせど胸の悩み去りやらず　心亂れ涙あふれ悩み忘る由もなし
海路はるか渡りゆきし君が姿なつかし　焦れ慕ふわれを去りていとし君はいずこに
とはに永久に帰らぬ君　思ふ我ぞあ、淋し

この歌には、「永久」「淋し」「君」「焦れ」「慕ふ」などの《影を慕いて》にも使われた殺し文句がちりばめられている。見田宗介は『近代日本の心情の歴史』において《影を慕いて》を「かつて大正期に中山晋平メロディーの時代を告げた『カチューシャの唄』とならんで、日本の慕情の歌の二つの類型――いわば、光の慕情と影の慕情、長音階の慕情と短音階の慕情――をそれぞれ代表するもの」とのべたが、鳥取春陽の《君を慕ひて》はマイナーからメジャーへの転調を使うことによって、その二つの類型を持ち合わせている。

大正艶歌の終焉

鳥取春陽は黒田進、西川林之助、塚本篤夫らと、大阪のカフェーで酒を呑んでいた。すると、蓄音器から今まで聴いたことがないギター曲が流れてきた。佐藤千夜子が歌劇調に張り上げて歌っているが、心に沁み入るような感傷曲だった。春陽が席を立ち、蓄音器が置かれているところにいって、係の女給からレコードをひったくるように取り上げ、レコードのレーベルを見た。ビクターのレコードだった。歌のタイトルは《影を慕いて》とある。作曲の「古賀正男」は初めて聞く名前である。演奏は明治大学マンドリン倶楽部と記されている。おそらくギターは複数で演奏しているのであろう。黒田も春陽からレコードを受け取りしげしげと見た。鳥取春陽はすでにマンドリンを吹込みに使用していたが、ギターはまだ、未知の領域の楽器だった。

ギター曲の《影を慕いて》と鳥取春陽の《君を慕ひて》は詩想が非常に類似していた。一般に《影を慕いて》の作詞は、昭和三年、青根温泉での自殺未遂の後に浮かんだ一つの詩、〈まぼろしの　影を〉が原型であるといわれている。鳥取春陽の《君を慕いて》と詩想が非常に似ている。前にのべたように「永久に」「慕ふ」「胸」「焦れ」など《影を慕いて》の歌詞と同じような感傷的な記号がちりばめられているからだ。しかし、古賀がこの《君を慕ひて》を参考にして《影を慕いて》の歌詞を作ったかどうかは不明で、それを証明するものもない。

《影を慕いて》の初演は、昭和四年六月二十二日、赤坂溜池三會堂で開かれた明治大学マンドリン倶楽部第十四回定期演奏会において、ギター合奏で演奏された。《影を慕いて》はB面だが、A面は《日本橋から》（浜田広介・作詞／古賀正男・作曲）というマンドリンオーケストラ伴奏（明治大学マンドリン倶楽部）によるレコード歌謡だった。黒田と春陽はレコードを聴いて、マンドリンオーケストラの編成規模が数十人であることが容易にわかった。中山晋平とは違った個性の作曲家が出てきたと感じた。だが、「古賀正男」という作曲家はこの時点では無名である。その後、「古賀正男」は「古賀政男」となり、黒田進の人生に大きな影を落とすことになるのである。

昭和六年九月十八日、柳条湖事件が勃発した。ついに満洲を中国の主権から切り離し軍事的制圧による日本支配を目的に関東軍の軍事行動が始まった。近代日本の崩壊への序曲が鳴りはじめたのである。流行歌にも革命が起こる。これで日本コロムビアが日本ビクターの勢いを抑えレコード界を制するのである。

古賀メロディーの隆盛は、満洲事変が本格的になりだした頃と重なる。なんともいえない暗いやりきれない時代の到来を暗示させる鈍いギターの旋律にのせて、《酒は涙か溜息か》（高橋掬太郎・作詞／古賀政男・作曲）が爆発的に流行した。

酒は涙か溜息か　心のうさの　捨てどころ
遠いえにしの　かの人に　夜毎の夢のせつなさよ
酒は涙か溜息か　悲しい恋の　捨てどころ

忘れた筈の　かの人に　残る心を　なんとしょう

ついにコロムビアの期待に応え古賀が大ホームランを放った。この時点で完全に古賀メロディーの時代になるのだ。コロムビアはビクターにようやく一矢報い、形勢を挽回できることになった。コロムビアの昭和流行歌戦略もこれで軌道にのる。

この《酒は涙か溜息か》を歌ったのは、《キャンプ小唄》でデビューした藤山一郎である。当時、まだ、東京音楽学校（現在の東京芸術大学）に在校中で、将来を嘱望されたクラシック音楽生だった。昭和恐慌で傾いた生家の借財を少しでも返済しようと、アルバイトで流行歌を歌ったのである。東京音楽学校は、校外での在校生の課外における演奏活動を校則で禁じており、不思議なのは、年は素姓を隠して歌わなければならなかった。しかし、不思議なのは、およそ悲しみの情念とは程遠い「陽」の響きをもった理性の歌手が、大衆の涙を凝縮した感傷のメロディーを唄いヒットさせたことである。慶応—上野（東京音楽学校）というクラシックのエリートは、農村の悲惨さや下層民の呻き声とは無縁なはずだ。しかも、《酒は涙か溜息か》の歌詞には、酒、涙、憂さ、溜息など情念の記号がちりばめられている。未練、自棄、悲しみなどの感情は、美しいハイバリトンで華麗に歌うクラシックの優等生には無縁だが、彼は見事に表現したのである。

《酒は涙か溜息か》の大ヒットによって、コロムビアではプレスが間に合わず、ツルレコードがプレス生産を請け負うことになった。大曽根のツルレコードのプレス工場は一斉に稼働し、このプレスの請負がツルレコードに莫大な利益をもたらしたのだ。だが、ツルレコードは、自社で大ヒットがなくても、大手メジャーのプレス請負をすれば莫大な利益が生まれるということに味をしめ、レコード会社本来の職務である新譜発売企画を疎《おろそ》かにする土壌を作ってしまったのである。

プレスされたレコードは名古屋・広小路のカフェー街の蓄音器や街頭の拡声器から流れ、往来する人々の足を止め、街は《酒は涙か溜息か》一色となった。哀調を帯びた古賀メロディーが氾濫し、藤山一郎の奥深い歌唱に人々は聞き惚れた。ツルレコードは《酒は涙か溜息か》を中部・関西・西日本へ流通させる中継点になったのである。

鳥取春陽はその頃、病床に臥していた。彼を診察した医師の診断は残酷だった。すでに快復の見込みがまったく無いという絶望的な状態だったのである。ジャズに着目したものの、《籠の鳥》を越える何かを手にしないまま命が消えようとしていた。病床に伏してから、寝ている春陽の手足は日が増すごとに痩せ細っていった。黒田は春陽の病床を見舞ったが、その姿はまるで枯れ木のようにも思えた。春陽は、大阪に帰れず東京の病院に入院した。冬至に近づいて行く十一月の陽ざしは脆かった。同月の十四日には、松竹映画『想い出多き女』が公開され、《酒は涙か溜息か》はその主題歌となり、蓄音器からはひっきりなしに流れてくる。

そして、十一月の半ば頃、蓄音器から流れてくる古賀メロディーは《丘を越えて》(島田芳文・作詞/古賀政男・作曲)という軽快な曲であった。コロムビアは宿敵ビクターを圧倒した。藤山一郎が、豊かな声量と軽やかな透明感のある柔らかいレジェ(ー)ロなテナーの張りのある美声で、昭和モダンの青春を高らかに歌っている。その声は澄みきった青空に抜けてゆくようだった。藤山は青春を高らかに歌うときは、軟口蓋の後ろから突き抜けるようにスピントをかける。頭部共鳴への連動は神業であり、その響きが体から離れ飛んで行くようだった。

《籠の鳥》から僅《わず》か十年しか経っていないが、時代は大きく変わっていた。大正から昭和へと時代は動き、文化思潮は大正ロマンから昭和モダンへ、政治・社会はデモクラシーから軍部の台頭によるファシズムと、モダニズムの頽廃文化である「エロ・グロ」へ。民衆の呻《うめ》きを歌った大正艶歌はもはや幻影でしかなくなっていたのだ。鳥取春陽は、表舞台から消えつつあった。それは、人々の心情をテーマに街頭で流れ庶民の心を癒した大正艶歌の終焉でもあったのである。

2　変名の終止符──黒田進から楠木繁夫へ

失意の都落ち

ネオンの輝く街頭から演歌師が去って数年が経っていた。演奏の場である街頭を離れた演歌師は、カフェー、飲み屋、バーでリクエストに応じて演奏するか、路地裏で細々と流し歩くだけになっていた。街頭の歌声が街角から消え、楽器も、ヴァイオリンからギター、アコーディオンになった。演歌師とアコーデオン・ギターが「流し演歌」の代名詞となり始めた頃、黒田は失意のうちに大阪に戻った。その黒田が関西から中部にかけてのカフェー街の路地裏を流し歩く姿は、まるで畏友鳥取春陽を追悼するかのようだった。アコーディオンを持って、洋風演歌師のスタイルで、縄暖簾の一杯飲み屋を一軒、一軒回って唄ったのだ。

黒田進の関西・中部レコード界における地位は安定していた。古賀メロディー隆盛の時代でも、まだまだマイナーレーベルは、大正街頭演歌とホットな大阪ジャズ、ツルレコードの獅子奮迅の活躍の伝統が色濃く残っていた。道頓堀から、千日前、通天閣が聳《そび》える新世界にかけて、芝居、活動写真、落語、演劇などの劇場が並び、ひっきりなしに音楽が洪水のように流れる。名古屋の大須観音の東側の路地には、菓子で名高い榮泉堂、袋物、紹ざしの元禄屋、人形絵ハガキ、絵草紙等の風月堂、八千久漬物など粋な店が並び、また、反物、バナナ、古着、金時計、薬草、運命判断本、法律書などを売る露店も並び偉観を呈していた。そこでは香具師《やし》が威勢よく巧みな弁舌で商品を売りつけるなど、その声は賑いを象徴していた。この界隈はやはり、明治大正期の街頭演歌のメッカでもあり、黒田進が流し歩くのには格好の場所といえた。

昭和七年頃、黒田はふたたび、名古屋のツルレコードで吹込みを開始した。新たな変名として「島津一郎」「古山静夫」などを使用した。黒田はさらに名古屋ジャズを充実させるが、この分野が洋楽調ということで黒田進の名を使用し歌った。

また、黒田はツルレコードで作曲も試みた。《処女の日の歌》(西川林之助・作詞/黒田進・作曲)は、レコード番号六一六四Aから推測すると昭和七年三月か四月頃の発売と思われる。新興キネマ『海に立つ虹』の主題歌である。同年には《登山家の歌》(穂積久・作曲/黒田進・作曲)のようなホームソング調の歌、《うちのパパさん》(大和麦二・作詞/黒田進・作曲)のようなコミックソング調の歌などを作曲している。

黒田進は元々関西の重鎮歌手であり、ツルレコードはその関西人脈の色が濃かったので、鳥取春陽と関係の深かった関西系の歌謡作家、塚本篤夫、松村又一、西川林之助、畑喜代司らが作詞をしている。

さて、ツルレコードのテナー黒田進のその後だが、紆余曲折を経て、数多くのマイナーレコード会社で使った五十五種類の変名に終止符を打ち、昭和九年から楠木繁夫となった。黒田進の変名はつぎのとおりである。

オリエント（沢文子・川浪俊・若木薫・黒田進）、ツル（黒田進・古山静夫・島津一郎）、スタンダード（秋田登・松平操・喜多次郎・沢文子・中野忠夫）、テイチク（藤村一郎・東海林治郎・松平操・中野忠夫）、ニットー（芳野秀夫・白石照夫・黒田すゝむ）、フクスケ（東海林次郎・松平操）、タイヘイ（浜口淳・黒田進・浜口準・遠山秀夫・小川文夫・大山利夫・結城浩・曽我部邦夫・城野文雄）、ルモンド（黒田進・島津一郎・古山静夫）、サロン（古山静夫・黒田進・長谷川潔）、ショーワ（柳原健）、キリン（浜口淳・黒田進・尾久田龍一・景山二郎・藤岡浩・藤井清・堀芳雄・杉山二郎・津村忠）、コメット（結城浩・遠山秀夫・小川文夫・黒田進）、ホームラン（川島信二・清川信夫）、コッカ／国歌（吉田太郎・黒井誠・早瀬亘・奥野良二・青山幸夫・長谷川史郎・川島伸二・川島伸一・長谷川五郎）、エイトレコード（吉田太郎・奥平松声）、タカシマヤレコード（奥野良二・奥平松声・須田紅洋・伏見晃・横山一郎）、サービスレコード（徳山進）、エヂソンレコード（味善男）。

岐路に立つ黒田進

古賀政男とツルレコードは全く無関係だが、ツルレコードの看板歌手からテイチクの楠木繁夫へと転身する黒田にとって、その存在と動向は重要である。

黒田進とテイチクの付き合いは古い。南口重太郎はスタンダードレコードも経営しており、黒田はそのレーベルでもかなりの吹込み数があった。テイチクの南口重太郎は昭和七年初頭、花屋敷スタジオ（兵庫県河辺郡川西町寺畑字奥豆坂花屋敷・現在の兵庫県川西市花屋敷）を樫尾慶三から譲り受け、後にテイチク奈良本社工場の体制が整備されるまで、このスタジオを吹込みに使っていた。

黒田はテイチクでは歌手名を「藤山一郎」にあやかって藤村一郎と名乗った。楠木繁夫以前の変名で最も知名度が高いのは、本名の黒田進以外ではこの名前である。

昭和七年七月新譜の《ハロー上海》(小国比沙志・作詞/月出行敏・作曲)《母の秘密》(西川林之助・作詞/久保信行・作曲)、八月新譜の《君の瞼》(小国比沙志・作詞/渡部志郎・作曲)《恋しき故郷を慕いて》、九月新譜《銚子心中》(小国比沙志・作詞/阪東政一・作曲)《父をたづねて》(西川林之助・作詞/阪東政一・作曲)、十月新譜《新東京行進曲》(歌島花水・作詞/片岡志行・作曲)などが散見する。また、十月新譜の《口笛吹けば》(歌島花水・作詞/片岡志行・作曲)は黒田進の名で吹込んだ。

昭和八年に入ると黒田が「藤村一郎」を使ってテイチクで吹込んだ《恋の宿》(西川林之助・作詞/月出行敏・作曲)《恋の吹雪》(島田芳文・作詞/北木正義・作曲)、新民謡の《京小唄》《磯山椿》(歌島花水・作詞/片岡志行・作曲)、日活の同名映画主題歌《上州七人嵐(消えて果てよと)》(塚本篤夫・作詞/片岡志行・作曲)、新興キネマ『青島から来た女』の主題歌《夢と忘れて》(塚本篤夫・作詞/阪東政一・作曲)などが発売された。夏になると、《憧憬の峯》(穂積久・作詞/阪東政一・作曲)、九月新譜で《恋慕時雨》(塚本篤夫・作詞/藤井清水・作曲)、晩秋に入り京都を中心に関西地方でヒットした《京都祭》(久我荘多郎・作詞/片岡志行・作曲)などが発売されている。

こうして見ると、東京進出以前のテイチクには、名古屋のツルレコードにも関わった塚本篤夫、西川林之助、穂積久、小国比沙志などの作詞家、作曲家では阪東政一、近藤十九二らの名前が散見する。彼らは、関西レコード界で活躍した面々であり、鳥取春陽と深い関わりのある人々である。後に古賀政男がテイチクに迎えられると、この関西人脈は一掃され、残ったのは黒田進だけであった。

テイチクに移籍した古賀政男は、黒田進に本格的に接触を図った。古賀は、黒田が関西のテイチクでは主に藤村一郎の変名で吹込んでいたという情報を得ており、正木真（古賀政男）の名で作曲した自作品も吹込んでいた経緯もあったので、最初から親近感があった。古賀は、ヤクザ歌謡の《赤城の子守唄》で人気が出始めた東海林太郎に対抗できる歌手ということで、黒田に接触を図り、東京に拠点を移させようとした。

一方、黒田の心境は複雑だった。たしかに、歴史の流れにおいて、古賀メロディーが春陽メロディーに引導を渡したことは事実であり、関西を中心に春陽とコンビと組んできた黒田が古賀政男に与《くみ》することは仲間への裏切り行為であるという周囲の感情も理解できるが、古賀は何も陰謀や策謀を弄して鳥取春陽を死に追いやったわけではない。書生節演歌が民衆歌謡の王座の地位から消え、洋楽調の古賀メロディーが台頭することは、レコード歌謡の発展の歴史現象であり、大正街頭演歌から昭和流行歌への時代の推移なのである。とはいえ、黒田も悩んだ。かつてタイヘイ時代に《酒よ涙よ溜息よ》という古賀メロディーの海賊盤レコード吹込みという屈辱を味わった経験も、まだ彼の内奥で燻っていた。

塚本篤夫と西川林之助、松村又一ら関西テイチクの歌謡作家らは、黒田が関西テイチク歌手陣の代表として古賀と組むことを歓迎した。彼らは、藤山一郎、徳山璉、四家文子、淡谷のり子、松平晃、市丸、小唄勝太郎らが台頭する昭和流行歌において、黒田もそろそろマイナーレーベルから脱し、スターダムに上ることを期待していた。だが、黒田はまだ、東京に活動の拠点を移すことに踏切りがつかなかった。

その理由の一つに、黒田のツルレコードでの作曲活動の継続があった。昭和八年八月新譜発売の《海は朗らか》(戸張杜夫・作詞／黒田進・作曲)、昭和九年一月新譜発売の《奉祝音頭》(川端ひろし・作詞／黒田進・作曲)など、黒田進の作曲した歌が発売されている。だが、このままマイナーレーベルに安住していては、スターダムに上ることはできない。

二村定一は浅草に凱旋し、エノケンとコンビで映画や舞台で売っているが、レコードのヒット歌手の座から凋落した。ビクターの藤山一郎は本名の「増永丈夫」ではクラシックの声楽家であり、その一方でクラシックを鑑賞する健全な御家庭のために「テナー藤山一郎」で流行歌を吹込むが、セールス至上主義のヒットを競うものではなかった。また、東海林太郎ブームはまだ本格的に到来していないが、昭和九年二月に新譜発売された《赤城の子守唄》はその予兆を感じさせていた。黒田にとって、古賀政男と組めば大きなチャンスが到来する。暗闇の通路からスターへの途が開くのである。

黒田は拠点を東京に移す決心をした。同時に物静かな男の内奥に眠っていた情念が湧きおこった。自分を退学に追いやった音楽学校を見返してやりたいという感情に加えて、スター歌手への野望がめばえたのである。オペラ歌手だろうがレコード歌手だろうが、スポットライトを浴びるスターの座に就きたいと思った。自分は中退とはいえ、音楽教育の最高峰「上野」に学んだ男である。その自分がこのままで終わってたまるかと思ったのだ。黒田は古賀政男と組むことを決意したのである。

楠木繁夫の誕生

昭和九年六月、杉並の堀之内にモダンな西洋建築のテイチクスタジオが完成した。テイチクは、東洋一を誇るこのレコーディングスタジオが完成すると、古賀政男作品の吹込みを行った。マトリックス番号（製造番号）も大阪花屋敷吹込みと区別された五〇〇一番から始まり、六月二十四日に《宵の濡れ髪》が市三の歌で吹込まれた。市三はツルレコードでも《北支の夢》（大井秀夫・作詞／北木正義・作曲）を吹込んでいる。

翌二十五日は、テイチクのスタジオで再吹込みを加えた四曲が吹込まれた。その中に、楠木繁夫が歌った《男ごころ》《国境を越えて》が含まれていた。この吹込み時点では楠木繁夫はまだ存在せず黒田進の名前が使われていた。レコードの歌詞カードには楠木繁夫の名前が刷られているので、吹込み後芸名が決まったと思われる。当時テイチクは、楠木正成の銅像をトレードマークにし

「楠木繁夫」時代の肖像
（所蔵：加藤正義氏）

ていたので、これにあやかり、「ミスターテイチク」の称号を黒田にあたえ、「楠木繁夫」として再スタートを切らせた。

だが、黒田は「楠木繁夫」となりながらも、ツルレコードで作曲を継続していた。《カフェー祭り》(松坂なおみ・作詞/黒田進・作曲)《東京甚句》(大井秀夫・作詞/黒田進・作曲)《パイプ吹かして》(松村又一・作詞/黒田進・作曲)、利根川の風景をテーマにした《利根の船唄》(松坂直美・作詞/黒田進・作曲)《枯れやなぎ》(大下潤・作詞/黒田進・作曲)などがある。これらの黒田進作曲レコードは昭和九年七月新譜から九月新譜にかけて発売されている。同年八月新譜で大手メジャーレーベルのコロムビアから暮れゆく利根川の風景と恋の潮来をテーマにした《利根の舟唄》(高橋掬太郎・作詞/古関裕而・作曲)が発売されているが、黒田がツルレコードで作曲した《利根の船唄》はコロムビア盤を意識したものである。

なぜ、黒田進はテイチクの古賀政男に招かれながらもツルレコードで作曲し、自らそれを吹込んだのだろうか。しかも、テイチク専属楠木繁夫になってからも、黒田進、古山静夫の変名を使用して吹込んだ《護れ大空》(筒井二郎・作詞/坪井清吉・作曲)、《航空小唄》(須田利夫・作詞/宇喜多透・作曲)、《国境の街》(大井秀夫・作詞/山盛清吉・作曲)、《橇の夢唄》(松坂直美・作詞/佐藤恒夫・作曲)などがツルレコードから発売されている。

黒田は古賀政男の力を絶対視していなかった。実のところ古賀政男は苦境に立たされていたのだ。テイチク専属楠木繁夫の古賀メロディー第一作品《国境越えて》は、古賀の意気込みとは裏腹にヒットせず惨敗だった。昭和九年二月新譜ですでにコロムビアから松平晃が歌って発売されていた《急げ幌馬車》（島田芳文・作詞／江口夜詩・作曲）のヒットに遠くおよばなかったのだ。しかも、同年の暮れには《国境の町》（大木惇夫・作詞／阿部武雄・作曲）がポリドールから発売され、楠木繁夫が歌う古賀メロディー《国境を越えて》は、東海林太郎が熱唱する《国境の町》にも完敗だった。古賀は、江口メロディーと彗星の如く現れた阿部武雄に敗れたのである。

昭和十年一月新譜でテイチクから発売されたジャズ・ソング《ダイナ》（三根徳一・訳詞／ハリー・アークスト・作曲）のヒットがなかったら、古賀政男は相当厳しい状況に追い込まれていたにちがいない。《ダイナ》のヒットが「不振の古賀メロディー」という事実を帳消しにしたからだ。ディック・ミネが歌った《ダイナ》は古賀が強引にテイチクを説き伏せて吹込ませたものであり、古賀の企画力が己の立場を救ったのである。

藤山一郎の歌唱がなければ、古賀政男は無力であることは周知の事実であり、黒田自身も優秀な歌唱技術を持つ藤山一郎の代役が務まるほど自惚れてはいなかった。黒田は、もし古賀政男と組んでテイチクでだめなら、彼自身レコード界において行き場を失ってしまう。そう考えると、ツルレコードを含めたマイナーレコードでの変名吹込みや一連の作曲は、古賀メロディーを歌ってヒットしなかった場合、関西・中部地方のレコード界に復帰するという保険でもあったた。ところが、二人の状況に変化が見え始めてきたのである。

昭和十年、《白い椿の唄》（佐藤惣之助・作詞／古賀政男・作曲）が世に出て、楠木繁夫にもようやくヒットらしい曲が誕生した。続いて、マンドリンオーケストラ演奏による《ハイキングの唄》（島田芳文・作詞／古賀政男・作曲）、そして、《緑の地平線》（佐藤惣之助・作詞／古賀政男・作曲）

で楠木繁夫の声価が歌謡界において決定したのである。翌十一年には《女の階級》（村瀬まゆみ・作詞／古賀政男・作曲）《啄木の歌》（島田磬也・作詞／古賀政男・作曲）《慈悲心鳥》（佐藤惣之助・作詞／古賀政男・作曲）がヒットした。同年、藤山一郎がビクターから迎えられ、モダン都市の讃歌《東京ラプソディー》（門田ゆたか・作詞／古賀政男・作曲）がヒット。こうしてジャズシンガーのディック・ミネと共に藤山一郎、楠木繁夫のテイチク三羽烏が形成されたのである。

楠木繁夫は古賀メロディーを歌ってスターダムに上りつめた。だが、その人生は夢破れた者の怨念が渦巻く濁流に呑まれるかのように消えて行った。昭和十二年に入ると、楠木繁夫は《興安吹雪》（山岡羊村・作詞／鈴木哲夫・作曲）コミックソングの《のばせばのびる》（江川真夫・作詞／古賀政男・作曲）がややヒットしたが、後続がなくあきらかに息切れが見えていた。

楠木繁夫とツルレコードの落日

楠木繁夫に翳りの兆候が見られた昭和十二年、大手コロムビアから発売された《別れのブルース》（藤浦洸・作詞／服部良一・作曲）のヒットによって、服部良一がレコード歌謡の作曲家として認められた頃、クラシック・ポピュラー系歌謡曲と演歌系歌謡曲に大きく大別される日本の流行歌の系脈は非常に複雑になっていた。日本系流行歌は、古賀・服部などに代表される東西の混合曲（タンゴ調・ブルース調）、伝統的五音音階歌謡、艶歌唱法による日本調の浪花節系歌謡。外国系流行歌は、シャンソン、タンゴ、ブルースなどの外国ポピュラー曲、健全な「七音音階」

のホームソング調歌曲というように、系脈が複雑になってきた。これが服部良一の台頭の頃に非常に明確になっていたのである。そして、このように洋楽の傾向が強まる一方、レコード歌謡は伝統的「五音音階」歌謡による演歌系の傾向も強くなった。ポリドールはその動きに敏感に反応し、小説や文学上の名作を下敷きにした文芸・名作歌謡を歌う東海林太郎よりももっと泥臭い上原敏を売りだした。藤田まさとと阿部武雄のコンビによる《妻恋道中》《流転》などの道中・股旅歌謡、島田磬也作詞の《裏町人生》は上原敏によって歌われヒットし、昭和演歌の古典的な名曲となっている。

艶歌唱法による演歌系歌謡曲がヒットしてくると、楠木繁夫は不利な状況へと追い込まれた。楠木は声楽を基本に邦楽的技巧表現を加味した歌唱とはいえ、完全な艶歌唱法ではなく、低俗といわれた俗謡・流行り唄の根底に流れる退嬰的哀調趣味、浪花節的な義理人情などを満足させることにおいて限界があった。藤山一郎に代表されるモダンな都市文化の讃歌（テイチク）対ポリドールの東海林太郎の文芸・名作歌謡、上原敏の道中・股旅歌謡（ポリドール）というヒット競争の狭間において、楠木繁夫は凋落が始まったのである。

一方、アサヒ蓄音器商会は盧溝橋事件が勃発し日中戦争へと事変が拡大すると、メインレーベルをアサヒレコードに変更し、愛国的な軍国歌謡の製作に乗り出した。楠木が黒田進時代に作曲した《祖国の前衛》（松坂直美・作詞／黒田進・作曲）が同年九月に再発売された。歌唱は橋本一郎が変名を使用した「高沢清」。《祖国の前衛》は《塹壕の夢唄》（南条きみ子・作詞／丹羽伸策・作曲）とカップリングされ前年に発売されたレコードであり、リメイク盤である。昭和十一年といえば、楠木繁夫はテイチクの専属歌手であり、しかも、古賀メロディーのヒットによって絶頂期を迎えていた頃である。その楠木が何故に昔の誼《よしみ》があるとはいえ、古巣で作曲をしたのだろうか。

アサヒ蓄音器商会はアサヒレコード時代に入っても軍歌、軍国歌謡に乗り出したが、以前のように多岐にわたるレーベルジャンル、「軍歌」「時局歌」「時局小唄」「時局国民歌」「時局壮烈歌」「連盟小唄」「国防歌」「愛国歌」「流行歌」「流行小唄」という枠組みで売り出すことはなかった。しかも、キングから発売された《若しも月給が上がったら》をパロディー化した《若しも召集令が下ったら》を発売するなど、オリジナル性に欠け独自路線を開拓する力が乏しかった。それには以前の黒田進（楠木繁夫）のような明らかに主力となる歌手がいなかったことが影響していた。さらに、歌手だけでなく、作詞、作曲者も不足する状況において、明治時代の軍歌の歌詞を変えただけで旋律をそっくり使うなど替え歌にして発売した。また、ツルレーベルの旧盤を廉価盤にして再発売するなど、新企画による新譜発売という進取の精神がまったく見られなかったのである。

昭和十三年、《軍艦旗の歌》（佐佐木信綱・作詞／瀬戸口藤吉・作曲）が軍艦旗制定五十周年を記念して各社から一斉に発売された。コロムビア＝伊藤久男、ビクター＝徳山璉、ポリドール＝東海林太郎とそれぞれ人気歌手が吹込んだ。だが、テイチク盤は楠木繁夫ではなく、藤山一郎だった。《愛国行進曲》の時もそうであるが、テイチクは社運をかけての一曲となると、楠木ではなく藤山一郎が社を代表して吹込んだ。

楠木繁夫は、結局、昭和十四年夏、吉田信の斡旋でビクターへ移籍したが、テイチク時代のようなスター歌手としての活躍がみられず、昭和十七年三月、コロムビアへ移籍した。すでに太平洋戦争が勃発し、コロムビアも軍国歌謡に力をいれており、藤山一郎（テイチクから移籍）を頂点に伊藤久男、霧島昇ら豊富な歌手陣の中において、楠木繁夫のヒット曲は軍国歌謡の《轟沈》ぐらいで、ほとんど目立った活躍がなかった。

戦後、楠木繁夫はレコード吹込みが出遅れた。昭和二十一年十二月二十一日未明に起こった紀伊半島南方沖を震源地とした南海道大地震がこれに大きく影響していた。この大地震は楠木の故郷高知にも多大な被害をもたらし、四国巡業中の楠木は東京に戻れず、同地に留まることになったのである。

翌二十二年、本格的に高知全域で復興事業が本格的になると、被災者への支援活動の一環で音楽会、演芸会が催され、楠木は地元支援のために催事に積極的に参加した。だが、これよって、楠木はレコード界の復帰が遅れることになった。しかも、コロムビアでは、藤山一郎、伊藤久男、霧島昇らが同社の男声歌手の主力を形成し、また、歌謡界全体において、岡晴夫、近江俊郎、小畑実、津村謙ら大正世代の台頭もあり、楠木繁夫は活躍の場を失っていた。楠木はレコード吹込みが恵まれず、それを補うために実演に活路を見いだしたが、過密スケジュールをこなすためにヒロポンに手を出し、その魔力によって美声を失ってしまった。

昭和二十四年、楠木は再起をかけてコロムビアからテイチクへ復帰したが、もはや、歌神に見放されており、昭和三十一年の暮れ、自ら命を絶ったのである。

3　ツルレコードの関西レコード人脈

鬼才の文芸部長――筒井二郎

初期のツルレコードは、鳥取春陽が文芸部においてディレクター、作詞、作曲、歌唱と八面六臂の活躍を見せたが、彼の死後、文芸部長として作詞、作曲もこなしたのが筒井二郎である。筒井二郎は明治三十九年八月二十六日、三重県上野市（現伊賀市）の生まれ。ニットーレコードから引き抜かれ、ツルレコードに招かれたといわれているがその詳細は分からない。

筒井はマントに身をかため、モダン感覚を存分に発揮し文芸部長として常に時代の尖端を行く企画を実行に移していた。また、企画のみならず作詞も手掛け、ヴァイオリンを手にしながら作曲もやっていた。

昭和六年十月新譜で発売された《思い直して頂戴な》のB面《妾は恋のジプシーよ》（塚本篤夫・作詞／筒井二郎・作曲）は、筒井の作曲家としてのデビュー曲である。歌ったのは佐藤緋奈子。また、作詞においてはナポリ民謡の《紅い実のなる恋の木よ》《口笛きけよいとしの君》

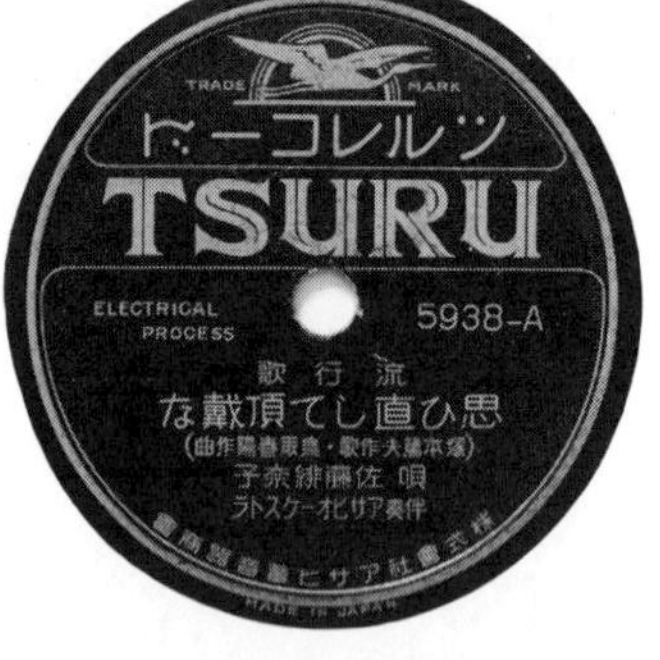

《思い直して頂戴な》レーベル（ツル盤）
（所蔵：加藤正義氏）

を手掛けている。歌は黒田進が「島津一郎」の変名で吹込んだ。昭和七年に入ると、筒井は時局小唄の《満蒙行進曲》や、同年七月新譜で発売された《君を慕いて》（穂積久・作詞／筒井二郎・作曲）を作曲した。これは鳥取春陽の作品と同名の別作品だが、アサヒギターバンドの演奏によって、古山静夫（黒田進）が〈君を慕いて何時までも独りで泣いているものを〉と歌う感傷曲である。

昭和八年八月新譜で発売された《濡れた瞳よ》（塚本篤夫・作詞／筒井二郎・作曲）《今宵逢いましょ》（佐々木緑亭・作詞／筒井二郎・作曲）のカップリングはツル系列レーベルのサンデーレコード、ヤチヨレコード、スメラレコードからも発売されている。

筒井は時代の尖端を行くジャズ・ソングや、欧米の映画主題歌をつぎつぎと企画した。黒田進を起用して、同社のジャズ・ポピュラー系の特色を色濃く出したのである。これらを吹込む「アサヒジャズバンド」の演奏水準の向上においても、筒井が一役買っている。大阪と東京を往来する途中で名古屋に下車させ、ツルレコードのスタジオで演奏させるという従来の経路を安定させたのも筒井の手腕によるものであった。殊に作曲陣は関西レコード界で活躍する近藤十九二、阪東政一、名古屋で名声を誇るマンドリン・ギター演奏家の中野二郎、東京のメジャーレーベルで活躍する松村又一、初期の古賀メロディーを作詞した西岡水朗ら作詞陣、さらに江口夜詩（高峰竜〈龍〉雄）大村能章（山野芳作）らの作曲家を積極的に起用した。

歌手では、同社のテナー歌手黒田進に変名を多投させ、ジャズ・ソング、流行歌、時局小唄、国防歌、愛国歌を含む軍歌、軍国歌謡を吹込ませている。また、黒田進はツルレコードで作曲もしているが、これも筒井の企画によるものと考えられる。

昭和六年から七年にかけて、筒井の文芸部長時代に、ツルレコードからは、エロ・グロ・ナンセンスの世相を反映したエロ歌謡が数多く発売された。これらのレコード歌謡は佐藤緋奈子、西村智恵子、谷田信子、立石喬子、狩野澄子、島津千代子らによって吹込まれた。また、佐藤緋奈子が歌った《誰にも内密でね》のB面《浮気バンザイ》は黒田進が歌っており、男性歌手のエロ歌謡は、黒田進が「古山静夫」の変名も使用しながら一人で一手に引き受けていた感があった。

筒井の企画はエロ歌謡だけではなかった。五・一五事件をドラマ化した《五・一五事件血涙の法廷（海軍公判）》は筒井の企画である。当時、出版の検閲は厳しかったが、レコードに対してはまだ厳しい眼が向けられておらず、その盲点ともいうべき間隙をぬって大胆不敵な企画を実行したのである。筒井はわざわざ憲兵隊に資料を借りに行くなどその度胸も凄かった。この描写劇は栗島狭衣一座（レーベルには栗島狭衣・其一党と表記）によって吹込まれた。五・一五事件において、憂国の阿修羅と化とした実行犯たちの軍法会議における様子が描かれ、荘厳なオーケストラ伴奏によってその臨場感が伝わってくる。全国から彼らの愛国心への同情が寄せられ、減刑嘆願運動が展開した。筒井の企画はその運動を煽るものであった。

昭和十年から十一年にかけて、ツルレコードは転機を迎えた。レーベルを従来のツル印からアサヒへ刷新、メインレーベルにしたのである。そして、同時に洋楽専門レーベルのセンターを作ったのである。これによって、ジャズ・ソングが一層の充実を見ることになる。また、このレーベルにおいて、筒井二郎の作曲による流行歌も発売された。《無敵の荒鷲》《興亜の春》（野村俊夫・作詞／筒井二郎・作曲）《撃墜一千余機》（穂積久・作詞／筒井二郎・作曲）などがそれである。

筒井二郎による作曲はアサヒがメインレーベルになった時代にも散見する。《噫！南郷少佐》（松島慶三・作詞／筒井二郎・作曲）《喇麻の灯影で》（松村又一・作詞／筒井二郎・作曲）などが発売されており、歌った大久良俊はすでにのべたように近江俊郎の変名である。

文芸部長筒井二郎のアイデアは、流行歌、ジャズ・ソング、軍歌・軍国歌謡などの企画において奇抜であり、作詞、作曲も手がけ、創作においても手腕を発揮するなどユニークな個性であった。しかし、ツルレコードの終焉期には筒井の存在が見えてこない。筒井は昭和五十八年二月十四日、この世を去るが、戦後、筒井二郎の名前を聞くことはなかった。実に不思議である。

塚本篤夫

ツルレコードの作詞家は鳥取春陽と深い関わりがある者が多い。塚本篤夫、西川林之助、畑喜代司らもそうである。彼らは、昭和流行歌史に燦然と輝くようなヒット曲こそないが、その活動はメジャーレーベルからマイナーレーベルと幅広く、大阪・東京の中間に位置する名古屋で独自の詩想を展開したのである。

塚本篤夫は明治三十六年九月六日、山梨の生まれ。本名、塚本篤雄。塚本はもともと、白鳥省吾や野口雨情の詩情に傾倒し詩界に入った民謡詩人だった。洗練されたモダンな象徴詩とは異質な土俗性が詩想の根底にあり、モダン現象を美辞麗句で象徴化する西條八十を徹底的に批判した。
塚本が民謡詩人として認められたのは、昭和三年から四年にかけての民謡集『初便り』と『日輪さま』である。《初便り》は宮城道雄が作曲し箏曲としても評価の高い作品で、しばしば演奏会でも取り上げられラジオでも放送された。《初便り》（塚本篤夫・作詞／宮城道雄・作曲）は昭和五年一月新譜でビクターから発売され、彼の作詞家としての最初のレコード歌謡であった。歌唱は人気歌手の佐藤千夜子。

峠の桜が
ちらほらと
紅い色して
咲いたとよ
山を下って
来たひとの
肩の荷物の
初便り

これによって、民謡詩人に加え作詞家としても塚本篤夫は知られるようになった。《初便り》

《日輪さま》の二つの代表作に見られる作詞は農村風土をテーマした彼本来の民謡風な詩想が表れていた。このような「雨情ばりの土俗性」にもかかわらず、全くそれと対照的なモダニズムにも関心がなかったわけではなかった。西條への批判などおこがましいと思わせるほどに性を刺激するモダン語を入れたエロ歌謡もツルレコードにおいて作詞している。ジャズが流行歌に取り入れられることによって、塚本の詩想も民謡調の傾向が影を潜め、エロの色彩を色濃く帯びながらモダニズムへ傾いたのである。

塚本の最大のヒット曲は鳥取春陽が作曲した《思い直して頂戴な》だった。《思い直して頂戴な》は、二村が〈女が欲しい　女！女！はホラ〉と歌ってタイヘイで吹込んだ《女！女！女》（小国比沙志・作詞／片岡志行・作曲）と比べると、大正時代の初心《うぶ》な純愛そのものである。

顔をすり寄せ　二本の管で
一つカップの　カルピスを
飲んだ昔も　あったじゃないの
別れるなぞと　いわないで
思い直して頂戴な

歌詞に登場するカルピスが初めて売り出されたのが、大正八年七月。大戦景気の煽りもあり、カルピスは大正末から昭和にかけてアメリカニズムの影響を受けたモダニズムの波に乗って、日本人が飲む飲料としての地位をコーヒーやソーダ水と同じように確立した。塚本はカルピスの宣伝のために作詞したわけではなかったが、自然発想的とはいえ優れたCM感覚だった。しかも、「恋人の別れ話」に「初恋の味＝カルピス」をリンクさせ、「カップ」と「カルピス」を並べるところに塚本篤夫の歌謡作家としての巧緻なテクニックが見られ、歌が生き生きとしているのである。

だが、塚本は「エロ・グロ・ナンセンス」の風俗に傾いていった。それを象徴するかのように〈胸の乳房に夜更けてそっとキスした　知っているよ〉とエロ満載の《キッスOK》（塚本篤夫・作詞／片岡志行・作曲）をタイヘイで作詞している。そして、塚本はツルレコードでも都会のモダニズムの自由恋愛をテーマにした《女軍出兵は真平よ》（塚本篤夫・作詞／近藤十九二・作曲）、日活『若殿行状記』の主題歌《愛の暴風雨に傷ついて》（塚本篤夫・作詞／近藤十九二・作曲）《イットだネ》（塚本篤夫・作詞／近藤十九二・作曲）などの「エロ・グロ・ナンセンス」に踏み込んだのである。

塚本はこれらのエロ歌謡を作詞する一方、《思い直して頂戴な》の歌詞を後から一節付け加えている。

春の祭りが　とりもつ縁で
いつかうれしい　仲となり
浮名を流した　二人じゃないの

別れるなぞと　いわないで
思い直して頂戴な

この詩句はほろびゆく大正艶歌の哀調を昭和モダンに伝え、塚本の農民詩人としての片鱗を残している。都会ではモダンガール、モダンボーイが自由恋愛を謳歌しているが、それと同時に農村では男女が春秋の祭礼や夏の盆踊りで知り合うという、明治・大正初期の農村ムードが描かれているのである。都会の男女は喫茶店で一つのカルピスで向き合い、また、瀟洒なモダン建築のアパートの一室で戯れる。農村では祭や盆踊りの果てに森や河原でひっそりと逢瀬《おうせ》を楽しむ。昭和モダンはこのような男女の恋愛形態が大衆社会において二重構造として存在したのである。

塚本篤夫は、敗戦直後の荒涼たる社会が横たわる世相の中で、京都の病院の一室で寂しく息を引き取った。昭和二十一年三月二十七日が塚本篤夫の命日である。地方の実演で関西に来ていた楠木繁夫は、塚本の臨終には間に合わなかった。病室には妻の栄だけがひっそりと座っていたそうだ。

塚本は、戦争が終わり、民謡調は勿論のことモダンな流行歌を今度は精力的に書くといっていたが、それを果たせないままこの世を去ったのである。シャンソンのエスプリを盛り込んだ《掻払ひの一夜（マドロスの唄）》、《恋の巴里っ子》は充実したモダンぶりだったことを考えれば、非常に惜しまれる。だが、民謡詩からモダンまで幅広く詩想を展開した詩人としての生涯を送れたことは満足すべきことであったかもしれない。

松村又一

松村又一は明治三十一年三月二十五日、奈良の生まれ。生家は素封家である。畝傍中学の頃から短歌や詩に耽溺し、前田夕暮が主宰する短歌雑誌『詩歌』で入選し、前田に師事する。前田の影響を受け民謡詩人としてスタート。短歌や農民詩に没頭した。大正十二年に詩集『畠の午餐』が好評を博し、卒業間近に中学を退学、昭和二年に上京して純粋詩人の途に入った。農民詩という点においては塚本篤夫と詩想の共通性がある。やがて、土俗的な人間観から、俗謡・流行り唄に内在する日本人の心情を求め、昭和四年十二月新譜発売の《下田小唄》（松村又一・作詞／高田守久・作曲）でレコードデビューし、歌謡作家となった。野口雨情の《波浮の港》以来、新民謡を正面に据えて詩作に邁進する気運が高まっており、民謡詩壇で腕を振う農民詩人らが歌謡作家に参入する時代となっていた。

当初、松村は大阪コロムビアで鳥取春陽、黒田進ら関西レコード歌謡人脈と交流していた。松村のツルレコードとの関わりは鳥取春陽との縁によるものである。名古屋の繁華街、艶冶なネオンが色めく広小路のカフェー街を鳥取春陽、黒田進らと飲み歩いた。その後、松村は、ポリドール、ビクター、コロムビア、オリエント、ツルレコード、タイヘイ、ニットーで作詞を継続するが、彼も大阪—東京間の途中下車組の歌謡作家だった。ツルレコードから昭和七年十二月新譜で《みんなが私を好きと云ふ》と《泣き濡れて》が発売されたが、作詞の「大和麦二」は松村又一の変名である。エロ・グロ・ナンセンスが色濃く反映されたエロ歌謡の傾向のある詩句を提供した。同じ農民詩人だった塚本篤夫もそうだが、松村は都市文化のモダニズムの頽廃を象徴するエロ・グロ・ナンセンスの風潮をテーマに作詞したのである。

松村又一のツルレコードにおけるジャズ・ソングの作詞は《ガソリンボーイ三人組》と《あたしやお里がなつかしい》が代表曲である。また、軍歌、軍国歌謡ではツルレコードから発売された時局小唄の《満蒙行進曲》、《十三対一（名誉の孤立）》、時局壮烈歌の《肉弾三勇士の歌》の作詞が知られている。

松村はロシア革命に対する干渉を目的にしたシベリア出兵に従軍した経験がある。大陸への愛着と北国の情感はその体験から生まれ、彼の最初のヒット曲でコロムビアから発売された《走れトロイカ》（松村又一・作詞／森儀八郎・作曲　＊ドイツ映画『トロイカ』の主題歌）の詩想にも滲み出ている。

昭和十四年、松村はキングに移籍して岡晴夫のデビュー曲《国境の春》（松村又一・作詞／上原げんと・作曲）を作詞した。岡晴夫は松坂屋の店員をしながら、阿部徳治、坂田義一らに師事し歌手を目指し、やがて松坂屋をやめて演歌師となった経歴がある。松村はその岡晴夫の記念すべきデビュー曲に詩句を提供したのである。

岡はデビュー後、《上海の花売娘》（川俣栄一・作詞／上原げんと・作曲）《港シャンソン》（内田つとむ・作詞／上原げんと・作曲）などのヒットを飛ばし、戦後、岡晴夫の絶頂の時代が到来した。

敗戦から僅か五日目で東京新宿に葦簾張りの闇市が立つと、その青い空に響いたのが岡晴夫の歌声だった。戦後は岡晴夫の歌声が荒廃した世相に響き、その人気を高めた。《東京の花売娘》(佐々詩生・作詞/上原げんと・作曲)《青春のパラダイス》(吉川静夫・作詞/福島正二・作曲)《啼くな小鳩よ》(高橋掬太郎・作詞/飯田三郎・作曲)がキングから発売され、岡晴夫のかん高く鼻にかかった歌声は、打ちひしがれた人々に希望をあたえた。その人気は昭和二十三年の《憧れのハワイ航路》(石本美由起・作詞/江口夜詩・作曲)で頂点に達した。

松村はその後、岡とはマーキュリーで一緒になった。松村は、戦後、林伊佐緒の《麗人草の歌》を書き、その後マーキュリーに移籍した。マーキュリーでは野村雪子を売り出した《初恋ワルツ》、岡晴夫の再起をかけた《途中下車》などの作品がある。短期間ではあったがマーキュリー黄金時代を担った。

松村又一は鳥取春陽に代表される大正街頭演歌、路傍の唄とアコーディオンを結びつけた黒田進の姿を終生忘れることがなかった。松村の流行歌観はあくまでも路傍で奏でられる流し唄であり、その理想を追求し流し演歌の遠藤実を見出した。松村はマーキュリーのディレクター金井貞雄に遠藤を紹介しデビューさせた。そして、自ら《お月さん今晩わ》を作詞し遠藤実―藤島桓夫コンビのヒット曲となるなど、ツルレコード人脈の中では息の長い活躍をした一人であった。

西川林之助、畑喜代司

西川林之助は、明治三十六年六月三十日、奈良の生まれ。吉野農林に学び、ポリドールから昭和五年四月新譜の《大和四季の唄》でデビューした。昭和七年三月新譜でビクターから発売され、徳山璉が歌った《酒のにおい》(西川林之助・作詞/藤井清水・作曲)を作詞している。その間、ツルレコードからは新興映画『海に立つ虹』の主題歌《処女の日の歌》(西川林之助・作詞/黒田進・作曲)が黒田進の吹込みで発売された。

西川はツルで作詞する一方で、〈パルロフォン〉昭和七年十一月新譜発売《嘆きは胸に秘めて》(西川林之助・作詞/金子史朗・作曲)、〈ニットー〉昭和七年一月新譜《胡弓ひく乙女》(西川林之助・作詞/高峰竜雄・作曲)、昭和七年十一月新譜《海賊の歌》(西川林之助・作詞/江口夜詩・作曲)、昭和八年十一月新譜の《浪花流し》(西川林之助・作詞/近藤十九二・作曲)、〈テイチク(東京進出前)〉東活『母の秘密』の主題歌《母の秘密(拳闘の唄)》(西川林之助・作詞/久保信行・作曲)、《嫁ヶ渕》(西川林之助・作詞/近藤十九二・作曲)、〈タイヘイ〉昭和十一年一月新譜で右太プロ『箱根八里』の主題歌《あやつり人形》(西川林之助・作詞/直川哲也・作曲)を作詞していた。

西川はテイチクが東京進出後も同社で作詞していたが、古賀政男を中心とする体制になると、次第にテイチクから遠のくことになる。盟友の黒田進は東京進出のテイチクに参画し楠木繁夫となるが、西川は関西の地を離れなかった。やがて古賀政男は鳥取春陽人脈のツルレコードアーティストをテイチク内部から一掃するが、西川はこれを予想し東京に拠点を移さなかったと思われる。

昭和十二年から、西川は同年三月新譜の《果てなき旅空》（西川林之助・作詞／竹岡信幸・作曲）、六月新譜発売の《男なりゃこそ》（西川林之助・作詞／竹岡信幸・作曲）を作詞した。だが、昭和十四年二月新譜の《勝鬨の春》（西川林之助・作詞／北村輝・作曲）を最後にコロムビアから去っている。また、キングからも昭和十三年十二月新譜の《大陸の花嫁》（西川林之助・作詞／草笛圭三・作曲）が三門順子の歌で発売されたが、その後のレコード界における消息は分からない。昭和五十一年十二月二十六日、この世を去っている。

畑喜代司に関しては、ほとんどその経歴が不明である。会津若松出身、デビュー曲は鳥取春陽が「麦（麥）島紀麿」の変名を使って作曲しポリドールから昭和五年九月新譜で発売された《尖端ガール》である。ということは、ツルレコードとの縁は鳥取春陽を介してのことと十分に考えられる。

昭和六年、鳥取春陽は関西から名古屋を中心にした中部地方の一大圏内で八面六臂の活躍をしており、東京コロムビアの招きに応じることが難しい状況にいた。鳥取春陽はジャズに行き詰まりを感じながら、大正街頭演歌の《籠の鳥》を超える楽曲を模索していた。

その頃の鳥取春陽と大阪コロムビア（大阪市東区安土町・現在の中央区）でコンビを組んだのが畑喜代司である。畑は大阪コロムビアで「麦島紀麿」作品を作詞した。他には、二月新譜《右門小唄（おしゃべり伝六篇）》（畑喜代司・作詞／麦島紀麿・作曲）、《右門小唄（むっつり右門篇）》（畑喜代司・作詞／麦島紀麿・作曲）、三月新譜《エロ・オン・パレード》（畑喜代司・作詞／麦島紀麿・作曲）、七月新譜《弁天小町奴の唄》《奴おどり》（畑喜代司・作詞／麦島紀麿・作曲）、五月新譜《右門捕物帖の唄》（畑喜代司・作詞／麦島紀磨・作曲）、八月新譜《広島行進曲》（畑喜代司・作詞／麦島紀磨・作曲）などが発売された。

畑喜代司はその一方で、ツルレコードではジャズ・ソングの訳詞を手掛けていた。それが黒田進の《お丶天使よ》とB面の永井智子（作家・永井路子の実母）が歌った《私のオーロラ》である。また、エロ歌謡では《妾とても朗らかよ》（畑喜代司・作詞／阪東政一・作曲）を作詞しており、昭和七年に発売された。畑はその後、コロムビア、パルロフォン、キング、オリエント、リーガル、テイチクで作詞をし、昭和二十年二月三日、死去した。

西岡水朗、松坂直美

西岡水朗は明治四十二年四月二十一日、長崎の生まれ。本名、西岡榮。海星中学に学び、昭和四年処女詩集『片しぶき』を出版し民謡詩人として出発した。上京した西岡は昭和五年三月新譜の《片しぶき》で歌謡作家としてデビューし、昭和七年二月新譜の《嘆きの夜曲》（西岡水朗・作詞／古賀政男・作曲）、昭和七年四月新譜《風も吹きよで》（西岡水朗・作詞／古賀政男・作曲）などの初期の古賀メロディーを作詞した。また、ビクターでは、徳山璉が歌った昭和七年四月新譜の《赤いグラス》（西岡水朗・作詞／林純平・作曲）を作詞した。

西岡水朗のツルレコードでの作詞は、これより少し前に発売された《あ丶想い出よ》（西岡水朗・作詞／近藤十九二・作曲）である。黒田進が歌った。西岡は昭和六年八月新譜でニットーから発売された《湯町小唄》（西岡水朗・作詞／福田蘭堂・作曲）を作詞しており、かつてニットーにいた筒井二郎との縁でツルレコードのスタジオに来たと思われる。

昭和七年の晩秋、ポリドールから発売された江口夜詩が作曲した《忘られぬ花》（西岡水朗・作詞／江口夜詩・作曲）がヒットし、西岡水朗は作詞家としての声価を得た。歌は池上利夫、後の松平晃である。この甘い抒情的なギター伴奏曲の作曲者、江口夜詩は亡き妻を想いピアノの鍵盤を濡らしながら作曲したと云われている。

昭和九年のレコード業界最大の話題は、華々しく繰りひろげられた《さくら音頭》合戦である。ビクターは、作詞に佐伯孝夫、作曲に大御所中山晋平、《東京音頭》の歌手陣にバリトン歌手徳山璉を加えた。同曲は東宝バラエティーショウ『さくら音頭』の主題歌として作られた。のちにP．C．L映画『さくら音頭』の主題歌にも使用された。コロムビアは、これに対抗して松竹とタイアップ。松竹蒲田作品『さくら音頭』の主題歌は作詞が伊庭孝、作曲を佐々紅華に依頼し《さくら音頭》の製作を発表した。

コロムビアは音頭物ということで、日本情緒に定評のある佐々紅華を起用した。ポリドールは、日活映画『日本さくら音頭』の主題歌として同タイトルの《さくら音頭》を発売した。作詞はサトウ・ハチロー、山田栄一の作曲。歌手には喜代三を中心に東海林太郎、〆香、小花。キングも細川潤一作曲の《さくら音頭》を発売しこの音頭合戦に参画した。同社は歌手には美ち奴と東海林太郎を起用した。東海林太郎は当時、ポリドールとキングの両社専属歌手だった。そして、ニットー、タイヘイなどもそれぞれの持ち駒を使ってさくら音頭合戦に参加してブームの一端を担った。ニットーは、《さくら音頭》のほかには、服部良一が作曲した《さくらおけさ》も発売した。

音頭合戦の結果は、ビクターが発売した中山晋平作品が最もヒットし、音頭歌謡の大御所としての貫禄を見せた。前年の《東京音頭》とこの《さくら音頭》の大ヒットによって、各社、メジャーレーベル、マイナーレーベル問わず「音頭歌謡」が数多く発売されるようになった。ツルレコードはこのブームのさなか《さくら音頭》（西岡水朗・作詞／大村能章・作曲）を発売したが、作詞は西岡水朗だった。

松坂直美は、明治四十三年一月一日、長崎生まれ。日大英文科を昭和七年に退学し作詞の途に入った。デビュー曲の《とんぼのひかうき》は昭和七年十月新譜でポリドールから発売された。松坂直美のツルレコードでの作詞は、昭和八年七月新譜の《夜霧に濡れて》（松坂直美・作詞／高峰竜雄・作曲）が最初の作品ではなかろうか。また、歌詞に〈ブラボー！ブラボー！〉という合いの手が入るカフェー歌謡の《カフェー祭り》（松坂なほみ・作詞／黒田進・作曲）が昭和九年七月新譜で発売された（「松坂なほみ」とレーベルに刻まれている）。ジャズが流れる名古屋のカフェー街をテーマにした明るいメロディーで作曲されている。

虹の花咲く　ネオンの影に
君と嬉しい　グラスを上げて
ブラボー！　ブラボー！

恋の夜風が　胸に沁みる
こぼす微笑み　夢見る瞳
青いお酒に　あの夜が更けりゃ
ブラボー！　ブラボー！
恋のステップが乱れがち

名古屋広小路は艶やかなカフェーの密集地だった。夜の艶なる赤いネオンが輝くカフェーではモダンな都市文化を謳歌する断髪のモガやルパシカを着こんだモボがグラスを持ち「おお、広小路」と祝杯を挙げている。広小路は「赤い心臓」という表現が与えられた。『百萬・名古屋』において描かれたように「中部日本における時代文化の中心、名古屋の脈搏《みゃくはく》は、この不断に動く『赤い心臓』広小路の呼吸から次第に高潮されてゆく」のである。

広小路の榮町の交差点に立つ人々は、繁華な通りの一斉に輝く街燈、色鮮やかな電飾広告看板に眼を奪われる。信号が変わると、往来するモダンな人々の群れがスピーディーな自動車の驀進とともに洪水の如く行進する。そして、広小路の夜が織りなすネオンの光と色は、街頭に設置された蓄音機の拡声器から街路へ流れるジャズと調和し、まるでレヴューのような「音の交響楽」を奏でるのである。劇場やダンスホールのジャズバンドの演奏とレヴューの華やかな音と光の光彩は街燈、広告看板のそれと重なり、まさにこの歌詞どおりの「ブラボー！」な大不夜城を形成していたのである。

その後、松坂直美はポリドール、コロムビア、キング、テイチク、タイヘイで作詞したが、戦前においてはこれぞというヒットはなかった。だが、戦後は日本歌曲に定評のある橋本国彦作曲のラジオ歌謡の名曲《アカシヤの花》、津村謙が放送し近江俊郎がコロムビアで吹込んだ《緑の牧場》（松坂直美・作詞／江口夜詩・作曲）、古賀メロディーの《名月佐太郎笠》（松坂直美・作詞／古賀政男・作曲）などのヒットがある。むしろ、松坂は戦後の活躍が目立っている。

阪東政一、近藤十九二、佐藤長助

関西人脈の作曲家であり、ツルレコードでも吹込みをした作曲家に阪東政一がいる。ツルレコードで時局歌、愛国歌などの軍歌・軍国歌謡の分野で作曲した。ツルレコードでの第一作品は《凱旋行進曲》であり、続いて五・一五事件を受けて吹込まれた《昭和維新行進曲（陸軍の歌）》も阪東の作曲である。

阪東政一は、明治三十七年三月二十二日、大阪生まれ、昭和二年に関西大学を卒業し、コロムビアから昭和六年四月新譜発売の《奈良小唄》（酒井抑酔・作詞／阪東政一・作曲）でデビューし、ビクター、コロムビア系列のマイナーレーベルのオリエント、リーガル、ヒコーキ、ニットー、タイヘイ、テイチクで作曲をした。

関西人脈では、和製ジャズの《大阪行進曲》（松本英一・作詞／近藤十九二・作曲）の作曲で知られる近藤十九二も、ツルレコードで流行歌は勿論のこと、時局小唄、愛国歌、国防歌などを幅広く想を展開し、多岐にわたるジャンルにおいて作曲していたが、その経歴はまったく不明である。

昭和四年は前年からの行進曲ブームが雌雄を決した年である。ビクターから発売された東京モダンの《東京行進曲》《浪花小唄》とコロムビア、オリエントから発売された《大阪行進曲》が拮抗していたが、ツルレコードも名古屋をテーマに近藤十九二に作曲させ、そのブームに参入してもよさそうなのだが、当時、名古屋を舞台にした御当地ソング、いわゆるローカルソングが育たないという土地柄にまつわるジンクスがあり、ツルレコードとしてはそのような企画を立てなかったと思われる。だが、昭和五年、名古屋は人口百万人に近づき、地元の新愛知新聞社が西條八十に「百万市民の愛唱歌」というテーマで詩稿を依頼。昭和六年三月新譜でビクターから西條八十―中山晋平コンビによる《大名古屋行進曲》がアルトの四家文子の歌唱によって発売された。これが名古屋を中心に東海地方で愛唱されたのである。ツルレコードとしては大手メジャーに地元の愛唱歌を奪われることになり、近藤十九二を招いて企画しなかったことが悔やまれる結果となった。

近藤十九二のツルレコードの最初の作曲は《愛よ人類と共にあれ》(塚本篤夫・作詞／近藤十九二・作曲)である。これは松竹の同名映画主題歌だった。ハリウッドで活躍し帰朝後の上山草人の松竹入社を記念して制作され、田中絹代がダンスホールの女王の役で出演した。映画は、いくつもの会社を経営する実業家とその異母兄弟をめぐる、シェイクスピアの『リア王』を思わせるようなストーリーで展開する。

近藤は大阪コロムビア、オリエント、タイヘイ、ヒコーキなどで吹込みを行い、その途中に名古屋のツルレコードに立ち寄って作曲し、同社のスタジオで吹込んだのである。

キングで活躍した佐藤長助も、ツルレコードにおいて作曲した経験がある。佐藤長助は明治三十九年四月十日、仙台市生まれ。日大卒業後、作曲家の途に入る。昭和七年五月新譜で発売された《噫 肉弾三勇士》がデビュー曲（青葉宵三の名義）。キング専属作曲家として《愛馬行》（山野静・作詞／佐藤長助・作曲）のヒットがある。ツルレコードでは《輝く大満洲》（松村又一・作詞／佐藤長助・作曲）を作曲し同社のスタジオで吹込んだ。レコードは昭和九年四月新譜で発売された。

4 変名アーティストの活躍

江口夜詩

ツルレコードは中部地方に一大勢力を誇りながら、習作時代の歌手、作曲家、作詞家を東京から呼び寄せ、積極的に吹込ませた。殊にツルレコードの重鎮であり、昭和七年一月に逝去した鳥取春陽の後を埋めるために多彩な人材を同社に集めたのである。ツルレコードは大阪と東京という東西の中間という地理的条件を利用し、東上、西下する人材を途中下車させ、スタジオに立ち寄らせて吹込みを行った。これは鳥取春陽が生前、東京・大阪のマイナーレーベルを東奔西走するスタイルで仕事をしていたことも影響している。

そのような事情から、人の流れが激しいツルレコードは、歌手をはじめ、作詞、作曲、編曲において専属制が存在しなかった。それに対して、メジャーレーベルは専属制をとっており、そこで活躍する連中はツルレコードにおいて変名を使用することになり、多彩な人材が中部圏内に集まりだしたのである。殊にツルレコードは鳥取春陽の死後、同社の柱となる作曲家が必要だったこともあり、新たな作曲家を次々と招いたのである。その一人が江口夜詩だった。

ツルレコードでは、古賀メロディーの影響もあり、ギター伴奏曲が目立つようになっていた。昭和七年十月新譜の《情けに濡れて（恋のコスモス）》（水島千秋・作詞／高峰龍雄・作曲）の演奏はギター、フルート、ヴァイオリンの編成だった。作曲者の高峰龍雄は江口夜詩の変名で、古賀政男のギター歌曲を相当に意識していた。

江口夜詩の本名は江口源吾。明治三十六年七月一日に岐阜県上石津（現大垣市）に生まれた。十六歳で海軍軍楽隊に応募して横須賀海兵団に入団した（第一期軍楽補習生）。海軍省委託生として東京音楽学校に学んだ。大正十年、当時皇太子であった昭和天皇のヨーロッパ親善旅行随行楽隊隊員の一人として抜擢され、およそ六ヶ月にわたるヨーロッパの旅において、シンフォニーやオペラに接し、大きな影響を受けることになった。

昭和三年、昭和天皇即位大典演奏会で吹奏楽大序曲《挙国の歓喜》を演奏した。海軍軍楽隊の作曲家として期待されたのである。江口の流行歌の作曲家としてのデビューは、海軍を除隊する前にビクターから昭和四年十二月新譜で発売された《夜の愁》（玉置光三・作詞／江口夜詩・作曲）と《たこ踊り》（玉置光三・作詞／江口夜詩・作曲）である。歌手は河司晴江。昭和六年、五月に除隊してポリドールの専属となったが一年でやめ、フリーの作曲家としてニットー、名古屋のツルレコードでしばらく活躍した。

江口はツルレコードでは高峰竜（龍）雄の変名を使用した。また、ポリドールでは江口源吾の本名を使っていた。昭和七年、ポリドールから発売された《忘られぬ花》がヒットし、レコード歌謡作家として認められ、昭和八年二月、江口夜詩としてコロムビアの専属作曲家に迎えられた。

コロムビアは自社のヒットメーカーとして、古賀政男と江口夜詩の二人を内部で競争させる方針を明確にした。江口夜詩はポリドール時代にギターを使用し、古賀メロディーと共通する社会の根底にある感傷、悲哀を楽想の特徴にしていたが、コロムビアの専属となると、古賀政男に見られない音楽的な個性を発揮した。

多種多様な器楽構成による演奏形式も、古賀政男にはなかった江口夜詩の独特な音楽個性である。主奏となる楽器の個性を生かしながら、多種の楽器を使用する手法は音楽サウンドを重厚なものにし、歌唱を引き立たせる効果をもたらした。さらに、江口夜詩は、浪曲のメロディーを分析しそこに潜む大衆芸能の要素を楽想に取り入れた。江口はそのような「流行り唄」の要素を踏まえながら、都市中間層の感覚に馴染んでいる外国リズムを巧みに取り入れた。江口夜詩は、悲哀、寂寥、苦悩という社会不安の世相のみならず、モダンな溌剌たる青春歌、明朗で豊かな楽曲をも意欲的に創作し、作曲家としての地位を確立していった。

江口は松平晃とコンビを組み《十九の春》（西條八十・作詞／江口夜詩・作曲）《希望の首途》（久保田宵二・作詞／江口夜詩・作曲）《急げ幌馬車》（久保田宵二・作詞／江口夜詩・作曲）《夕日は落ちて》（久保田宵二・作詞／江口夜詩・作曲）など、江口夜詩は、藤山一郎無しで低迷する古賀メロディーに代わり、コロムビアのヒットメーカーとして君臨した。

江口は昭和八年二月、コロムビアの専属に迎えられた。にもかかわらず、同年にツルレコードから「高峰竜（龍）雄」で作曲したレコードが発売されている。昭和八年に入って、《燃ゆる想いを》（大和麦二・作詞／高峰竜雄・作曲）《夢のメロディー（旋律）》（水島千秋・作詞／高峰竜雄・作曲）、《恋のスキーヤー》（大和麦二・作詞／高峰竜雄・作曲）《滑ろスキーで》（水島千秋・作詞／高峰竜雄・作曲）《微笑の唇》（佐々木緑亭・作詞／高峰竜雄・作曲）《春の夜の唄》（大和麦二・作詞／高峰竜雄・作曲）《若人よ朗らかに》（大和麦二・作詞／高峰竜雄・作曲）《夜霧に濡れて》（松坂直美・作詞／高峰竜雄・作曲）がツルレコードから発売されているのである。

江口夜詩のツルレコード最後の作曲は「高峯龍雄（夫）」という変名を使用した昭和九年三月新譜発売の《彼氏と彼女》（瞳潤子・作詞／高峯龍雄・作曲）だと思われる。この時期、古賀政男がコロムビアからテイチクへ移籍するということで係争中であり、その後古賀はコロムビアを去ることになり、江口が古賀政男とのヒット競争に勝利した形となった。

昭和十年代に入ると、江口夜詩は、テイチクの古賀政男、コロムビア万城目正、ビクター佐々木俊一、ポリドール阿部武雄らとヒット競争の鎬《しのぎ》を削った。戦後、キングで活躍し《憧れのハワイ航路》（石本美由起・作詞／江口夜詩・作曲）などのヒットを放ち、ヒットメーカーとして昭和流行歌を彩ったのである。

大村能章

大村能章といえば、和洋合奏に定評があり、東海林太郎のヒット曲を中心に日本調歌謡においてヒットを放った作曲家である。その大村能章が「山野芳作」の変名を使ってツルレコードで作曲したのが昭和九年に入ってからである。「さくら音頭合戦」の頃、大村は《さくら音頭》（西岡水朗・作詞／山野芳作・作曲）を作曲し、ツルレコードで吹込んだ。（A面の《万歳音頭》は大村能章名で作曲）。昭和九年五月新譜においては《菖蒲踊り》（松村又一・作詞／山野芳作・作曲）《五月音頭》

（松村又一・作詞／山野芳作・作曲）が発売された。また、ツル系列のサロンレーベルでも《菖蒲踊り》（松村又一・作詞／山野芳作・作曲）《五月音頭》（松村又一・作詞／山野芳作・作曲）が発売され、《あやめ踊り》（松村又一・作詞／山野芳作・作曲）などの作品もある。これらは、まだ大村能章が作曲家として声価を得る以前の和洋合奏の習作時代の作品である。《菖蒲踊り》《あやめ踊り》の演奏が和洋合奏の形態で編成されたアサヒ和洋管弦楽団ということからも十分に頷ける。

ツルレコードは、大和蓄音器商会時代から浪花節、浪曲、講談、端唄、長唄、民謡、箏曲、三味線、尺八、筑前琵琶などの邦楽レコードを企画・製作しており、昭和に入ると鳥取春陽が耳新しいジャズのリズムを邦楽楽器と融合させるなど、和洋合奏が盛んであった。アサヒ和洋管弦楽団、アサヒ和洋楽団という楽団が生まれ、ツルレコードに関わりを持つようになった大村能章は編曲を担当するようになり、日本調と洋楽を融合させた和洋合奏の編曲において三味線の爪弾きを巧みに使い哀艶切々とした情緒を楽想にし、習作時代を経て独自の境地を築くようになったのである。

大村能章は明治二十六年十二月十三日、現在の防府市の生まれ。十六歳の時、横須賀海兵団に入団、五等楽生として海軍軍楽隊に入隊。昭和元年に松竹管弦楽団に入り、当時全盛だった無声映画の楽士として浅草の「帝国館」などで活躍した。

大村は帝国館時代、その地下室の薄暗い二畳の部屋で、蓄音器に長唄・新内・清元のレコードをかけ、映画伴奏音楽のネタ取りの採譜の仕事もしていた。これが昭和五年頃の話で、ちょうど東海林太郎が満洲から引き上げてきた時期に重なる。大村も東海林も経済的困窮に喘いでいた。かつて、《国境の町》《裏町人生》《流転》の作曲で知られる阿部武雄が映画館楽士時代に流浪の旅回りを終えて帰京し、その足で「帝国館」を訪ねると、大村が必死に採譜をしているところを見かけることが度々あった。大村は生活のために必死に音を採って楽譜に書き写していたのである。

大村はビクターから《赤坂音頭》でデビューし、昭和に入ると作曲家として活動するが、全く芽が出なかった。そこで、作曲家として自立するために鳥取春陽の遺品である楽譜を徹底的に研究した。鳥取春陽が街頭演歌師として名を成し、昭和初期において演歌とジャズを融合させるなど、斬新な曲作りを行ったことはすでにのべたとおりである。鳥取春陽は、常に奇抜なアイデアと斬新な手法を追い求めていたので、未完成の膨大な楽譜を残していた。

鳥取春陽の楽譜は、彼の内縁の妻山田貞子を通じて大村能章に渡された。大村は不完全のままの未発表の楽曲を丹念に分析し、和洋合奏における独創性を学んだのである。

昭和八年に入り、大村は「山野芳作」の変名でコロムビアの廉価盤のリーガルやタイヘイレコードで作曲を始めた。リーガルはコロムビアで発売された流行歌の歌詞を変えて売るという海賊盤的な存在だったので、大村にとっては作曲の練習には都合が良かった。昭和九年に入ると、大村は冒頭でものべたとおり、ツルレコードでの習作の時代がはじまった。またこの頃、大村能章はヒットこそないが、キングレコードで大いに腕を振っていた。また、関西のタイヘイレコードでは《昭和盆踊》(木下潤・作詞／山野芳作・作曲)以外を大村能章の名で作曲しており、東京から大阪の途中でツルレコードのスタジオに顔を出していたことになる。

昭和十年に入り、大村はようやくヒット曲に恵まれた。同年の十月新譜で発売された《野崎小唄》（今中楓渓・作詞／大村能章・作曲）が東海林太郎の歌唱で好評だった。これは義太夫の『新版歌祭文』（野崎村の段）のお染・久松の恋物語をテーマにしたものである。《野崎小唄》は、もともとは野崎村が観光宣伝用にポリドールに依頼したローカル・レコードである。B面の《お駒恋姿》（藤田まさと・作詞／大村能章・作曲）は『梅雨《つゆ》小袖《こそで》昔《むかし》八丈《はちじょう》』の城木屋（「白木屋」とも表記し ＊創作上の屋号）お駒（白子屋の娘・お熊がモデル ＊「白子屋」は実在した屋号）の狂恋をテーマにしたレコード歌謡である。浄瑠璃の『恋娘昔八丈』（白子屋事件を題材にした人形浄瑠璃）の人情噺を聞いた黙阿弥が歌舞伎下座狂言として結実させた。恋と義理の諸手綱《もろたづな》に引かれて渡る涙橋を舞台に〈七ツ八ツから容貌《きりょう》よし　十九　二十と帯とけて解けて結んだ恋衣　お駒才三のはずかしさ〉と東海林太郎が黄八丈の袖にくずれる薄化粧のお駒の心情を歌った。

この時代、外国音楽の要素が日本流行歌に影響をあたえたが、大村能章は、邦楽の芸者歌手の流行を背景に純日本調・邦楽の愛好者に応える楽曲を創作し、日本調歌謡においてひとつの定型を作った。歌舞伎狂言にその素材を求めた点も功を奏し、これが歌唱者の東海林太郎の個性にうまく合っていた。ポリドール十一月新譜発売の《明治一代女》（藤田まさと・作詞／大村能章・作曲）は〈浮いた浮いたの浜町河岸に〉とエキゾチックな顔立ちの芸者新橋喜代三が歌ってヒットした。

軍国歌謡の台頭する時代になると、大村能章は、昭和十三年十二月新譜でポリドールから発売された《麦と兵隊》（藤田まさと・作詩／大村能章・作曲）を東海林太郎の歌唱を得てヒットさせた。この歌は、昭和十三年五月、中支派遣軍報道部員として徐州作戦に従軍した火野葦平（玉井勝則伍長）の小説『麦と兵隊』（『改造』昭和十三年八月号）を歌曲にしたものである。この歌からは、中国農民の生命力が宿る雄大な大陸を背景に、海のように果てしなく続く麦畑が広がっていくようなイメージが湧いてくる。聖戦完遂のために国家権力によって利用された文学を素材にしたとはいえ、《麦と兵隊》はバリトンに適したＡマイナーで歌う東海林太郎の快唱のひとつである。このように大村能章は日本調の演歌系歌謡曲のヒットメーカーとして君臨するが、そこに到達するまでの習作時代がツルレコードでの作品群だったのである。

近江俊郎

戦後の古賀メロディーの大ヒット曲《湯の町エレジー》（野村俊夫・作詞／古賀政男・作曲）で知られる近江俊郎が、ツルレコードで吹込みをしていたことはあまり知られていない。「大久良俊」「母里欣也」「母里欽也」の変名を使用しているのだ。

近江俊郎は大正七年七月七日東京生まれ。本名大藏敏彦。流行歌手が音楽学校出身者によって占められていた頃、近江は武蔵野音楽学校に入学したが、早々と同校を中退してレコード歌謡に身を投じた。「鮫島敏弘」を名乗りタイヘイレコードから《辷ろよスキー》で十代歌手としてデビューした。近江俊郎の苦節の十年と言われた下積み生活はこのデビュー曲から始まった。まさに青春の彷徨ともいえる無名歌手時代の流転人生の開幕だったのである。

近江のデビューと同時期に後のポリドールで活躍した北廉太郎も「紀多寛」の名で《男の涙》を歌い、マイナーレーベルのタイヘイレコードからデビューした。北はタイヘイで実績を積むが、近江はタイヘイではパッとしなかった。コロムビアの海賊盤を廉価に発売するリーガルなどマイナーレーベルを転々としながら、鮫島敏弘、大友博、榛名敏夫などの変名を使用し、辛酸を舐めることになった。

近江のツルレコードの吹込みはこの苦闘の時代と思われる。この頃、近江は作曲家の片岡志行に唆《そそのか》されレコード会社を設立する資金を持ち逃げされたことがあった。この時、近江は行き場を失い名古屋へ流れてきたのではなかろうか。タイヘイ時代の鳥取春陽人脈の縁もあり、大須界隈での映画館のアトラクションの前座歌手やツルレコードの仕事で糊口を凌いだと思われる。昭和十三年、ツルにおいて近江俊郎が「大久良俊」で吹込んだ軍国歌謡には《噫！南郷少佐》《月下の歩哨》《撃ったぞ漢口》《喇麻の灯影》などがある。アサヒレーベルでは《銃をかざして》、「母里欣也」の変名で吹込んだパロディー歌謡の《若しも召集令が下ったら》が発売されている。

その後、近江はポリドールで近江志郎と名乗り、田端義夫、北廉太郎とともに十代歌手として売り出された。田端義夫は《大利根月夜》（藤田まさと・作詞／長津義司・作曲）《別れ船》（清水みのる・作詞／倉若晴夫・作曲）がヒットし、東海林太郎、上原敏に継ぐポリドールの人気歌手になったが、近江はここでもヒットに恵まれず、前座歌手の扱いだった。売れない近江は、酒席で重役の鈴木幾太郎から「近江、歌え」というプロ歌手として屈辱的な言葉を浴びせられ、「酒の席で歌う契約はしておりません」と言い返し、ポリドールを出ることになった。

昭和十六年、ポリドールからコロムビアへ移籍し「近江志郎」から「近江俊郎」と改名し、太平洋戦争が始まると戦時歌謡を歌い注目されるようになった。戦後は近江俊郎のソフトな美声が求められ《山小舎の灯》（米山正夫・作詞／作曲）《南の薔薇》（野村俊夫・作詞／米山正夫・作曲）《湯の町エレジー》（野村俊夫・作詞／古賀政男・作曲）などのヒットによってスター歌手の地位を確立した。近江俊郎がコロムビアでスターダムへと上った頃、ツルレコードの元看板歌手であり、かつての栄光のスター歌手楠木繁夫がヒットに恵まれず同社を去ることになるが、これも不思議な巡り合わせである。

5　女性変名歌手

渡辺光子

女性歌手では、渡辺光子が「川辺葭子」、松島詩子が「ミス・アサヒ」の変名を使ってツルレコードで吹込んだ。この二人は当時、女性変名歌手として活躍していた。

渡辺光子は明治三十九年四月十一日、東京生まれ。昭和五年十月新譜の《無憂華》をパルロフォンで吹込みデビューした。昭和七年一月新譜の《満洲娘》（西條八十・作詞／松平信博・作曲）をビクターで吹込み、昭和八年から、コロムビアにおいて、《母の唄》（西條八十・作詞／奥山貞吉・作曲）《君を夢見て》（松村又一・作詞／仁木他喜雄・作曲）《あの日あの時》（西條八十・作詞／江口夜詩・作曲）を吹込んだ。また、ポリドールで《最上川小唄》（阿波勝戸・作詞／中山正・作曲）、キングでも《蒙古の娘》（川島芳子・作詞／杉山長谷夫・作曲）などを吹込みしている。だが、渡辺光子はメジャーレーベルで吹込みながらもヒットには届かなかった。むしろ、変名で歌ったレコード歌謡の方がヒットしているのである。

変名歌手時代にヒットした歌は、昭和七年、「和田春子」で歌いパルロフォンから発売された《幌馬車の唄》と、「渡瀬春枝」の変名を使いポリドールで吹込んだ《時雨ひととき》である。作詞の飛鳥井帆二は鹿山映二の変名で、鹿山はツルレコードでも作詞している。昭和七年二月新譜、河合映画『目覚めよ感激』の主題歌として《目覚めゆく大地》(鹿山映二郎・作詞/森儀八郎・作曲)が発売された。

ここで、渡辺光子の変名を列挙してみる。パルロフォン(渡辺光子・和田春子)、ヒコーキ(春海綾子・紅小路満子)、リーガル(川辺綾子・春海綾子)、ポリドール(渡瀬春枝)、キング(渡瀬春枝)、ニットー(川路美子・笹川銀子)、タイヘイ(渡瀬春枝・水野喜代子・川島信子)、オリエント(川辺綾子)、テイチク(伊達光子)、サロン(田辺光子)など、これらの変名を使用し数多くの吹込みを行った。男性歌手では五十五種類の黒田進が変名ナンバーワンだが、女性歌手ではまちがいなく渡辺光子であろう。

さて、ツルレコードにおける吹込みだが、渡辺は「川辺葭子」の変名を使用し《独木船(カヌー)を漕いで》(松村又一・作詞/中野二郎・作曲)《愛のキャンプで》(松村又一・作詞/阪東政一・作曲)を吹込んだ。昭和八年八月新譜で発売されている。共演歌手は古山静夫(黒田進)。男女のスイートな感覚を盛り込んだ〈いいわね(川辺) そうだね(古山)〉という合いの手が入り、心楽しく弾むようなハイキングソングである。

渡辺光子がどのような経緯でツルレコードの吹込みをするようになったかは不明だが、おそらく楽曲を提供した江口夜詩(高峰竜雄)、大村能章(山野芳作)、作詞を担当した松村又一らのコネクションがあったと思われる。また、大阪から上京した服部良一をポリドールのテストに紹介したのも渡辺光子だった。しかし、この時ポリドールは、服部良一のジャズ感覚を評価できず、不採用にするという失態を演じている。

昭和十二年に、渡辺光子は国民歌謡の《春の唄》を「月村光江」で吹込みヒットさせた。これが彼女の最大のヒット曲である。だが、このように渡辺光子は女性変名ナンバーワン歌手として活躍したが、淡谷のり子、渡辺はま子、二葉あき子らの洋楽系歌手や小唄勝太郎、市丸らの日本調歌手の全盛期になると、次第に歌謡界から退き、宝塚音楽学校の教壇に立ち指導者の途に入った。

松島詩子

戦時色の強い時局歌謡が目立つ頃、松島詩子が吹込んだ《マロニエの木蔭》（坂口淳・作詞／細川潤一・作曲）が、キングレコードから昭和十二年三月新譜で発売された。タンゴ調の洋風なメロディーは発売当初から好評であり売れ行きは順調だった。この《マロニエの木蔭》のヒット以来、松島詩子はキングの人気歌手となり、戦後の紅白歌合戦には十回出場した。だが、スターダムへの途は平坦ではなかった。

松島詩子も変名の多い女性歌手である。「柳井はるみ」を使用して吹込み、コロムビアから発売された《ラッキーセブンの唄》（菊田一夫・作詞／塩尻精八・作曲）以来、コロムビア（広瀬陽子）、テイチク（千早淑子・東貴美子・幾代）、ニットー（藤田不二子・広田ますみ）、ヒコーキ（柳井はるみ）、リーガル（柳井はるみ・広瀬陽子）、ツル（ミス・アサヒ）など多種の変名を使って吹込みをした。

昭和三年頃、松島は黒田にタンゴを習っていた時期がある。ツルレコードとの関係は黒田のツテによって始まったと思われる。昭和九年一月新譜発売の《奉祝音頭》、同年四月新譜の《満洲音頭》は松島が「ミス・アサヒ」の変名で吹込んだ。この芸名は『百萬・名古屋』に「赤い帽子を冠ったミス・ナゴヤは更紗のアッパッパの革帯《ベルト》を絞めて、天晴れ洋装したと気取ってゐる」とあるように、モダン名古屋を代表する現代女性の「ミス・ナゴヤ」にあやかって芸名が「ミス・アサヒ」と付けられたと思われる。

松島詩子は明治三十八年五月十二日、現在の柳井市の生まれ。本名は松倉（内海）シマ。広島忠海高等女学校で代用教員をしていたが、文部省の検定試験に合格し、その才能をいかすため上京して声楽を浅野千鶴子に師事した。昭和七年、《ラッキーセブンの唄》でコロムビアからデビューする。そのときは「柳井はるみ」がレーベルに刻まれた。昭和八年春、大阪松竹レヴュー『春のおどり』に出演。その後、ニットー、リーガル、テイチク、キングなどで吹込み、広田ますみ、藤田不二子、千早淑子、東貴美子などの変名を多数使用した。

松島はツルレコードで吹込みながら他社では昭和八年の前半まで「柳井はるみ」を使用、六月新譜からはリーガルの廉価盤に「松島詩子」で吹込んだ。昭和九年九月新譜の《潮来の雨》からキングに「松島詩子」で吹込んだが、同年にはテイチクで「千早淑子」「東貴美子」の変名を使用して吹込んだ。テイチクで古賀メロディーを吹込みながらヒットに恵まれず、マイナーレーベルで変名を使って吹込む松島詩子の苦闘の時代である。

松島は努力を重ねながら流行歌の世界に止まりついにスターダムに上りつめたのだ。昭和十二年、キングから発売された《マロニエの木蔭》がヒットし、「松島詩子」は流行歌の世界で声価を得て地位を確立したのである。その後はキング一筋で活躍した。また声楽の修行も怠らず、声楽家としての独唱会も開いている。戦後は、田谷力三とオペラに出演するなど精力的な活動を行った。

その他の女性歌手

佐藤緋奈子は山田貞子の変名といわれているが、これは明らかに別人のアルト歌手である。ツルレコードで吹込んだ鳥取春陽の《思い直して頂戴な》と、リーガルから発売の山田貞子盤とを比較すれば、両者が全くの別人であることが分かる。だが、その経歴は全く不明である。

佐藤緋奈子のツルレコードにおける吹込みは、昭和六年十月新譜の《紐育の囁き》以来、エロ・グロ・ナンセンス時代の世相を反映したジャズ調のエロ歌謡も含め、かなりの数である。筒井二郎のデビュー曲《妾は恋のジプシーよ》に始まり、《女は弱くて強いもの》《キッスセレナード》《逢なきゃい、のよ》《早く帰って頂戴ね》《あれ程信じていた君が》《やっぱり切る気か》(塚本篤夫・作詞/鳥取春陽・作曲)《恋のテープ》《妾あなたのものなのよ》《涙で笑っているだけよ》《恨みもせずにむせび泣き》《昨夜の夢が本当なら》《私貴郎が心配よ》《泣くななげくな》が昭和六年の秋から昭和七年二月新譜までの時期に発売された。

また、《紐育の囁き》のB面は《ミス・ニッポン》。群司(郡司)次郎正の小説『ミス・ニッポン』『マダム・ニッポン』『ミスター・ニッポン』の『ニッポン』三部作の一つをテーマに作られた映画主題歌である。すでに同名タイトルのレコード歌謡が大手メジャーのビクター、コロムビアからそれぞれ、昭和五年十一月新譜、昭和六年三月新譜で発売されている。ツルレコードは常に大手メジャーレーベルの企画を注視し、それに対する対抗意識が強かったのである。

佐藤緋奈子は昭和七年十月新譜発売の《誰にも内密でね》を最後に、ツルレコードのレーベルからその名前が消えている。それに代わるかのように同月新譜から谷田信子という女性歌手が新たに登場した。谷田信子は明治四十四年七月二十三日、富山県の生まれ。昭和五年七月新譜の《彼女の唄》（川口松太郎・作詞／松本四良・作曲）でオデオンレコードからデビューした。《彼女の唄》は帝キネ『何が彼女をそうさせたか』の主題歌である。作詞の川口松太郎は、雑誌『婦人倶楽部』に連載された小説を映画化した『愛染かつら』の原作者として知られ、その主題歌《旅の夜風》（西條八十・作詞／万城目正・作曲）が爆発的にヒットした。

谷田信子の歌で《銀座しぐれ》（水島千秋・作詞／高峰竜雄・作曲）と《銀座たんご》（山田としを・作詞／高峰竜雄・作曲）が昭和七年十一月新譜で発売されているが、これは同年、銀座に柳が復活したことを意識しての企画だった。

大正十二年の震災で焦土となった銀座は、柳に代わって銀杏が植えられていた。昭和に入り、復興した銀座は昭和モダンの繁栄を迎えた。昭和七年、銀座に柳を植える費用の一部を地元負担とし、朝日新聞が寄贈した三百本を含む合計九百本の柳が京橋―新橋間と、日比谷―築地間に植えられた。早速、ビクターは西條八十―中山晋平のコンビで《銀座の柳》を作り、四家文子が歌って四月新譜で発売した。また、同名のレコードもマイナーレコードを中心に各社から発売された。関西のタイヘイレコードから松平小夜子が歌う《銀座の柳》、フタミレコードから小谷さゆりの《銀座の柳》、ショウワから《銀座の柳》が奈良八重子の歌で、トンボレコードからは関美子の歌による《銀座の柳》がそれぞれ発売された。ツルレコードからは《銀座しぐれ》（水島千秋・作詞／高峰龍雄・作曲）、歌詞にデパート、タンゴ、ランデヴ、ニューカフェーなどのモダン語がちりばめられた《銀座たんご》（山田としを・作詞／高峰龍雄・作曲）が発売されたのも、銀座の柳の復活という話題からであった。

気球廣告デパートの上に
恋の四ツ辻尾張町
銀座タンゴでペーヴを踏めば
柳並木に灯がともる

谷田信子も、ツルレコードでいくつかの変名を使用して吹込みを行った歌手の一人である。昭和七年十二月新譜で発売された《みんなが私を好きと云ふ》は「織田のぶ子」の変名で吹込んだ。また、「峯はるみ」の変名を使って《哀しきシルエット》《なつかしき口笛》《うちのパパさん》（大和麦二・作詞／黒田進・作曲）《妾とても朗らかよ》（畑喜代司・作詞／阪東政一・作曲）を吹込んでいる。

立石喬子はツルレコードからデビューした歌手である。昭和四年一月新譜の《四ツ葉のクロバ》がそうである。ツルレコードでは《青いヨットに帆をあげて》《君待ちわびて》《嘆きの月》《夜空にさゝやく》などを吹込んだ。また、立石知恵子の変名で《出船》を吹込んでいる。これは昭和四年三月新譜で発売された。

立石は昭和三年春、東京音楽学校を卒業し、ツルレコード以外では、ポリドール、キング、テイチク、パルロフォンなどで吹込みをした。ポリドールでは映画主題歌を中心に吹込みをしている。この女性歌手も大阪、東京を往復しながら、名古屋で途中下車してツルレコードのスタジオで吹込みをした一人である。

その他にも大正十五年に日本音楽学校を卒業しコロムビアから《花嫁人形》を吹込んでデビューした阿部秀子、《だって淋しいからなのよ》《女は恋に弱いのよ》などのエロ歌謡を吹込んだ西村智恵子、狩野澄子、昭和八年に入ると島津千代子などがツルレコードで吹込みをしているが、経歴はよく分かっていない。

6 戸惑うギターの名手――中野二郎

ギター曲への野心

鳥取春陽はマンドリン、ギターを本格的に流行歌に用いることを考えていたが、殊にギターには大きな関心があった。ギターは表現力が豊饒《ほうじょう》な楽器である。旋律を奏で、和音でリズムを取り、ボディーが太鼓の役割を演じることもある。奏でる音楽の範疇も広く、クラシック、ポピュラー、民謡など多岐に及んでいる。そのようなギターを使って作曲し、その魅力を民衆心理と直結させたのが古賀政男である。

昭和六年の晩秋から一世を風靡した古賀政男のギター曲《酒は涙か溜息か》のプレスをツルレコードが請け負ったことはすでにのべたが、同社はこのようなギター曲を独自に作れないかと考えた。当時、名古屋では、ギター演奏家の中野二郎が精力的な活動をしていた。その中野も古賀政男のギター歌曲とマンドリンオーケストラ演奏による流行歌には高い関心をしめしていた。

ギターが日本に持ち込まれたのは明治時代である。この楽器の近代音楽としての本格的な到来は比留間賢八が明治三十四年、留学を終えてギターとマンドリンを持ち帰ったことに始まる。また、それ以前には平岡熙がギターとバンジョーを持ち帰った記録もある。その後、サルコリがそれまでマンドリンの伴奏程度でしかなかったギターのイメージを変え、大正期に入り、武井守成がギター独奏の研鑽に励んだ。そして、昭和に入ると、日本のギター界は一層活気づき、独奏は勿論のこと、ギター曲の作曲にも意欲を見せる日本人ギター演奏家も登場するようになったのである。中野二郎もその一人だった。

中野二郎は明治三十五年四月十日、現在の瀬戸市に生まれた。古賀政男より二歳上である。愛知県工業学校図案科を卒業後、名古屋高等工業学校建築科へ進学するが、マンドリン・ギターへの志を捨てがたく退学して音楽の途に入った。大正十五年七月、池上冨久一郎による日本人初のギター独奏会に続いて、ギター独奏会を催した。その精力的な活動は、昭和四年、日本ギター界に衝撃をもたらしたアンドレス・セゴビアの来日以後ますます旺盛となり、名古屋を中心に中野二郎の名声は高まっていた。

ジャズが鳴り響き、レコード歌謡は日進月歩の勢いである。昭和六年の晩秋、ギター・ヴァイオリン・チェロ伴奏にのせた《酒は涙か溜息か》（高橋掬太郎・作詞／古賀政男・作曲）が日本国内で流行り出した。中野にとって、歌手、作曲者とも初めて聞く名前である。中野らマンドリン、ギターの愛好者たちは、名古屋のカフェーから流れてくるこのギター曲に耳を奪われた。中野は、古賀のギターのテクニックに驚き、藤山一郎という初めて聞く歌手に奥深い音楽の源を感じた。戦後、中野は愛知県交通安全協会が制定した交通安全ＰＲ《街はほほ笑む》を作曲し、藤山一郎に献呈している。

謎の歌手藤山一郎と古賀のギター曲にカフェーの客は耳を奪われているが、まさかヴァイオリンをあの前田璣（環）が演奏し、チェロは新響の首席演奏者の大村卯七であることを誰も知らない。感傷を奏でるギターの旋律とヴァイオリンの哀愁のこもる響き、重厚なチェロの低音は、漆喰の土間に置かれた蓄音器に集まっている連中を釘づけにしてしまったのである。

昭和六年十二月新譜で発売された《窓に凭れて》（島田芳文・作詞／古賀政男・作曲）は、ギターの詩人古賀政男の真髄を伝える歌曲だった。藤山一郎の声量豊かなレジェロなテナーの歌唱で知られるA面の《丘を越えて》は、マンドリンオーケストラ演奏によって軽快な青春をモチーフにしている。それに対して《窓に凭れて》は、ギター感傷曲として乙女の哀しい心情をテーマにしていた。声楽家関種子はオペラ調で張り上げぎみの声だが、G音の高音を良くこなしている。

《窓に凭れて》は、新興映画『姉』で傷心の姉が窓から哀しく空を見上げるシーンで使われた。旋律を日本固有の都節（陰音階）にしても、ギターの西洋音楽を通じてリズムに工夫を加え、外国調に変化させることで自由恋愛を享受するインテリ層の心を捉えた。殊に古賀の場合はハバネラタンゴとワルツのリズムの工夫に定評があり、これによってマイナーコードの五音音階による旋律の過度な艶歌調の哀調が退嬰的になることを回避している。ある程度洋風に感じられるところに古賀政男の新鮮さがあったといえよう。

昭和六年から七年にかけて古賀政男が登場し、そのギター曲が一世を風靡していた頃、中野二郎が作曲したクラシックのギター作品はつぎの通りである。

〈昭和六年〉

《野道》《舞踊のリズム》《五月雨るる日の憂欝》《幼稚園にて》《春のおまつり》《残れる一匹の蚊》《毬つき遊び》《巡礼の唄》《明滅する広告塔》《踊る孑孑（ぼうふら）》《暮るる一と刻》《静かに揺らぐ月影》《線香花火》《静寂》《亡友》《樹蔭》《小川のひとり》

〈昭和七年〉

《野火》《美しき凝視》《夏帽子を被って》《アリラン変奏曲》《練習曲》《秋の感傷》

このように精力的にクラシックギターの自作品を作曲した中野には、ある一つの野心があった。それは、フランシスコ・タレガ（タルレガ）の作品をさらに一層研鑽し、古賀政男のように一世を風靡するギター歌曲を創作することである。古賀は、中山晋平が西洋音楽の技法で日本人の俗謡に眠る情緒を旋律化した手法を踏襲し、さらに外国リズム（ワルツ、ハバネラタンゴ）を加味し旋律に変化をあたえた。それは斬新な手法だった。

中野はクラシックギターを研鑽した自負があり、古賀政男を凌ぐ流行歌の創作に意欲を見せていた。そこへ、ニットーからやってきた文芸部長の筒井二郎が、古賀政男のギター、マンドリンを凌ぐレコードをツルレコードのスタジオから生み出すために、中野に作曲を依頼したのである。だが、クラシックの世界にいる中野二郎は中山晋平から古賀政男の登場によってレコード歌謡が急速に進歩していることをよく知らなかった。

中野の流行歌に対する認識は、俗謡・流行り唄の域を抜けておらず、路地裏で唄う演歌師の書生節レコードでしかその世界を知らなかった。世界的なオペラ歌手藤原義江、ジャズ・ソングの二村定一、晋平節を世に広めた佐藤千夜子、徳山璉、四家文子、関種子らの声楽家の流行歌への進出、あの東京音楽学校の秀才増永丈夫が藤山一郎の名で歌い世に広まった古賀メロディーの隆盛など、洋楽の響きが流行歌の世界において席捲していることが理解できていなかった。もはや、日本の流行歌は、唱歌、日本歌曲の系譜で創作された楽曲であり、俗謡・流行り唄の流れを受けた街頭演歌師の書生節の時代ではなかったのだ。

中野は、演奏家でありながら膨大な楽譜を蒐集し、その研究に余念がなく、自ら「楽譜が音楽の師」と言い切るほどその音楽探求は凄まじいものであった。だが、流行歌において、外国のリズムを使って日本的な情緒に変化を持たせる手法が主流になった時代、純クラシックのギター音楽では大衆の心を捉え一世を風靡する曲を創作することは厳しかった。近代詩壇の詩人の詩想、クラシック、ジャズのメソッドによる作曲家の楽想、歌唱力と美声を要求される洋楽演奏家の歌唱、それらが調和し形成される流行歌の世界は甘くなかった。

プロの洗礼

中野はツルレコードで最初から作曲を担当していたわけではなかった。流行歌のギター伴奏とマンドリン演奏で悪戦苦闘する日々を送っていたのだ。中野は、ツルレコードのスタジオに入るとすぐに楽譜が配られ、初見で吹込みに入ることに戸惑った。なぜなら、そこには音楽芸術の精神性を求めるという音楽追求の姿勢がなかったからである。クラシックの演奏の場合、まず楽譜の解釈から始まる。そして、練習を繰り返し、練り上げ、音楽の芸術性を追求し、その境地に到達してから本番のステージを迎えるのである。聴衆との一体感に心地よい音楽美を感じることに価値があるといえる。

舞台は芸術発表の場だから神聖である。ところが、商業音楽である流行歌の吹込みはクラシック音楽の世界とは異なり、あくまでも初見本番勝負による優れた技巧・技術が求められた。軽《かる》業師《わざし》的な要素が必要であり、瞬時の楽譜の解釈と演奏構成の構築という即興性が勝負なのだ。今までの音楽経験では理解できないセンスが要求されることに中野は戸惑った。演奏が拙《つたな》いと、他の楽士から厳しい眼が中野に向けられる。しかも、楽曲の演奏時間が長すぎて録音に収まらない場合は、楽譜のカット、進行の変更がその場で行われる。慣れない中野は進行を間違えることがしばしばあり、そこでも顰蹙《ひんしゅく》を買い、恥ずかしさよりも、屈辱感から感情が高ぶり、顔が真っ赤になる思いをした。一発録音の時代だから、演奏のミスは許されなかったのである。そして、一曲吹込みが終わると譜面が次から次へと手元に届き、新たな楽曲が初見演奏で吹込まれる。

冷や汗をかきながら吹込みが終わると中野は帰り支度をしてスタジオを後にする。だが、他のバンドマンの中には、大阪や東京へレコード吹込み、ダンスホール、カフェーの仕事、アトラクションの演奏など、様々な仕事で、名古屋発の大阪と東京行の最終列車に乗り込む者もいたのである。

東京のメジャーレーベルを本拠地にしている歌手、作曲家らは変名を使って、吹込みに来る。江口夜詩、大村能章らの顔も見られた。演奏家や楽士も東京から大阪のマイナーレーベルの吹込み途中、名古屋のツルレコードで一稼ぎしていく。大阪からも、東上するついでに名古屋で途中下車しツルレコードのスタジオにやって来た。彼らは演奏の腕には自信がある。新響あたりでも腕を振うクラシックのお忍びの演奏家や百戦練磨のジャズメン、多くの場数を踏んできた映画館楽士上がりのバンドマンなど多士済々だった。ダンスホール、カフェー、レコード吹込みと豊富な演奏経験で培った技術は半端なものではなかった。後に日本の楽壇や軽音楽の分野で名を成した連中もいたので、これに地元の名古屋交響楽団のトップレベルが加わると凄いメンバーになることもあった。クラシックを真摯に追求する中野はこのような環境で必死に食らいつくように演奏したのである。

不本意な結果

ギター演奏がレコード歌謡において主奏楽器になる頃、中野二郎は昭和七年十月新譜の《夢に抱かれて》(中野二郎・作曲)を作曲し流行歌の作曲家としてデビューした。翌月には中野二郎の編曲による《野茨の唄》(水島千秋・作詞/近藤十九二・作曲)が古山静夫の歌で発売され、さらに十二月新譜でクリスマスソングの《想い出のクリスマス》(中野二郎・作曲)が発売された。だが、中野がデビューしてまもなく、古賀政男以外の作曲家によるギター伴奏によるヒット曲が生まれた。

昭和七年晩秋、ポリドールから《忘られぬ花》（西岡水朗・作詞／江口夜詩・作曲）が発売された。《忘られぬ花》のギター演奏は古賀政男の後輩・竹岡信幸である。ポリドールにおける江口作品のほとんどは竹岡によるものである。そのギターテクニックの名声はメジャーレーベルだけでなく、マイナーレコード界でも轟いていた。また、ギター奏者としてレコード吹込みの仕事をこなす一方で、変名を使い数々のマイナーレコードで作曲もしていた。

竹岡の楽想は抒情性に溢れ、洗練された色彩感のある美文調を思わせる美しい旋律という特徴がある。また、東西の異国情緒を感じさせる曲も数多い。これは明大の先輩古賀政男、江口夜詩の楽想にはないものであった。竹岡はキングでは東海林太郎、松平不二男（松平晃の変名）らに楽曲を提供し、《城ヶ島夜曲》《椿咲く島》などのヒットがある。ポリドールでは東海林太郎の出世作《赤城の子守唄》を大ヒットさせ、竹岡はヒットメーカーの地位を確立していった。

翌八年、中野は精力的に流行歌を作曲した。《醒めて泣くより》（松村又一・作詞／中野二郎・作曲）《窓に倚りて》（歌島花水・作詞／中野二郎・作曲）《黄昏に》（大和麦二・作詞／中野二郎・作曲）が発売されたのだ。そして、中野は《ギターを弾けば》（中野二郎・作曲）という念願のギター歌曲を作曲した。だが、まったくヒットしなかった。また、昭和八年七月新譜で発売された《恋をしようなら》（宇目田虚史・作詞／中野二郎・作曲）《酒場に捨てる恋ごころ》（本庄清・作詞／中野二郎・作曲）はエロ歌謡の範疇に入るものであり、会社の意向とはいえ中野にとって納得できるものではなかった。

同年、中野二郎は自作品の傑作ともいえる《六つの即興的小品》を作曲した。このギター独奏曲は、中野が日本人の手によるギター曲の創造に全力を傾けた所産である。これがしめすように中野はクラシックギターに拘《こだわ》っていた。そのため複雑な感情を解消できないままに作曲し、ヒットを出せずに終わったのである。

中野はヒットの鉱脈を探し当てることができず、その後、作曲に苦しんだ。刹那的な快楽の享受が求められる流行歌とはいえ、西洋音楽の技法がその根底にあり、どうしても和洋折衷のバランスが必要だった。純クラシックに固執していては民衆心理からは離れてしまい、ヒットは難しかった。やはり、いくら西洋の音楽形式を踏まえていても、流行歌には俗謡に眠る心情が楽曲の根底になければならないのである。

流行歌は、クラシック・ジャズのメソッドで作られた歌曲の系譜を継ぐ楽曲から、明治・大正時代からの俗謡・流行り唄の系譜を継ぐ艶歌調のそれが同時に存在し、幅が広い。流行歌の演奏にギターが奏でられることは、「三味線の西洋化」の成功となると考えられていたが、一つ一つの深奥を追求するクラシックギターの芸術という方向性とは異なり、たとえ、ギター演奏の対象が俗謡・流行り唄である三味線俗謡ではなく、小唄、端唄、長唄などの三味線芸術歌謡であったとしても、ギターが三味線の西洋化となること自体が、精神性を追求するクラシックのギター芸術から遠くなってしまう。ヒットさせたいと願う感情と芸術追求の葛藤は中野にとって深刻な問題であった。

結局、中野は、マンドリンも含めてギターの音楽芸術の途を選択した。昭和二十年、ＮＨＫ

名古屋放送管弦楽団の専属指揮者に迎えられる。そして、同二十九年、イタリア・ギター協会主催の国際ギター作曲コンクールに入賞し、中野二郎のギター音楽の真髄である純日本風の作品に込められたロマンティシズムが評価されたのである。

エピローグ――ツルレコードの栄光と挫折

ツルレコードは、帝都東京と民都大阪の中間に位置し、中部地方にレコード業界の一大勢力圏を構築した。邦楽中心からジャズ・ソング、流行歌へとジャンルを拡大し、ピアノ四重奏などのクラシック分野にも発売点数を出していた。若き日の高木東六も黒田進の縁でツルレコードのスタジオにやってきてピアノ伴奏者として吹込んでいる。昭和五年二月新譜で発売された藤井清水作曲の《天桂寺の一本橋》《紡車》がそうである。高木は藤本政子のピアノ伴奏を務めている。東京のメジャーレーベル、コロムビア、ビクターの二大外資系レコード会社のヒット競争に昭和九年から始まった東海林太郎ブームのポリドール、古賀政男を迎えたテイチク（昭和九年五月、東京文芸部が発足し本格的東京進出）という新興勢力が参入し、各社のヒット競争が激しく展開した。昭和十年代に入ると、ツルレコードは苦戦を強いられるようになる。

ツルレコードは、東京のメジャーレーベルが大ヒットを放つと、プレスを請け負い中部・西日本方面の問屋に直送した。例えば、藤山一郎が歌った《酒は涙か溜息か》（昭和六年）、小唄勝太郎が歌った《島の娘》（昭和八年）などはツルレコードがプレスを請け負ったことで知られている。それ以来、ツルレコードは大手メジャーレーベルのプレスの請負を積極的に行い、そこに利益を求める構造が出来上がった。

このようなプレス請負の利益は莫大なものだった。そこでツルレコードは、製造工場を持たない各地のレコード企画会社の製造委託を積極的に受け入れた。メジャーレーベルの大衆黒盤が一円五十銭に対して、マイナーレーベルのツルレコードはその半分の七十銭から九十銭。この差額を埋めるために「賃プレス」を積極的に展開したのである。

ツルレコードの再発売や受託販売のためのレーベル数は膨大だった。エヂソン、センター、サービス、スワン、八千代、コンパル、ミカド、クラウン、琉球ツル、アカツキ、コースンといったレーベルが散見する。また、このような受託盤に加え、ツルレコードは自社のツル印以外にアサヒ、サロン、スメラ、サンデー、シスター、エンゼル、タイガー、アヅマ、ルモンド、東邦など膨大なレーベル数を誇っていた。さらに加えて自社のレーベルなのか受託盤のレーベルなのか区別ができないものもあり、鶴標、声明、月虎、栄利など、対外向けの中国語盤まで存在したのである。

ツルレコードは大手メジャーレーベルのプレス請負やこの受託販売、再発売によって一時的に利益を上げたが、これがレコード会社の本来の姿である企画新譜発売を軽視することになり、自社企画の行き詰まりをもたらしてしまった。松竹、日活の映画主題歌の企画も行ったが、ヒットの鉱脈には程遠かった。しかも昭和十一年に入ると、マイナーレーベルのニットー（すでに東京進出）とタイヘイが合併し、それがツルレコードを慌てさせた。このようなレコード会社の東京一極集中に対して、名古屋を中心に中部地方で孤軍奮闘するツルレコードは厳しい状況を迎えなければならなかった。

昭和十一年から、ツルレコードは状況を打開するために本格的に立て直しを図った。メインレーベルを「アサヒ」に変更し、新たに企画した洋楽専門レーベルの「センター」との二本立てで再スタートを切った。これによってツル印はメインレーベルの役割を終えるが、旧ツル印時代のレコードはアサヒレーベルになってもそのままのレーベル名で発売されていた経緯もあり、「アサヒ蓄音器商会」＝ツルレコードという認識はその歴史の終焉を迎えるまで終始一貫して変わることがなかったのである。センターレーベルでは、名古屋交響楽団のメンバーも入れた「センター・ダンス・オーケストラ」の演奏によるタンゴ、ハワイアンを主体にしたダンスレコードを発売した。そして、アサヒレーベルでは、「あきれたぼういず」が「愉快なリズムボーイズ」となってユニークな「ポピュラー音楽漫芸」の吹込みを行った。

新たな体制で再建をしたツルレコードだったが、社の命運を決める岐路を迎えることになった。それは中国との武力衝突に端を発した日中戦争の拡大である。当初、コロムビア、ビクター、ポリドールなどは、外資系ということもあり、軍国歌謡に力を入れなかった。その間隙を衝いて、ツルレコードは社の命運をかけて軍国歌謡をアサヒレーベルで発売し気を吐くが、やがて、大手メジャーレーベルが進出してくると厳しい局面を迎えることになった。大手は陸海軍省の後援を得て新聞社、放送局などのメディアと提携し本格的に参入してきたのだ。こうなるとツルレコードのアサヒレーベルは劣勢におかれることは必至だった。

ツルレコードは体制の立て直しを図りながらも、製造工場をもたない家内工業レベルのレコード会社から委託製造・販売を受ける「賃プレス」が利益の中心であることには変わりがなかった。それに利益を求めずに、ジャズ系ポピュラーソングや映画主題歌隆盛の時代の純流行歌の製作に力を注いでいればと思われるが、人材と資本力から見て、時局歌の要素が濃い軍歌・

軍国歌謡の企画・製作がツルレコードにおいては精一杯の戦いだった。

昭和十三年、コロムビアの映画主題歌黄金時代が始まる。作詞家、作曲家、歌手の大物は東京のメジャーレーベルの専属であり、その地位が確立すると、変名を使ってツルレコードなどのマイナーレーベルで吹込むことができなくなっていた。「あきれたぼういず」もツルレコードとビクターの吹込みを並行して行っていたが、やがて、大手メジャーのビクターがホームグラウンドになってしまった。

これ以後、昭和流行歌はコロムビア、ビクターなどの大手メジャーレーベルを中心に華やかな黄金時代を演じたが、ツルレコードは衰退と終焉への途を辿ることになる。昭和十四年一月十六日、ツルレコードはその建物・機械一切、「金壺ゴム株式会社」（後に「東洋合成化工株式会社」と改称）へ売却し、同年七月十一日（森本敏克編『レコードの一世紀・年表』では八月十一日とある）、ツルレコードの株式の過半数を大阪の中西万次郎（保次郎）他七名に譲渡し、ここにモダン名古屋を彩った「アサヒ蓄音器商会」の同地における経営実態の歴史が終焉するのである。

中西商会は大阪市南区末吉橋通り三―一に発行所を持ち、国歌レコード株式会社、昭蓄（ショーチク）レコード製作所、そしてアサヒ蓄音器商会（ツルレコード）にプレスを発注した。これによって、センター盤は本来の洋楽専門の本質を失い、ポリドールの廉価盤のコロナレコード、旧ツル印盤、関西奈良時代の旧テイチク盤、大阪の国歌（コッカレコード）、東京のトンボ印の旧盤を再発売した。このような他社原盤のプレス製造や旧ツルレコード、センターレコードの再盤の発売が中心となり、自社の独自の新譜発売は全く機能することがなかった。昭和十五年に入ると、ツルレコードは完全にレコード製作事業を停止してしまったのである。

一方、昭和十五年の日本の流行歌は、伊藤久男の悲愴感と叙情溢れる熱唱によってヒット曲となった《暁に祈る》（野村俊夫・作詞／古関裕而・作曲）など、軍国歌謡の傑作が次々と生まれた。しかし、この年は松竹、東宝と提携したコロムビアの映画音楽全盛時代でもあり、軍国歌謡の嵐を吹き飛ばすかのような勢いだった。昭和十五年一月新譜で東宝映画『白蘭の歌』の主題歌《白蘭の歌》（久米正雄・作詞／竹岡信幸・作曲）《いとしあの星》（サトウ・ハチロー・作詞／服部良一・作曲）を皮切りにコロムビアから次々とヒット曲が生まれ、同社は第三期黄金時代を迎えた古賀政男と服部良一を中心に展開した。映画『支那の夜』の主題歌《蘇州夜曲》は、作曲者の服部良一がわざわざ現地に赴いて蘇州や杭州の美しい風景を堪能しながら作曲した。渡辺はま子が歌唱において甘美な美しさを保ちながら、甘い歌声に定評のある霧島昇と共に水の蘇州の光景を歌った。また、服部メロディーはブルース歌謡においても高峰三枝子の歌で《湖畔の宿》（佐藤惣之助・作詞／服部良一・作曲）をヒットさせている。

第三期黄金時代を迎えた古賀メロディーでは、故郷への哀愁を歌った《誰か故郷を想わざる》（西條八十・作詞／古賀政男・作曲）、藤山一郎と二葉あき子が爽やかに歌唱する東宝映画の主題歌《なつかしの歌声》（西條八十・作詞／古賀政男・作曲）、小島政二郎の小説を映画にした東宝映画『新妻鏡』の主題歌《新妻鏡》（佐藤惣之助・作詞／古賀政男・作曲）《目ン無い千鳥》（サトウ・ハチロー・作詞／古賀政男・作曲）などがヒットした。

このようにコロムビアの映画主題歌は娯楽要素の強い作品性と相俟《ま》って愛唱され、ヒットが続いたが、ビクターも映画主題歌でヒット曲を発売した。『秀子の応援団長』の主題歌《燦めく星座》(佐伯孝夫・作詞／佐々木俊一・作曲)が大ヒットし、灰田勝彦が全国的な人気を博した。また、ビクターは前年発売された由利あけみが歌う《長崎物語》(梅木三郎・作詞／佐々木俊一・作曲)が売れ始め、さらに甘い仄かな夢を感じさせる《森の小径》(佐伯孝夫・作詞／灰田晴彦・作曲)のヒットによって、灰田はビクターの看板歌手となり、青春歌手としての声価も得た。昭和十五年の一年をとれば、最も人気のあった歌手はビクター専属の灰田勝彦だった。

昭和十五年、ツルレコードは新譜製作を終えたとはいえ、アサヒ蓄音器商会の経営権を握った中西商会が僅かに個人吹込みや他社原盤のプレスをしていた。純流行歌の新譜はほとんど見ることがなかった。このように他社の原盤をプレスすることにより、細々と利益を得ていたと思われるが、昭和十五年をもって、中西商会は個人吹込みや他社の原盤プレスも含めて完全に操業を停止したのである。

昭和十六年、ツルレコードも奮闘した日本のジャズエイジが頂点に達した年である。ダンスホール(昭和十五年十月三十一日一斉禁止)での演奏は消滅したが、劇場や映画館での実演にその場が移った。「軽音楽大会」という名称に変わり、映画一本と音楽演奏という形態になったのである。

昭和十六年十二月八日、日本は、マレー半島に上陸しハワイの真珠湾を奇襲攻撃することによって、大東亜戦争ともいわれた太平洋戦争に突入した。日米の戦況が激しくなると、レコード会社も戦争の圧迫を受けるようになった。昭和十七年八月、敵国の文字である「コロムビア」

の称号を使用することは憚《はばか》られ、翌年五月「日蓄（ニッチク）」と改称することになった。同じようにビクターは「勝鬨」、ポリドールは、「大東亜」、テイチクは、「帝蓄」と次々と改称していった。

昭和十八年一月十三日、ジャズなどの英米楽曲約一千種の演奏が禁止になった。これによって、ジャズ到来以来の日本の軽音楽の歴史が終焉した。そして、戦争の激しさが増すなか、ツルレコードも完全な終焉を迎えることになった。

昭和十八年八月十九日、アサヒ蓄音器商会はアサヒ合成工業株式会社に社名が変更された。これをもって、モダン名古屋の光と翳を音にしたツルレコードはレコード会社としての幕を下ろし、完全に消滅したのである。

かつて、ツルレコードと言われたアサヒ蓄音器商会が存在した名古屋市東区東大曽根町は、現在、周辺の様子もすっかり変わり、大型マンションが立ち並びかつての面影は無い。その昔、市電を降りると「ツル印レコード」と書かれた高い煙突が見えたそうだが、日本最初に電気吹込みを成功させたツルレコードの往時の姿は全く無く、その事跡は歴史のかなたへと消えていったかのようである。しかし、レコード盤に記録された音は永遠であり、復刻された音源が、モダン名古屋を彩ったツルレコードの、栄光と挫折の歴史を今に伝えてくれるのである。

ツルレコード拾遺

明治時代、日本人が演奏、演唱した邦楽レコード（平円盤）は外国からの輸入品だった。英国グラモフォンの録音技師、ガイスバーク（グ）は、明治三十六年一月から三月まで日本に滞在し、雅楽、謡曲、三曲、長唄、常磐津、清元、義太夫、浪曲・小唄などを録音した（岡俊雄『レコードの世界史』参照）。そして、これらの原盤は海を渡り、プレスされレコードとなって日本へ輸出された。このガイスバーク（グ）の出張録音からも分かるように外国レコード産業は明治時代からレコードおよび蓄音器を日本に売り出す準備工作に入っており、日本を重要市場としてすでに認識していたのである。

明治四十三年、日本蓄音器商会が成立し、レコードの国産化が始まるとつぎつぎとレコード会社が設立され、数多くの邦楽レコードが吹込まれ発売された。大正十四年に設立したアサヒ蓄音器商会（ツルレコード）も本文においてのべたように、浪曲、浪花節、浄瑠璃、義太夫、端唄・小唄、薩摩琵琶、筑前琵琶、尺八、箏曲など多岐に渡って、邦楽レコードを企画・製作し発売した。

ツルレコードから発売された浪曲、浪花節レコードには、戦後浪曲歌謡でスターになった村田英雄の師、酒井雲の《赤垣源蔵（1）（2）（3）（4）》《小猿七之助》《南部坂》、哀切溢れる語りと美声で浪曲界において一斉を風靡した壽々木米若の《吉原百人斬》《ねずみ小僧》《天野屋利兵衛》《神崎東下り》《乃木将軍と孝行兵士》《幾松と桂小五郎》《一心太助》《岡野金右衛門》

《吉田御殿》、女流浪曲師の春野百合子の《恋の柳川（1）（2）（3）（4）》《岡野金右衛門（1）（2）（3）（4）》などがあり、好評だった。

これらの浪曲、浪花節と並び人気があったのが、端唄・小唄レコードである。ツルレコードはその分野においても元々発売点数が多く、山村豊子をはじめ、友恵席菊榮、大和家杵子、堀江それ、明石倹みき光らの吹込みが大正後期から昭和初期にかけて散見する。

端唄・小唄は昭和流行歌新時代において日本調歌謡として確立した。それは藤本二三吉（葭町二三吉）が美声と練達した歌唱技能で一世を風靡したことに始まる。その藤本二三吉が「よし町二三吉」の変名を使用し、《都々逸》《秋の夜》《鴨緑江節》《夕暮れ》《二上がり新内》などをツルレコードで吹込んでいた。藤本二三吉にとってツルレコードは修練時代だったといえよう。

ツルレコードは民謡レコードも豊富である。《佐渡おけさ》《串本節》《江州節》などの民謡も数多く発売されている。その中でも《安来節》レコードの発売点数が非常に多い。《出雲節》を原調とする《安来節》の人気は大正十一年六月、大和家三姉妹が根岸興行の招きによって上京し、浅草常盤座で公演し脚光を浴びたことに始まる。名古屋でも大須観音東側の映画館、劇場、演芸場で《安来節》が盛んに歌われ人気を博し、出雲福奴、木山鶴子、出雲芳子、足本小糸、東一天らが《安来節》をツルレコードで吹込んだ。また、民謡といえば、昭和八年の《東京音頭》（西條八十・作詞／中山晋平・作曲）の歌唱者の一人である三島一声もツルレコードで吹込んでいた。三島は《東京音頭》において人気絶頂の小唄勝太郎と共演しビクターの民謡歌手と声価を得たが、それまでのツルレコード時代が彼の修練時代だったのである。

詩吟は琵琶演奏者に好まれ、琵琶曲のなかにもしばしば挿入された。琵琶は中東のペルシア、トルコの周辺を起源とするウードを源流とする。そのウードがヨーロッパに伝わりリュートとなり、一方、東へシルクロードを経由し、中国で琵琶に形を変え、奈良時代に日本にもたらされた。そして、薩摩琵琶、筑前琵琶などに分化し哀調のある余韻の響きを奏でる楽器として今に伝わっている。ツルレコードからは、薩摩琵琶詩吟の名曲で知られる《本能寺》が榎本芝水によって吹込まれた。榎本芝水は高名な永田錦心の門下で錦心流薩摩琵琶の名人として名高い。また、昭和八年八月新譜発売の《橘大隊長》（榎本芝水・演奏／吉水經和・作）も好評だった。《橘大隊長》の作者である吉水經和は《川中島》の作でも知られ、薩摩琵琶の演奏家としても「吉水錦翁」の名で活躍した。また、他の薩摩琵琶レコードは西郷天風、谷歌水、錦堅城らの演奏による《白虎隊》《小督の局》などがツルレコードから発売されている。

詩吟レコードの演奏には薩摩琵琶の他に筑前琵琶も使用されている。ツルレコードの筑前琵琶レコードは、川原旭鳳の四枚続きの《橘中佐》や《石童丸》《乃木将軍》《山科の別れ》などをはじめ、中野旭照、濱口旭尊、久國菊子、益満旭錦らの演奏レコードが発売された。

ツルレコードの邦楽楽器では、尺八も人気レコードの一つである。山村豊子の伴奏に尺八の名人、加藤溪水の尺八演奏が入ることが多かった。尺八は元々虚無僧の法器で、明治四年の普化宗廃止後、一般の手に渡るようになり楽器としてその地位を得るようになった。奏者の息が全身全霊の音と化すところに楽器の音色の特徴がある。ツルレコードでは加藤溪水の尺八演奏と山村豊子の歌唱による《御詠歌》が吹込まれており、楽曲については巻末のディスコグラフィーを参照して頂きたい。

ツルレコードは旧吹込み時代の後半から昭和の電気吹込みの時代にかけて、落語、漫才レコードを発売した。それらのレコードを列挙すればつぎのとおりである。

三遊亭円歌《芝居噺七段目（上・下）》《せっけん（上・下）》《角兵衛の結婚（上・下）》、桂円枝《慾の熊鷹（上・下）》笑福亭枝鶴《崇徳院（二枚組）》《おしゃか様（上・下）》《伏見人形（上・下）》《須磨名所（上・下）》《兵庫の浜（上・下）》《仏師屋盗人（上・下）》《婚礼違い（上・下）》《ぶしょう者（上・下）》《鱶の魅入（上・下）》《長寿（上・下）》《千両のとみ（上・下）》《芝居噺偽浦島（上・下）》、橘家勝太郎《銚子のかわりめ（上・下）》《高砂や（上・下）》柳家金語楼《兵隊（上・下）》《イエス（上・下）》《女車（上・下）》《無学者（上・下）》、春雨家電蔵《堀の内詣で（上・下）》《七福神宝船（上・下）》、橘円都《あんま御苦労（上・下）》《負け相撲（上・下）》《しゃれ医者（上・下）》《太田道灌（上・下）》。

この中で柳家金語楼のレーベルのみが電気吹込みで、昭和二年十一月新譜で発売されている。電気吹込み時代の漫才レコードでは浮世亭捨次、浮世亭出羽助、荒川歌江らの吹込みレコードが人気だった。その中でも、浮世亭捨次と荒川歌江の共演による漫才レコードが中部・関西地方において人気が高く、《しんしん問答（上・下）》《国なまり（上・下）》《旅行》《東雲ぶし》《洋行ばなし》などが五〇〇〇番台の紺レーベルで発売されている。

ツルレコードは日本コロムビア、日本ビクターに先駆けて電気吹込みを成功させ、流行歌、ジャズ・ソングの企画を展開し同社のトレードマークであるツルの如く昭和流行歌の時代へ飛翔した。昭和六年、柳条湖事件を契機とした満洲事変が勃発し、翌年一月第一次上海事変が勃発、三月には満洲国が成立すると、ツルレコードは軍歌、軍国歌謡時代を迎えることになった。だが、昭和七年のレコード歌謡は、前年からの古賀メロディーの隆盛、佐々木俊一、江口夜詩らの台頭によってヒット競争が展開し、ツルレコードは筒井二郎の商魂に溢れた企画にもかかわらず、時局に便乗した多種少量生産の粗製乱造の誹《そし》りを免れることができなかった。とはいえ、満洲事変における陸軍の飛行部隊をテーマした《航空大行進》（小国比沙志・作詞／近藤十九二・作曲）などは、昭和航空歌謡の初期の作品であり、先駆的なものも見られた。また、昭和七年十二月新譜発売の《防空の歌》（水島千秋・作詞／松本四郎・作曲）は、防空意識の高まりをテーマにしたこれも昭和航空歌謡の初期の作品だった。

《防空の歌》の作詞の「水島千秋」は、古賀メロディーのモダンな青春讃歌《丘を越えて》の作詞で知られる島田芳文の変名である。タイヘイ、東京進出以前のテイチクなどでこの変名を使用し、ツルでは中野二郎編曲による《野茨の唄》、モダン銀座をテーマした《銀座しぐれ》などを作詞した。作曲者の松本四郎は明治三十一年一月一日、東京生まれ。本名松本四郎。大正九年、東京音楽学校を卒業し大阪松竹で活躍した。レコード歌謡では「松本四良《しろう》」の名前を使って作曲し、そのレコードデビューは大正十一年四月新譜でニッポノホンから発売された《眠り女神》である。

昭和十二年七月、盧溝橋事件を契機に中国大陸の戦火が拡大すると、アサヒ蓄音器商会はアサヒレーベルで軍国歌謡の製作に乗り出した。当時、大手のコロムビア、ビクターは、外資系という事情から軍国歌謡にはまだ本格的ではなく、純国産レコード会社のアサヒ蓄音器商会は、テイチクと並んでチャンスを掴む絶好の機会を得ようとしていた。しかし、満洲事変当時のような奇抜な企画による新譜発売とはいかず、テイチクに先手を取られてしまったのである。昭和十二年八月二十六日、日活映画『国家総動員』が『銃後の赤誠』に改められ封切られると、その主題歌《軍国の母》（島田磬也・作詞／古賀政男・作曲）が九月新譜で発売された。古賀政男の邦楽的な技巧表現が駆使されたメロディーは哀調に溢れ、テイチクの人気歌手美ち奴がそれを見事に歌い上げ、早くも銃後歌謡として話題となった。さらに盧溝橋事件から数カ月過ぎると、大手メジャーレーベルも新聞社、放送局とタイアップし軍国歌謡の新企画に乗り出すことになったのである。

コロムビアが昭和十二年十月新譜で発売された《露営の歌》（藪内喜一郎・作詞／古関裕而・作曲）で大ヒットを当てると、ビクターも翌十三年に入り、毎日新聞社懸賞募集から生まれた軍国歌謡《日の丸行進曲》を発売した。アサヒ蓄音器商会はこのような大手メジャーの動向に敏感に反応し、時局レコードとして軍国歌謡の売り出しに拍車をかけたが、すでにのべたとおり企画力においてかつてのように機先を制したユニークな奇抜性がみられなかった。《上海陸戦隊の歌》はツルレコードの旧盤である《陸戦隊行進曲》を焼き直したリメイク盤で、B面の《上海陥落祝勝歌》にいたっては明治軍歌の《日本陸軍》の歌詞を替えただけという何ら新規性も面白みもなかったのである。また、昭和十三年発売の《戦場日暮れて》（穂積久・作詞／筒井二郎・作曲）も特徴のない軍国歌謡だった。大久良俊（近江俊郎の変名）が歌った《月下の歩哨》（吉田碌務・作詞／片桐舜・作曲）は、中国華北を舞台にした国境警備の守備兵歌謡として発売された。B面の《弾雨を衝いて》（松本次郎・作詞／丹羽伸策・作曲）は母里欣也（近江俊郎の変名）が歌った《銃をかざして》のリメイク盤である。しかし、このような軍歌、軍国歌謡の時代、アサヒ蓄音器商会はジャズ・ソングを充実させた。

「アサヒレーベル」と「センターレーベル」という二大レーベルを立て刷新をすでに図っていたアサヒ蓄音器商会は、漫才レコードの系譜にジャズを中心とした軽音楽を入れ、「あきれたぼういず」によるミュージカル風漫芸レコードを誕生させた。昭和十三年には、《愛国行進曲》《噫南郷少佐》《戦場日暮れて》《月下の歩哨》《弾雨を衝いて》《戦ひ省みて》《漢口陥落だより》《奪つたぞ！漢口》などの軍歌、軍国歌謡と《ハワイアンブルース》（「ハワイアン・リズム・キング」）《バリバリの浜辺にて》（「ハワイアン・リズム・キング」）《花に浮かれて》（「愉快なリズムボーイズ」）《聴いておくれよ僕の心臓》（「愉快なリズムボーイズ」）《泣き笑ひの人生》（「愉快なリズムボーイズ」）《愉快な仲間》（「愉快なリズムボーイズ」）などのジャズ・ソングが同時期に発売されるという非常にユニークな現象が見られた。だが、その光芒も一瞬の輝きであり、昭和十四年七月、アサヒ蓄音器商会の経営権は中西商会に譲渡されたことは本文に記した通りである。

その後、中西商会からセンターレコードというレーベルが発売されたが、そこに当時の大手メジャーレーベルの大物歌手が吹込みに来ていた。コロムビアの藤山一郎、ビクターの市丸、楠木繁夫（テイチクからビクターに移籍）、由利あけみらが名前を連ねているのだ。これは日本の流行歌の歴史においてほとんど語られることはなかった。

中西商会のセンターレコードはさまざまな他社のレーベルを再発売したが、新譜レコードも発売し、楠木繁夫の《興亜の春》（野村俊夫・作詞／筒井二郎・作曲）が吹込まれた。これは作曲者がツルレコードの文芸部長筒井二郎ということからして、中西商会が使用するスタジオ（タイヘイレコード）で吹込まれたものである。

《興亜の春》の作詞者の野村俊夫は後に軍国歌謡の傑作《暁に祈る》、戦後の古賀メロディーの大ヒット曲《湯の町エレジー》の作詞で知られている。野村が中西商会のセンターレコードで作詞をしていたことは驚きである。しかも、この時期、野村は藤山一郎のコロムビア入社第一回作品《上海夜曲》（野村俊夫・作詞／仁木他喜雄・作曲）で認められコロムビアの専属に迎えられたばかりだった。

テイチク、タイヘイはツルレコードとは人脈も含めて密接な関係があり、殊にタイヘイは、アサヒ蓄音器商会に録音機材提供とスタジオ使用の便宜を図っていた。野村はテイチク、タイヘイでも仕事をしており、アサヒ蓄音器商会から経営権を譲渡された中西商会のセンターレコードと関係を持つ可能性は十分に考えられる。

藤山一郎がセンターレコードで吹込んだと思われる《無敵の荒鷲》のB面の《愛の赤十字》、は由利あけみの歌唱である。由利は東京音楽学校の出身で《お蝶夫人》の鈴木役や《カルメン》で好評を博したアルトの声楽家である。また、歌舞伎座で藤原義江との共演の舞台で好評を博し、由利あけみの妖艶なアルトは官能的でレコード歌謡においても人気があった。昭和十二年、コロムビアからヴァイオリンのソロが生かされた《夜のセレナーデ》を歌いデビューし、テイチクでは、《黒いパイプ》（倉仲住人・作詞／古賀政男・作曲）《愛国六人娘》（佐藤惣之助・作詞／古賀政男・作曲）《花束の夢》（倉仲住人・作詞／古賀政男・作曲）《乙女鶯》（佐藤惣之助・作詞／古賀政男・作曲）などの古賀メロディーを歌い、藤山一郎、ディック・ミネらと共演した。その後、由利あけみはビクターに移り、《熱海ブルース》（佐伯孝夫・作詞／塙六郎・作曲）をヒットさせ、さらに《長崎物語》（梅木三郎・作詞／佐々木俊一・作曲）を吹込み、長崎を舞台にした異国情緒を妖艶に歌い上げ、流行歌界にその名を知らしめたのである。

《誉れの白襷》のB面、《祈る一針》の歌唱者の市丸がセンターレコードで吹込んでいたこともほとんど知られていない。市丸は明治三十九年七月十六日、長野県松本市の生まれ。本名後藤満津枝、十九歳の時、上京し浅草で芸の修行に打ち込み、清元、長唄の名人になった。その後、昭和六年三月新譜でビクターから発売された《花嫁東京》を歌い歌謡界に登場した。また、同年の《茶切節》も広く流行した。昭和八年、《濡れつばめ（お小夜恋慕の歌）》と《天竜下れば（しぶきに散る恋）》がヒットした。《天竜下れば》は長田幹彦が《伊那節》を元に作詞し、《龍峡小唄》が郷土色の強い民謡として歌われたことに対して、この《天竜下れば》は、流行歌（映画主題歌）として全国に広まった。市丸には理知的美人の印象があり、《島の娘》で一世を風靡した小唄勝太郎が「情の勝太郎」といわれたことに対して、市丸は、「知（智）の市丸」と評され、日本調歌謡の芸者歌手・鶯歌手ではこの二人は双璧であった。

さて、ツルレコード昭和流行歌物語の黎明を彩ったテナー歌手の黒田進（楠木繁夫）だが、楠木繁夫として大成し藤山一郎、東海林太郎ともに戦前昭和流行歌の御三家と称された。だが、その全盛期は短く悲劇的な末路を辿った。

　昭和二十四年、楠木繁夫が久保幸江と共演し吹込んだお座敷歌謡の古賀メロディー《トンコ節》が発売された。だが、この《トンコ節》は全くヒットしなかった。ところが、朝鮮特需を迎えると皮肉なことに、《トンコ節》が好景気に乗って売れ始めた（すでに楠木はテイチクへ移籍）。コロムビアは新たに楠木から加藤雅夫に歌手を変更し、久保幸江と共演させ再吹込みし、これが燎原の火の如く流行し、大ヒットになった。もし、楠木がテイチクへ復帰せず、楠木盤で《トンコ節》が大ヒットしていれば、お座敷歌謡とはいえ、戦後の大ヒットに恵まれることになり、楠木の人生も大分違っていたと思われる。

　楠木がコロムビアを去った年、鳥取春陽の遺児である山田陽子が大村能章に付き添われて同社に入社して来た。山田陽子の母、山田貞子は鳥取春陽の内縁の妻で、ツルレコードの歌手でもあった。楠木繁夫と山田貞子は昭和四年以来の付き合いである。岩手県宮古市の玄翁館には山田貞子の手記が所蔵され、ツルレコードのスタジオで鳥取春陽を介し黒田進と出会う場面が書かれている。筆者がツルレコード（アサヒ蓄音器商会）の存在を知ったのもこの手記からだった。

　山田は鳥取春陽の《思い直して頂戴な》のオリジナル歌手とはいえ、歌手としての実績はほとんどなく無名である。だが、鳥取春陽、塚本篤夫、西川林之助、畑喜代司、松崎ただし（質）らツル人脈と深い関わりがあり、その人脈はテイチク、タイヘイ、さらに、大村能章との内縁関係によってキングレコードにまで及んでいた。

　山田貞子は鳥取春陽の死後、膨大な彼の未発表の楽譜を所有し、創作に行き詰まったタイへイ、テイチク、キング、ポリドールなどの作曲家たちに楽譜を提供した。この鳥取春陽の楽譜の恩恵に与った作曲家が少なからずいたことは慥《たしか》である。だが、鳥取春陽の楽譜は不完全な楽曲もあった。楽譜を見た作曲家たちがそれからインスピレーションを受け、あるいは編曲を施し世に送り出したという点においては、彼らの立派なオリジナル作品といえる。

楠木繁夫は心機一転、コロムビアから古巣のテイチクに移籍するが、彼の歌声が甦ることはなかった。ツルレコードの昭和流行歌の黎明を支え、流行り唄の底に流れる庶民の呻き声を唄い、昭和モダニズムの時代にレコード歌謡といわれた流行歌の世界で一花咲かせたにもかかわらず、楠木は悲劇的な人生の幕引きを迎えることになったのである。

昭和三十一年の暮れ、楠木繁夫は、自ら命を絶った。正確な日付は十二月十四日午後九時、新宿区西大久保三丁目の自宅の物置でのことだった。自殺に使った三メートルの紐は前日、近くの雑貨屋で購入したもので、自殺前にグレーの背広、フラノのズボン姿に、ラバーソールの靴に履き替えた楠木の行動は不可解であり、この用意周到な計画性に彼の数奇な人生と悲運が象徴され、ツルレコード昭和流行歌物語の郷愁と哀愁に重なるのである。

今回の『ツルレコード　昭和流行歌物語』においては樹林舎の野村明紘氏には大変お世話になった。その歴史を紐解く機会を与えてくれたことは幸甚であり、感謝の言葉を述べたい。巻末のディスコグラフィーについては『戦前・戦中編昭和流行歌総覧』の編者として知られる加藤正義氏に大変お世話になった。感謝を申し上げる次第である。ツル印の琉球レコードに関しては、十数年前、名古屋市立大学人文社会学部の阪井芳貴氏より、「大正末から昭和初期の『琉球レコード盤』の出自を求めて」（渡久地政司・編著）のコピー冊子を提供して頂いたことがあった。この時点で、まさかツルレコードの歴史を書くとは夢にもおもわなかった。貴重なデータを得ることができ、非常に助かった。改めて感謝の意を述べたい。

新譜年月	タイトル	歌唱・演唱・演者	作詞	作曲	レコード番号	演奏	備考
S. ー. ー	琉球音楽　花風節	多嘉良カナ子	ー	ー	盛特195		
S. ー. ー	琉球音楽　ムンズル節／芋ヌ葉節	多嘉良カナ子	ー	ー	盛特197		
S. ー. ー	琉球音楽　踊り天川節	多嘉良カナ子	ー	ー	盛特198		
S. ー. ー	百性口説	ー	ー	ー	特199		
S. ー. ー	カワラヤ節／ショガイナイ節	ー	ー	ー	特200		
S. ー. ー	踊り松竹梅（其一）揚作田節／東里節	多嘉良兼兄	ー	ー	盛特201		
S. ー. ー	踊り松竹梅（其二）　赤田尾類小風節／夜雨節／浮島節	多嘉良兼兄／多嘉良カナ子／詞・／・	ー	ー	盛特202		
S. ー. ー	沖縄民謡　白保節	玉城盛義／嘉平（手）内良芳	ー	ー	特205		
S. ー. ー	喜劇　御願立	盛興堂歌劇団	ー	ー	特206		
S. ー. ー	安富祖流歌劇　首里登り（上）	盛興堂歌劇団	ー	ー	盛特211		
S. ー. ー	安富祖流歌劇　首里登り（下）	盛興堂歌劇団	ー	ー	盛特212		
S. ー. ー	琉球音楽　千鳥節	志慶眞マツ子	ー	ー	盛特245		
S. ー. ー	沖縄民謡　談話會に歌	盛興堂歌劇団	ー	ー	盛特246		
S. ー. ー	沖縄歌劇　網曳口節（仲直り夫婦）上	玉城盛義／志慶眞マツ子／盛興堂歌劇団	ー	ー	盛特253		
S. ー. ー	沖縄歌劇　網曳口節（仲直り夫婦）下	玉城盛義／志慶眞マツ子／盛興堂歌劇団	ー	ー	盛特254		
S. ー. ー	琉球歌劇　夜半参り（一）	玉城盛義／志慶眞マツ子／盛興堂歌劇団	ー	ー	盛特257		
S. ー. ー	琉球歌劇《夜半参り（二）	玉城盛義／志慶眞マツ子／盛興堂歌劇団	ー	ー	盛特258		
S. ー. ー	琉球歌劇《夜半参り（三）》	玉城盛義／志慶眞マツ子／盛興堂歌劇団	ー	ー	盛特259		
S. ー. ー	琉球歌劇《夜半参り（四）	玉城盛義／志慶眞マツ子／盛興堂歌劇団	ー	ー	盛特260		
S. ー. ー	沖縄喜劇　新発明（汗水節）上	平良晨盛／盛興堂歌劇団	ー	ー	盛特261		
S. ー. ー	沖縄喜劇　新発明（汗水節）下	平良晨盛／盛興堂歌劇団	ー	ー	盛特262		
S. ー. ー	琉球音楽野村流　御前風（其一）かきやで風節	又吉榮義先生（三味線・唄）玉城盛重先生（琴）	ー	ー	盛特284A		
S. ー. ー	琉球音楽野村流　御前風（其二、三）恩納節／中城はんた前節	又吉榮義先生（三味線・唄）玉城盛重先生（琴）	ー	ー	盛特284B		

新譜年月	タイトル	歌唱・演唱・演者	作詞	作曲	レコード番号	演奏	備考
S. −. −	歌劇　九年母木節（二枚組）				特163 特164 特165 特166		
S. −. −	歌劇　踊男女組合節（伊計離伊佐へイヨー節／カナサマヨー節）				特167 特168		
S. −. −	歌劇　踊り馬山川節（二枚組／アバコへイ節）				特169 特170 特171 特172		
S. −. −	鶴亀踊節　黒島節／ソンバレー節	多嘉良カナ子	−	−	173		
S. −. −	歌劇　薬師堂の一部・百名節／宮古節	多嘉良兼兄／多嘉良カナ子	−	−	174		
S. −. −	琉球音楽　遊ビシヨンガイナ節	多喜良兼兄	−	−	盛特 175A		
S. −. −	歌劇　波之上劇　早作田、川平／今三人節	多喜良兼兄	−	−	盛特176		
S. −. −	琉球音楽　遊ビ子持節	−	−	−	盛特177		
S. −. −	端唄　ヨイヨイ節	−	−	−	盛特178		
S. −. −	琉球音楽　四季口節	盛興堂歌劇員	−	−	盛特179		
S. −. −	先島（宮古）民謡　トーガナイ節／改良シヨンガイナ節	多嘉良カナ子／多嘉良兼兄	−	−	盛特180		
S. −. −	琉球端唄　センスル節	多喜良兼兄	−	−	盛特181		
S. −. −	俚謡　國頭サバクヰ節	盛興堂歌劇員	−	−	盛特182		
S. −. −	八重山民謡　越地節	−	−	−	盛特183		
S. −. −	琉球音楽　御物奉行節／取納奉行節／	−	−	−	盛特184		
S. −. −	八重山民謡　踊り鳩間節	多嘉良兼兄	−	−	盛特185		
S. −. −	琉球音楽　下述懐節	多嘉良カナ子	−	−	盛特186		
S. −. −	宮古民謡　多良間ションガナイ節、前ノ濱節	−	−	−	特187		
S. −. −	琉球音楽　興那原節／坂原節口説	−	−	−	特188		
S. −. −	久米島民謡　久米阿嘉風／二上リ川平節	−	−	−	特189		
S. −. −	南獄節	−	−	−	特190		
S. −. −	琉球音楽　御前風／カギヤテ節	−	−	−	特191		
S. −. −	琉球音楽　思細節／中城ハンタ節	−	−	−	特192		
S. −. −	琉球音楽　コテイ節	多嘉良カナ子	−	−	盛特193		
S. −. −	琉球音楽　上り口説	多嘉良兼兄	−	−	盛特194		
S. −. −	琉球民謡　踊リクフワデーサー節	多嘉良カナ子	−	−	盛特195		

新譜年月	タイトル	歌唱・演唱・演者	作詞	作曲	レコード番号	演奏	備考
S.－.－	カヌサマヨー節／目出度節	－	－	－	特126		
S.－.－	八重山民謡　バシン鳥節	－	－	－	盛特127		
S.－.－	琉球端唄　大島ヤンゴウ節・スーリアガリ節		－	－	盛特128		
S.－.－	宮古民謡　久場山クイチ節／兼島節	－	－	－	特129		
S.－.－	仲里節	－	－	－	特130		
S.－.－	踊り安里屋節	－	－	－	特131		
S.－.－	端唄　懋の状・サイサイ節	－	－	－	特132		
S.－.－	久米島民謡　久米山ハンタ前節／子守節	－	－	－	特133		
S.－.－	宮古民謡　高那節	－	－	－	特134		
S.－.－	文言　感違文言	－	－	－	特135		
S.－.－	根間ヌ主節	－	－	－	特136		
S.－.－	月琉球端唄《踊リアヤグ節》	盛興堂歌劇員	－	－	盛特137		
S.－.－	歌劇コリ舟踊《汀間當節・イリサスネー節・宮古ネー節》	盛興歌劇員	－	－	盛特138		
S.　.	八重山民謡　小濱節》	多嘉良兼兄	－	－	盛特139A		
S.－.－	喜歌情の歌・チヨキリ節	多嘉良兼兄／多嘉良カナ子／盛興堂歌劇員	－	－	盛特140B		
S.－.－	狂言　雑歌笑劇	－	－	－	特141		
S.－.－	八重山民謡　ミルク節	－	－	－	特142		
S.－.－	喜歌劇　仲直り三良小節	－	－	－	特143		
S.－.－	喜歌劇　仲直り三良小節	－	－	－	特144		
S.－.－	喜劇　鹽屋ノバーバ（ハーリー唄入）	ハーリー	－	－	特145		
S.－.－	喜劇　鹽屋ノバーバ（ハーリー唄入）	ハーリー	－	－	特146		
S.－.－	歌劇　第二濱千鳥・泊リアーカ（四枚組）				特147 特148 特149 特150 特151 特152 特153 特154		
S.－.－	歌劇　奥山の牡丹（四枚組）				特155 特156 特157 特158 特159 特160 特161 特162		

新譜年月	タイトル	歌唱・演唱・演者	作詞	作曲	レコード番号	演奏	備考
S.－.－	碁打口説	宮原盛勇／嘉内平良芳／盛興堂歌劇員	－	－	特95		
S.－.－	武富節／仲作田節	志慶眞マツ子／嘉納平良芳	－	－	特96		
S.－.－	今歸仁アツチヤ前小	富原盛勇	－	－	特97		
S.－.－	濱千鳥節	瑞慶山良秀／志慶眞マツ子	－	－	特98		
S.－.－	平屋座節／今年前田節	嘉平納良芳	－	－	特99		
S.－.－	小濱節／八重山ショガナイ節	富原盛勇	－	－	特100		
S.－.－	親アンマー節(上)	盛興堂歌劇員	－	－	特101		
S.－.－	親アンマー節(下)	盛興堂歌劇員	－	－	特102		
S.－.－	国頭サバク節	富原盛勇	－	－	特103		
S.－.－	琉球音楽野村流　宮古トウガネー	盛興堂歌劇員	－	－	特104		
S.－.－	今歸仁宮古トガネー／伊集ノガマク節／ベーベ草刈唄	富原盛勇／瑞慶山良秀	－	－	特105		
S.－.－	十七八節／別歌道歌	志慶眞マツ子／盛興堂歌劇員	－	－	特106		
S.－.－	汀間當節	富原盛勇	－	－	特107		
S.－.－	主と妻節	瑞慶山良秀／盛興堂歌劇員	－	－	特108		
S.－.－	牧港アンコ節／ドンドン節／シントーヨー／シタ小節／民隊家節／タコーヤマー節／	富原盛勇／盛興堂歌劇員	－	－	特109		
S.－.－	戀の花節	志慶眞マツ子	－	－	特110		
S.－.－	泊高矼節／今歸仁アツチヤ前	瑞慶山良秀／富原盛勇／盛興堂歌劇員	－	－	特111		
S.－.－	崎山節	志慶眞マツ子	－	－	特112		
S.－.－	大島朝花節／三村踊節／今歸仁アツチヤ前	富原盛勇／瑞慶山良秀	－	－	特113		
S.－.－	祝節／四ツ竹節	志慶眞マツ子／盛興堂歌劇員	－	－	特114		
S.－.－	越楽節	盛興堂歌劇員	－	－	特115		
S.－.－	鳩間節	志慶眞マツ子	－	－	特116		
S.－.－	戀親念節／ヤイサー節	盛興堂歌劇員	－	－	特117		
S.－.－	掛歌、早作田節	嘉平納良秀	－	－	特118		
S.－.－	網引歌(行列の曲)	盛興堂歌劇員	－	－	特119		
S.－.－	安里屋節	志次眞マツ子	－	－	特120		
S.－.－	俚謠　ランコ節／儀保引節／モチツキ歌	富原盛勇	－	－	盛特121		
S.－.－	俚謠・ヤーマネー歌／アン小節	盛興堂歌劇員	－	－	盛特122		
S.－.－	八重山民謡　トバルマー節／取リタル金ハ節	－	－	－	特123		
S.－.－	大島民謡　ヤキナクフワデーサー節	－	－	－	特124		
S.－.－	八重山民謡　久場山越地節／川良山節	－	－	－	特125		

新譜年月	タイトル	歌唱・演唱・演者	作詞	作曲	レコード番号	演奏	備考
	「大浦節」	津嘉山朝度／高宮城朝篤			特55		
	「大願節／荻堂口説」	志次眞マツ子／泉川寛興			特56		
	「早作田節／伊計離節」	津嘉山朝度／高宮城朝篤			特57		
	「乙樽薪木取」	平良晨盛			特58		
	「揚七尺節」	津嘉山朝度／高宮城朝篤			特59		
	「センスル節」	志次眞マツ子／泉川寛興			特60		
	「三味線曲」	津嘉山朝度／高宮城朝篤			特61		
	「干潮節」	志次眞マツ子／平良晨盛			特62		
	「立雲節」	津嘉山朝度／高宮城朝篤			特63		
	「ジンニヤクウ節」	志次眞マツ子			特64		
S. −. −	古典劇　組躍手水の縁(8枚組)						
	「池道節／漏水節」	津嘉山朝度／高宮城朝篤			特65		
	「早作田節(上)」	盛興堂歌劇員			特66		
	「早作田節(下)」	高宮城朝篤			特67		
	「仲順節／金武節」	津嘉山朝度／盛興堂歌劇員			特68		
	「干瀬節」	高宮城朝篤			特69		
	「琴玉津／明笛山戸」	盛興堂歌劇員			特70		
	「仲風節」	津嘉山朝度			特71		
	「述懐節」	高宮城朝篤／盛興堂歌劇員			特72		
	「散山節」	高宮城朝篤			特73		
	「七尺節(上)」	津嘉山朝度／盛興堂歌劇員			特74		
	「七尺節(下)」	津嘉山朝度			特75		
	「子持節／大屋子」	盛興堂歌劇員			特76		
	「東江節A」	津嘉山朝度			特77		
	「東江節B」	盛興堂歌劇員			特78		
	「東江節C」	津嘉山朝度			特79		
	「立雲節」	盛興堂歌劇員			特80		
S. −. −	琉球音楽野村流俚謡《濱野喜節・芋ヌ葉節》	高宮城朝篤／津嘉山朝度	−	−	盛特81		
S. −. −	琉球端唄　口説はやし節	盛興堂歌劇員	−	−	盛特82		
S. −. −	御座節／カギヤデ風節	高宮城朝篤／津嘉山朝度／盛興堂歌劇員	−	−	特83		
S. −. −	遊ビションガナイ	志慶眞マツ子	−	−	特84		
S. −. −	古典歌劇組躍　忠孝婦人(谷茶村原斐対面の場よりマルモン迄　三枚組)	津嘉山朝度／高宮城朝篤／富原盛男／盛興堂歌劇員／平良晨盛			特85 特86 特88 特89 特90		
S. −. −	琉球古典曲　姉妹敵討／大城コヱニヤ節	盛興堂歌劇員	−	−	特91		
S. −. −	うりづみごゑにや節／やらし節／ダンジユカリ節	盛興堂歌劇員	−	−	特92		
S. −. −	願文(上)	盛興堂歌劇員	−	−	特93		
S. −. −	願文(下)	盛興堂歌劇員	−	−	特94		

新譜年月	タイトル	歌唱・演唱・演者	作詞	作曲	レコード番号	演奏	備考
S. −. −	夢のメロディー	田辺光子	水島千秋	高峰龍雄	89B	メトロオーケストラ	
S. −. −	若人よ朗らかに	古山静夫	大和麦二	高峰龍雄	94A	メトロオーケストラ	
S. −. −	濡れた瞳よ	古山静夫	塚本篤夫	筒井二郎	94B	メトロオーケストラ	
S. −. −	君も案外紳士じゃないね	黒田進	−	−	95−		
S. −. −	君を夢見て	古山静夫	大和麦二	筒井二郎	130A	サンデー室内楽団	
S. −. −	風だより	喜代香	松村又一	黒田進	130B	サンデー室内楽団	
シスターレコード(シスター商会)							
S. −. −	放浪歌	毛利幸尚	−	−	2031A		
S. −. −	乙女心を誰が知る	市夫	−	−	2031B		
S. −. −	口笛きけよいとしの君	島津一郎	筒井二郎	ナポリ民謡	2032A		
S. −. −	赤い実のなる恋の木よ	島津一郎	筒井二郎	ナポリ民謡	2032B		
S. −. −	涙で笑ってゐるだけよ	市夫	−	−	2033A		
S. −. −	話が有るんだよ	市夫	−	−	2033B		
S. −. −	港の娘	−	−	−	2034A		
S. −. −	片想ひ	−	−	−	2034B		
S. −. −	恋をしやうなら	古山静夫	宇目田虚史	中野二郎(ギター)	2073B		
ヤチヨレコード(宮地楽器店)							
S. 7.10	想いをのせて	古山静夫	山田としを	高峰龍雄	3040B		
S. 8. 7	恋をしようなら	黒田進	宇目田虚史	中野二郎	3118A		
S. 8. −	やるせなき身を	古山静夫	西村酔香	近藤十九二	3119A		
S. 8. −	若人よ朗らかに	古山静夫	−	−	3137A		
S. 8. −	春の名残り	古山静夫	春風秋雨楼	近藤十九二	3137B		
S. 8. −	夜霧に濡れて	黒田進	松坂直美	高峰龍雄	3138A		
S. 8. −	濡れた瞳よ	古山静夫	塚本篤夫	筒井二郎	3159A	八千代室内楽団	
S. 8. −	今宵逢いましょう	川辺葭子	佐々木緑亭	筒井二郎	3159B	八千代室内楽団	
スメラレコード							
S. −. −	濡れた瞳よ	古山静夫	塚本篤夫	筒井二郎	3116A	スメラ室内楽団	
フジレコード							
S. −. −	夜霧に濡れて	古山静夫	−	−	3138A		
サービスレコード							
S. −. −	想ひを載せて	藤田静夫	山田としを	高峰龍雄	1002A		
S. −. −	イットだね	黒田進	−	−	1002B		
ツル印琉球レコード							
S. −. −	琉球俚謡　踊リカナヨウ	濱崎カメ子(唄三味線)／島袋松(ハヤシ)	−	−	特3		
S. −. −	琉球俚謡　祝節	當眞嗣勝(唄三味線)／島袋松(ハヤシ)	−	−	特4		
S. −. −	琉球俚謡　金細工節(合交)	當眞嗣勝／濱崎カメ子	−	−	特7A		
S. −. −	伊集早作田節／イケハナリ節	當眞嗣勝／濱崎カメ子	−	−	特8B		
S. −. −	琉球音楽野村流　古典劇　花賣の緑(六枚組)						
	「仲間節」	高宮城朝篤			特53		
	「金武節」	津嘉山朝度			特54		

新譜年月	タイトル	歌唱・演唱・演者	作詞	作曲	レコード番号	演奏	備考
S. ー. ー	港の夢	立山信夫	ー	ー	565A	サロンオーケストラ	
S. ー. ー	春の夜の唄	島津千代子	ー	ー	565B	サロンオーケストラ	
S. ー. ー	残る想出	黒田進	松坂直美	高峰龍雄	591B	サロンオーケストラ	
S. ー. ー	君を夢みて	黒田進	大和麦二	筒井二郎	593B	メトロオーケストラ	
S. ー. ー	海は歌ふ	黒田進	島田磬也	黒田進	626A		
S. ー. ー	納涼音頭	黒田進	村田吉邦	大村能章	626B		
S. ー. ー	心の青空	古山静夫	松村又一	黒田進	627A		
S. ー. ー	ギターを弾けば	古山静夫	ー	中野二郎	629B		
S. ー. ー	街の灯影	古山静夫	ー	ー	630A		
S. ー. ー	窓に嘆く	島歌子	田井美春	阪東政一	630B		編曲・中野二郎
S. ー. ー	夜霧流れて	島歌子	ー	ー	631A		
S. ー. ー	やるせぬ夢	古山静夫	ー	ー	631B		
S. ー. ー	情けに濡れて	古山静夫	ー	ー	673A		
S. ー. ー	あゝ想出よ	古山静夫	ー	ー	674A		
S. ー. ー	浜辺よさらば	古山静夫	ー	ー	674B		
S. ー. ー	主は満洲	幾松	大井秀雄	山盛清吉	726A		
S. ー. ー	橇の夢唄	古山静夫	松坂なほみ	佐藤恒夫	726B	サロンオーケストラ	
S. ー. ー	戀の雨	喜代香	筒井二郎	筒井二郎	727A	サロン室内オーケストラ	
S. ー. ー	利根の船唄	古山静夫	松坂直美	黒田進	727B	サロン室内オーケストラ	
S. ー. ー	あやめ踊り	古山静夫	松村又一	山野芳作	767B	サロン室内オーケストラ	
S. ー. ー	若人よ朗らかに	古山静夫	大和麦二	高峰竜雄	768A	サロン室内オーケストラ	
S. ー. ー	ジャズに浮かれて	古山静夫	ー	ー	768B	サロン室内オーケストラ	
S. 7. ー	独立守備隊の歌	古山静夫	独立守備隊司令部（土井晩翠）	陸軍戸山学校（中川東男）	828A	サロンオーケストラ	
S. 7. ー	江南の華	黒田進	松村又一	近藤十九二	830B	サロンオーケストラ	
S. 7.12	乗り切れ非常時	毛利尚幸	小国比沙志	阪東政一	847A	サロンオーケストラ	《乗切れ乗切れ非常時》のリメイク盤
S. 7.12	日本ファッショの歌	黒田進	小国比沙志	阪東政一	847B	サロンオーケストラ	
S. 7.12	歓楽の夜	黒田進	松坂直美	黒田進	848A		
S. 7.12	キャンプ張って	黒田進	松村又一	阪東政一	848B		
S. 7.12	枯れやなぎ	古山静夫	木下潤	黒田進	849B		
サンデーレコード　〈昭和10年頃まで発売〉							
S. ー. ー	スキーヤーの唄	黒田進	大和麦二	黒田進	1A	メトロオーケストラ	
S. ー. ー	残る想出	黒田進		黒田進	2B	メトロオーケストラ	
S. ー. ー	泣き濡れて	田辺光子	大和夢二	高峰龍雄	3A		
S. ー. ー	君知るや	田辺光子	大和夢二	高峰龍雄	3B		
S. ー. ー	恋の巴里っ子	黒田進	塚本篤夫（訳詞）	ー	86A	メトロオーケストラ	
S. ー. ー	今宵逢ひましょう	田辺光子	佐々木緑亭	筒井二郎	88A	メトロオーケストラ	
S. ー. ー	夜の口笛	立石喬子	水島千秋	平茂夫	88B	メトロオーケストラ	
S. ー. ー	さすらいの唄	古山静夫	松村又一	中野二郎	89A	メトロオーケストラ	ツルレーベルの《醒めて泣くより》のリメイク盤

新譜年月	タイトル	歌唱・演唱・演者	作　詞	作　曲	レコード番号	演　奏	備　考
S.ー.ー	恋人よお寝み	古山静夫	ー	ー	3107B	ルモンドオーケストラ	
S.ー.ー	うれし初夢	黒田進／毛利幸尚／谷田信子	ー	ー	3108B	ルモンドオーケストラ	
S.ー.ー	儚ない逢瀬	古山静夫	ー	ー	3110A	ルモンドオーケストラ	
S.ー.ー	故郷の唄	峯はるみ	村山清益	黒田進	3180A	ルモンドオーケストラ	
S.ー.ー	野茨の唄	古山静夫	水島千秋	近藤十九二	3180B	ルモンドオーケストラ	
S.ー.ー	ベニスの舟唄	古山静夫	ー	ー	3250B	ルモンドオーケストラ	
S.ー.ー	タンゴ哀愁	古山静夫	ー	ー	3251A	ルモンドオーケストラ	
S.ー.ー	ギター弾けば	古山静夫	ー	中野二郎	3252A	ルモンドオーケストラ	
S.ー.ー	青空	古山静夫	ー	ー	3253A	ルモンドオーケストラ	
S.ー.ー	処女の日の唄	古山静夫	西川林之助	ー	3253B	ルモンドオーケストラ	
S.ー.ー	君が代行進曲	東京梅子／古山静夫	ー	ー	3256A		
S.ー.ー	五月音頭	東京梅子／古山静夫	松村又一	山野芳作	3255A		
S.ー.ー	あやめ踊り	東京梅子／古山静夫	松村又一	山野芳作	3255B		
S.ー.ー	君が代行進曲	東京梅子／古山静夫	ー	ー	3256A		
S.ー.ー	万歳音頭	幾松／横田良一	野口雨情	大村能章	3256B		
S.ー.ー	口笛	古山静夫	ー	ー	3257B	ルモンドオーケストラ	
S.ー.ー	利根の船唄	古山静夫	ー	ー	3300A	ルモンドオーケストラ	
S.ー.ー	枯れやなぎ	古山静夫	ー	ー	3300B	ルモンドオーケストラ	
S.ー.ー	僕の青春	黒田進	ー	ー	3301A	ルモンドオーケストラ	
S.ー.ー	納涼音頭	黒田進	ー	ー	3302A	ルモンドオーケストラ	
S.ー.ー	アルプス想えば	黒田進	穂積久	黒田進	3304A	ルモンドオーケストラ	
S.ー.ー	山のスキートホーム	古山静夫	松村又一	阪東政一	3304B	ルモンドオーケストラ	
S.ー.ー	美はしの幻	黒田進	ー	ー	3305B	ルモンドオーケストラ	
サロンレコード（再発売の奉仕盤・昭和10年頃）							
S.ー.ー	登山家の唄	古山静夫	穂積久	黒田進	501A		
S.ー.ー	招く山山	古山静夫	松村又一	阪東政一	501B		
S.ー.ー	浜辺よさらば	古山静夫	穂積久	江口夜詩	502A		
S.ー.ー	愛のマヅルカ	島歌子	水島千秋	高峰竜雄	502B	サロン室内オーケストラ	
S.ー.ー	胸の想ひは	田辺光子	ー	遠藤正一郎	503A	サロン室内オーケストラ	
S.ー.ー	想ひを載せて	古山静夫	本庄清	遠藤正一郎	503B	サロン室内管弦楽団	
S.ー.ー	夜空に嘆く	田辺光子	本庄清	遠藤正一郎	504A	サロン室内オーケストラ	
S.ー.ー	愛しの君よ	谷田信子	松坂直美	阪東政一	504B	サロン室内オーケストラ	
S.ー.ー	露営の唄（歌）	古山静夫	塚本篤夫	筒井二郎	505A		
S.ー.ー	戦線を憶ふ	永井智子	塚本篤夫	近藤十九二	505B	サロン室内オーケストラ	
S.ー.ー	東海甚句	幾松／長谷川潔	村田吉邦	山盛清吉	506A	サロンオーケストラ	
S.ー.ー	仇なさけ	繁代	木下潤	黒田進	506B	サロンオーケストラ	
S.ー.ー	花見音頭	黒田進	ー	ー	561B		
S.ー.ー	満州行進曲	古山静夫	ー	ー	562A	サロンオーケストラ	
S.ー.ー	躍進節	幾松	ー	ー	562B	サロンオーケストラ	
S.ー.ー	春のゆくえ	古山静夫	ー	ー	563A	サロンオーケストラ	
S.ー.ー	遠き思出	島歌子	ー	ー	563B	サロンオーケストラ	
S.ー.ー	やっと二人で	喜代香	ー	ー	564A	サロンオーケストラ	
S.ー.ー	思い切りましょう	幾松	ー	ー	564B	サロンオーケストラ	

新譜年月	タイトル	歌唱・演唱・演者	作詞	作曲	レコード番号	演奏	備考
S. −. −	支那娘	由利あけみ	宮本旅人	−	6031B		
S. −. −	手向けの野花	藤山一郎	大戸那郎	宮脇春夫	6032A	センターオーケストラ	
S. −. −	興亜の春	楠木繁夫	野村俊夫	筒井二郎	6032B		
S. −. −	街の辻馬車	藤山一郎	山岡羊村	小泉幸雄	6034A		
S. −. −	故郷の丘	由利あけみ	中島まさき	大久保徳二郎	6034B		
S. 15. −	航行遮断	大久良俊	佐々伸夫	佐藤浩一	6508A	センター管絃楽団	
S. 15. −	撃墜一千余機	大久良俊	穂積久	筒井二郎	6508B	センター管絃楽団	《爆撃千里》を改題し発売
S. 15. −	銃をかざして	母里欣也	松本次郎	丹羽伸策	6510A	センターオーケストラ	
S. 15. −	北支の夢	市三	大井秀雄	北木正義	6510B	センターオーケストラ	
Ⅱツル系列・姉妹レーベル							
ルモンドレコード							
S. −. −	荒城の月	黒田進	土井晩翠	滝廉太郎	3076A	ルモンドオーケストラ	
S. −. −	アリラン節	島津一郎	−	−	3077A	ルモンドオーケストラ	
S. −. −	利根の船唄	古山静夫	−	−	3078A	ルモンドオーケストラ	
S. −. −	枯れやなぎ	古山静夫	木下潤	黒田進	3078B	ルモンドオーケストラ	
S. −. −	国境の街	古山静夫	大井秀雄	山盛清吉	3079A	ルモンドオーケストラ	
S. −. −	橇の夢唄	古山静夫	松坂直美	佐藤恒夫	3079B	ルモンドオーケストラ	
S. −. −	スキーヤーの唄	古山静夫	大和麦二	黒田進	3080A	ルモンドオーケストラ	
S. −. −	情けに濡れて	古山静夫	−	−	3081A	ルモンドオーケストラ	
S. −. −	風も仄かに	古山静夫	−	−	3081B	ルモンドオーケストラ	
S. −. −	登山家の唄	黒田進	穂積久	黒田進	3083A	ルモンドオーケストラ	ツル盤は《登山家の歌》
S. −. −	愛のキャンプで	古山静夫	松村又一	阪東政一	3083B	ルモンドオーケストラ	古山静子は古山静夫のプリントミスか？
S. −. −	心の青空	古山静夫	松村又一	黒田進	3085A	ルモンドオーケストラ	
S. −. −	詩吟くづし	喜代香	−	−	3087A	ルモンドオーケストラ	
S. −. −	詩吟小唄	立山信夫	−	−	3087B	ルモンドオーケストラ	
S. −. −	おけさつぐつ	幾松	−	−	3089A	ルモンドオーケストラ	
S. −. −	草津くずし	幾松	−	−	3089B	ルモンドオーケストラ	
S. −. −	独立守備隊の唄	黒田進	独立守備隊司令部（土井晩翠）	戸山陸軍学校（中川東男）	3091A	ルモンドオーケストラ	
S. −. −	特別陸戦隊の唄	古山静夫	−	−	3092A	ルモンドオーケストラ	
S. −. −	護れ大空	黒田進	筒井二郎	坪井清吉	3092B	ルモンドオーケストラ	
S. −. −	露営の唄	古山静夫	塚本篤夫	筒井二郎	3095B	ルモンドオーケストラ	
S. −. −	スクラム組んで	黒田進	−	−	3099A	ルモンドオーケストラ	
S. −. −	虹ごころ	黒田進	−	−	3099B	ルモンドオーケストラ	
S. −. −	君を慕いて	古山静夫	穂積久	筒井二郎	3101B	ルモンドオーケストラ	
S. −. −	君とタンゴ踊れば	黒田進	塚本篤夫	黒田進	3102A	ルモンドオーケストラ	
S. −. −	ハロー上海	黒田進	−	−	3103A	ルモンドオーケストラ	
S. −. −	ジャズに浮かれて	黒田進／毛利幸尚／谷田信子	−	−	3106A	ルモンドオーケストラ	

新譜年月	タイトル	歌唱・演唱・演者	作詞	作曲	レコード番号	演奏	備考
S. 13. –	月下の歩哨	大久良俊	吉田碌努	片桐舜	3073A	アサヒオーケストラ	
S. 13. –	弾雨を衝いて	母里欣也	松本次郎	丹羽伸策	3073B	アサヒオーケストラ	原曲《銃をかざして》
S. 13. –	噫南郷少佐	アサヒ合唱団	松島慶三	海軍軍楽隊	3074A	アサヒオーケストラ	
S. 13. –	戦い省みて	大久良俊	穂積久	河村秀一	3074B	アサヒオーケストラ	
S. 13. –	漢口陥落だより	大久良俊	穂積久	佐藤浩一	3075A	アサヒ管絃楽団	
S. 13. –	奪ったぞ！漢口	大久良俊	穂積久	筒井二郎	3075B	アサヒ管絃楽団	
S. 13. –	軍艦旗の歌	名響合唱団	佐佐木信綱	瀬戸口藤吉	3076A	アサヒ管弦楽団	
S. 13. –	軍艦行進曲	名響合唱団	鳥山啓	瀬戸口藤吉	3076B	アサヒ管弦楽団	
S. 13. –	泣き笑いの人生	愉快なリズムボーイズ	–	–	3080A		
S. 13. –	愉快な仲間	愉快なリズムボーイズ	–	–	3080B		
S. 13. –	花に浮かれて	愉快なリズムボーイズ	–	–	3081A		
S. 13. –	聴いておくれよ僕の心蔵	愉快なリズムボーイズ	–	ハーリー・アクスト	3081BA		
S. 14. 3	愛馬進軍歌	名響合唱団（隊）	久保井信夫	新城正一	3093A	アサヒ管弦楽団	
S. 14. 3	愛馬進軍歌		久保井信夫	新城正一	3093B	アサヒ管弦楽団	
S. 14. –	喇麻の灯影で	大久良俊	松村又一	筒井二郎	3106B		
S. 14. –	爆撃千里	大久良俊	穂積久	筒井二郎	3107A		
S. 14. –	航行遮断	大久良俊	佐々伸夫	佐藤浩一	3107B		
洋楽専門レーベル・センターレーベル							
S. 11. –	ジプシーの喫茶店	ミッキー松山	–	–	3562A	センター・ダンス・オーケストラ	
S. 11. –	山の人気者	ディック・ミチオ	–	ハーリー・アクスト	3562B	センター・ダンス・オーケストラ	
S. 11. –	君と二人で	ミッキー松山	–	–	3563A	センター・ダンス・オーケストラ	
S. 11. –	楽しき今宵	ミッキー松山	–	–	3563B	センター・ダンス・オーケストラ	
S. 13. –	ハワイアンブルース	ハワイアン・リズム・コーラス	–	マリー	3556A	ハワイアン・リズム・キング	
S. 13. –	バリバリの浜辺にて	ハワイアン・リズム・コーラス	–	–	3557A	ハワイアン・リズム・キング	
センターレーベル（中西商会）							
S. –. –	進軍の歌（1）	今泉伍朗	–	–	620A	センターオーケストラ	
S. –. –	進軍の歌（2）	今泉伍朗	–	–	620B	センターオーケストラ	
S. –. –	進軍の歌（3）	今泉伍朗	–	–	621A	センターオーケストラ	
S. –. –	進軍の歌（4）	今泉伍朗	–	–	621B	センターオーケストラ	
S. –. –	無敵の荒鷲	藤山一郎	宮本旅人	筒井二郎	6028A	センターオーケストラ	
S. –. –	愛の赤十字	由利あけみ	宮本旅人	相馬喜久雄	6028B	センターオーケストラ	
S. –. –	誉の白襷	藤山一郎	宮本旅人	宮脇春夫	6029A	センターオーケストラ	
S. –. –	祈りの一針	市丸	蘆屋涙花	北木正義	6029B	センターオーケストラ	
S. –. –	黄昏の戦線	楠木繁夫	清川三郎	一雄木譲治	6030A		
S. –. –	偲ぶ戦友	菊池武	飛鳥井芳	筒井二郎	6030B		
S. –. –	想い出の蒙古	藤山一郎	山岡羊村	水原英明	6031A		

新譜年月	タイトル	歌唱・演唱・演者	作 詞	作 曲	レコード番号	演 奏	備 考
S. ー. ー	歩兵第六連隊	歩兵第六連隊	友田宣剛	陸軍戸山学校軍楽隊	特501A		
S. ー. ー	歩兵第六連隊将校団歌	歩兵第六連隊	友田宣剛	陸軍戸山学校軍楽隊	特501B		
S. ー. ー	愛知県時計電機社歌	名響男声合唱団	ー	早川弥左衛門	特507A		
S. ー. ー	愛知県時計電機社歌	名響男声合唱団	ー	早川弥左衛門	特507B		
S. ー. ー	悲歌劇　八重山行(一)	玉城盛義／宮平壽朗／赤嶺京子／金春つる子	ー	ー	特A509A		
S. ー. ー	悲歌劇　八重山行(二)	宮平壽朗／金春つる子	ー	ー	特B509B		
S. ー. ー	悲歌劇　八重山行(三)	玉城盛義／金春つる子	ー	ー	特A509A		
S. ー. ー	悲歌劇　八重山行(四)	宮平壽朗／金春つる子／赤嶺京子	ー	ー	特509B		
S. ー. ー	サノサ節	大日本国防婦人会名芸分会	長谷川喜	ー	特518A		
S. ー. ー	ドント節	大日本国防婦人会名芸分会	長谷川喜	ー	特518B		
アサヒレコード〈昭和11年暮れより昭和14年中頃まで発売〉							
S.11. 5	からかわないで	ミッキー松山	ー	ナシオ・ハーヴ・ブラウン	64A		
S.11. 5	ダイナ	鉄火面	ー	ハーリー・アクスト	65A		
〈100番レーベル〉							
S.11. ー	塹壕の夢唄	高沢清／雪丸	南条みき子	丹羽伸策	203A		
S.11. ー	祖国の前衛	高沢清	松坂直美	黒田進	203B	アサヒ管絃楽団	高沢清は橋本一郎の変名
S.12. 9	銃をかざして	母里欣也	松本次郎	丹羽伸策	309A		レーベルには「母里欽也」と表記
S.12. 9	北支の夢	市三	大井秀夫	北木正義	309B		
S.12. 9	若しも召集令が下ったら	母里欣也／市三	大井秀雄	佐藤秀男	310A	アサヒ管絃楽団	レーベルには「母里欽也」と表記
S.12. 9	祖国の前衛	高沢清	松坂直美	黒田進	310B	アサヒ管絃楽団	
S.12. ー	上海陸戦隊の唄	名響合唱団	アサヒ文芸部	アサヒ文芸部	342A		
S.12. ー	上海陥落祝勝歌	名響合唱団	村瀬収	深沢登代吉	342B		
S.12. ー	宮川小唄	山田検番小糸／小つや／小春	荒木紫岳	長谷川初音	471A		
S.12. ー	宮川小唄	山田検番小糸／小つや／小春	荒木紫岳	長谷川初音	471B		
〈3000番レーベル〉							
S.13. ー	南京陥落祝勝歌	アサヒ男性合唱団	村瀬牧	ー	3015A	アサヒ管弦楽団	
S.13. ー	凱旋(あな嬉し喜ばし)	アサヒ男性合唱団	ー	ー	3015B	アサヒ管弦楽団	
S.13. ー	愛国行進曲	名響合唱団(隊)	森川幸雄	瀬戸口春吉	3017A		
S.13. ー	愛国行進曲	名響合唱団(隊)	森川幸雄	瀬戸口春吉	3017B		
S.13. ー	噫南郷少佐	大久良俊	松島慶三	筒井二郎	3072A	アサヒオーケストラ	
S.13. ー	戦場日暮れて	大久良俊	穂積久	筒井二郎	3072B	アサヒオーケストラ	

新譜年月	タイトル	歌唱・演唱・演者	作詞	作曲	レコード番号	演奏	備考
S. －. －	名古屋盛り場の唄(夜ぞら)	松坂屋ジャズバンド	野口雨情／西條八十共選	中山晋平	特181B		
S. －. －	愛知県消防歌				特211A		
S. －. －	柳ケ瀬小唄	黒田進	平井潮湖	早川彌(弥)左衛門	特217A		
S. －. －	琉球音楽野村流　仲間節	中泊兼浦／玉城盛義／平良晨盛	－	－	特227A		
S. －. －	琉球音楽野村流　赤田風節	中泊兼浦／玉城盛義／平良晨盛	－	－	特227B		
S. 8. －	日満飛行行進曲	名古屋交響管弦楽団(コーラス入り)	畑耕一	早川彌(弥)左衛門	特265A		
S. 8. －	日満連絡飛行の歌	名古屋交響管弦楽団(コーラス入り)	名古屋新聞社撰	-4	特265B		
S. 8. －	松坂小唄	阪倉松二郎／竹内豊三	阪倉松二郎	竹内豊三	特275A	名古屋新聞社専属楽団	
S. 8. －	松坂小唄	松坂むさしの／百々代	阪倉松二郎	竹内豊三	特275B	満喜樓貞子／竹内豊三／松坂システィー楽団	
S. 8. 9	刈谷音頭	刈谷芸妓連	大野一造	岩槻三江	特281A		
S. 8. 9	刈谷小唄	刈谷芸妓連	大野一造	岩槻三江	特281B		
S. 8.10	五・一五事件 血涙の法廷(海軍公判)(1)	栗島狭衣・其一党	－	－	特281A		
S. 8.10	五・一五事件 血涙の法廷(海軍公判)(2)	栗島狭衣・其一党	－	－	特281B		
S. 8.10	五・一五事件 血涙の法廷(海軍公判)(3)	栗島狭衣	－	－	特282A		
S. 8.10	五・一五事件 血涙の法廷(海軍公判)(4)	栗島狭衣	－	－	特282B		
S. 8.10	五・一五事件 昭和維新行進曲(海軍の歌)	黒田進	畑中正澄	黒田進	特283A	アサヒオーケストラ	
S. 8.10	五・一五事件 昭和維新行進曲(陸軍の歌)	黒田進	畑中正澄	阪東政一	特283B	アサヒオーケストラ	
S. 8.10	琉球音楽野村流 《御前風(其一)かきやで風節》	又吉榮義先生(三味線・唄) 玉城盛重先生(琴)	－	－	特284A		
S. 8.10	琉球音楽野村流 《御前風(其二、三)恩納(思細)節　中城ハンタ前節》	又吉榮義先生(三味線・唄) 玉城盛重先生(琴)	－	－	特284B		
ツルレコード(アサヒ特殊レーベル盤・昭和10年～11年)							
S. －. －	名古屋市連合青年団々歌	四声会々員	名古屋市連合青年団撰	陸軍戸山学校軍楽隊	特442A		
S. －. －	弥栄節	四声会々員	愛知県昭和塾堂	田村範一	特442B		
S. －. －	火防小唄新磯節	和合連芸妓連中	－	－	特479A		
S. －. －	火防小唄都々逸	吾妻連芸妓連中	－	－	特479B		

新譜年月	タイトル	歌唱・演唱・演者	作詞	作曲	レコード番号	演奏	備考
S. 9. 9	芦の葉影で	黒田進	—	—	7146B		
S. 9. 9	若き日の夢	古山静夫	—	—	7147A		
S. 9. 9	浜辺の別れ	古山静夫	—	—	7147B		
S. 9.11	その意味で	黒田進	—	—	7184A		
S. 9.11	恋人よお寝み	古山静夫	—	—	7185A		
S. 9.11	儚い逢瀬	古山静夫	—	—	7185B		
S. 9.12	曠野を行く	古山静夫	—	—	7201A		
ツルレコード〈紅レーベル盤〉							
S. 9. 5	菖蒲踊り	黒田進	松村又一	山野芳作	1001A	アサヒ和洋管弦楽団	
S. 9. 5	五月音頭	古山静夫(共唱・東京梅子)	松村又一	—	1001B	アサヒ和洋管弦楽団	
S. 9. 5	鹿児島小原良節	黒田進	—	—	1002A		
S. 9. 5	鹿児島小原良節	黒田進	—	—	1002B		
S. 9. 5	新国境警備の唄	東京梅子	村田吉邦	—	1003A		
S. 9. 7	カフェー祭り	黒田進	松坂なほみ	黒田進	1003B	アサヒオーケストラ	
S. 9. 7	パイプ吹かして(スクラム組んで)	黒田進	松村又一	黒田進	1006A		
S. 9. 7	東京の空から	黒田進	大井秀夫	宇喜多透	1006B		
S. 9. 7	東京甚句	長谷川清	大井秀夫	黒田進	1007A	和洋管弦楽	
S. 9. 7	大阪甚句	長谷川清	筒井二郎	坪井清吉	1007B		
S. 9. 7	護れ大空	黒田進	筒井二郎	坪井清吉	1008A	アサヒオーケストラ	国防歌
S. 9. 7	航空小唄	黒田進	須田利夫	宇喜多透	1008B	アサヒオーケストラ	国防歌
S. 9. 9	利根の船唄	古山静夫	松坂直美	黒田進	1010A	アサヒオーケストラ	
S. 9. 9	枯れやなぎ	古山静夫	木下潤	黒田進	1010B	アサヒオーケストラ	
S. 9. 9	国境の街	古山静夫	大井秀夫	山盛清吉	1013A	アサヒオーケストラ	
S. 9. 9	橇の夢唄	古山静夫	松坂直美	佐藤恒夫	1013B	アサヒオーケストラ	
S. 9. 9	躍進節	幾松	村松はじめ	山盛清吉	1014A		
S. 9. 9	躍進節	古山静夫	村松はじめ	山盛清吉	1014B	アサヒオーケストラ	
S. 9. 9	曠野を行く	古山静夫	大井秀夫	山盛清吉	1025B	アサヒオーケストラ	
S. 9. 9	日満おどり	東京幾松	大井秀雄	山盛清吉	1028A	アサヒオーケストラ	
S. 9. 9	輝く大満洲	黒田進	松村又一	佐藤長助	1028B	アサヒオーケストラ	
S. 9. 9	大利根の血煙り(1)	薄田畔暁	村田吉邦	—	1031A	アサヒ和洋楽団	
S. 9. 9	大利根の血煙り(2)	薄田畔暁	村田吉邦	—	1031B	アサヒ和洋楽団	
S. 9. 9	大利根の血煙り(3)	薄田畔暁	村田吉邦	—	1032A	アサヒ和洋楽団	
S. 9. 9	大利根の血煙り(4)	薄田畔暁	村田吉邦	—	1032B	アサヒ和洋楽団	
S. 9. 9	照る日くもる日(1)	河部五郎／谷崎十郎／澤村春子	—	—	1035A		
S. 9. 9	照る日くもる日(2)	河部五郎／谷崎十郎／澤村春子	—	—	1035B		
ツルレコード〈特殊レーベル盤〉							
S. —. —	広小路行進曲	姉小路久仁子	—	—	特120		
S. —. —	安城野原節	三河安城梅月楼	田淵安山子	—	特123A		
S. —. —	安城野原節	三河安城梅月楼	田淵安山子	—	特123B		
S. —. —	名古屋盛り場の唄(夜ぞら)	姉小路久仁子	野口雨情／西條八十共選	中山晋平	特181A		

新譜年月	タイトル	歌唱・演唱・演者	作　詞	作　曲	レコード番号	演　奏	備　考
S. 8. 8	海は朗らか	黒田進	戸張杜夫	黒田進	6833B	アサヒ室内管絃楽団	
S. 8. 8	愛のキャンプで	川辺葭子／古山静夫	松村又一	阪東政一	6834A		
S. 8. 8	山の魅力に	古山静夫	松村又一	阪東政一	6834B		
S. 8. 8	濡れた瞳よ	古山静夫	塚本篤夫	筒井二郎	6835A	アサヒ室内管絃楽団	
S. 8. 8	今宵逢いましょ	川辺葭子	佐々木緑亭	筒井二郎	6835B		
S. 8. 9	虹ごころ	黒田進	松村又一	黒田進	6853A		
S. 8. 9	白帆ながめて	古山静夫	小沼宏	黒田進	6854A		
S. 8. 9	女ごころを	川辺葭子	島田磬也	筒井二郎	6854B		
S. –. –	関の弥たっぺ(1)	新国劇一党	–	–	6911A		
S. –. –	関の弥たっぺ(2)	新国劇一党	–	–	6911B		
S. –. –	関の弥たっぺ(3)	新国劇一党	–	–	6912A		
S. –. –	関の弥たっぺ(4)	新国劇一党	–	–	6912B		
S. 9. 1	奉祝音頭	黒田進／ミス・アサヒ／南地勝太郎	川端ひろし	黒田進	6914A	アサヒ和洋オーケストラ	「ミス・アサヒ」は松島詩子の変名
S. 9. 1	奉祝音頭	南地勝太郎	川端ひろし	黒田進	6914B	アサヒ和洋オーケストラ	
S. 9. 2	スキーおけさ	記載なし	松坂直美	黒田進	6968A	アサヒオーケストラ	
S. 9. 2	うらぶれのギターリストよ	黒田進	塚本篤夫	黒田進	6971A	アサヒオーケストラ	
S. 9. 1	荒城の月	黒田進	土井晩翠	滝廉太郎	6979A		
S. 9. 1	ジョスランの子守歌	黒田進	–	ゴダール	6979B		
S. 9. 1	橇の夢唄	古山静夫	松坂なほみ	佐藤恒夫	6983A		
S. 9. 1	遠き思い	古山静夫	–	–	6983B		
S. 9. 2	君とタンゴ踊れば	黒田進	塚本篤夫	黒田進	7034A		
S. 9. 2	街の鼻唄	黒田進	松村又一	黒田進	7034B		
S. 9. 3	彼氏と彼女	黒田進	瞳潤子	高峯龍雄(夫)	7035B	アサヒ室内管絃楽団	
S. 9. 3	万歳音頭	東京市松／横田良一	野口雨情	大村能章	7036A		
S. 9. 3	さくら音頭	東京市松／横田良一	西岡水朗	山野芳作	7036B		
S. 9. 4	満洲音頭	黒田進／市松／ミス・アサヒ	松坂なおみ	黒田進	7056A		
S. 9. 4	輝く大満洲	黒田進	松村又一	佐藤長助	7056B		
S. 9. 4	花見音頭	黒田進	–	–	7057A		
S. 9. 4	弥生音頭	黒田進	–	–	7057B		
S. 9. 6	カフェー祭り	黒田進	松坂なほみ	黒田進	7089A		
S. 9. 6	おけさ踊り	東京梅子	松坂なほみ	山野芳作	7089B		
S. 9. 7	乙女の愁い	黒田進	–	–	7108A		
S. 9. 7	想いに思いに	ミス・アサヒ	–	–	7108B		
S. 9. 7	敷島音頭	黒田進	–	–	7109A		
S. 9. 7	峠日ぐれて	黒田進	–	–	7109B		
S. 9. 8	海は歌ふ	黒田進	–	–	7124A		
S. 9. 8	乙女十八	島田歌子	–	–	7124B		
S. 9. 8	納涼音頭	黒田進	村田吉邦	大村能章	7125A		
S. 9. 8	新だんちょね	喜久恵	–	–	7125B		
S. 9. 9	銀河の夜曲	黒田進	島田磬也	江口夜詩	7146A		

新譜年月	タイトル	歌唱・演唱・演者	作詞	作曲	レコード番号	演奏	備考
S. 8. 3	未練の雨	南地和歌吉	松本英一	近藤十九二	6592B		
S. 8. 3	何処へ涙を棄てましょう	島津千代子	―	―	6603A		
S. 8. 3	セダンでゆけば	島津千代子	―	―	6603B		
S. 8. 3	くよくよするな	立石喬子	―	―	6604A		
S. 8. 3	幻の小夜曲	立石喬子	―	―	6604B		
S. 8. ―	満洲開拓の歌	黒田進	宮崎良三郎	黒田進	6632A	GAオーケストラ	懸賞当選歌、流行小唄
S. 8. ―	大和魂でドン	黒田進	村田吉邦	黒田進	6632B	GAオーケストラ	原曲《乗切れ乗りきれ非常時》。明治時代の演歌《ダイナマイト節》の影響が見られる
S. 8. ―	微笑の唇	島津千代子	佐々木緑亭	高峰竜雄	6633A		
S. 8. ―	春の夜の唄	島津千代子	大和麦二	高峰竜雄	6633B		
S. 8. ―	野球(上)	生駒雷遊	―	―	6651A	アサヒオーケストラ	
S. 8. ―	野球(下)	生駒雷遊	―	―	6651B	アサヒオーケストラ	
S. 8. 6	涙の花よ	島津千代子	―	―	6660A		
S. 8. 6	泣いた昔が	島津千代子	―	―	6660B		
S. 8. 6	若人よ朗らかに	古山静夫	大和麦二	高峰竜雄	6661A	アサヒ室内楽団	
S. 8. 6	春の名残り	古山静夫	春風秋雨楼	近藤十九二	6661B	アサヒ室内楽団	
S. 8. 6	陸戦隊行進曲	黒田進	小国比沙志	阪東政一	6662A		
S. 8. 6	凱旋行進曲	黒田進	小国比沙志	阪東政一	6662B		
S. 8. 7	恋のヨーヨー	菊栄	―	―	6750A		
S. 8. 7	ヨーヨー小唄	黒田進	―		6750B		
S. 8. 7	島の乙女	酒井喜久恵	―	中野二郎	6751A		
S. 8. 7	ギターを弾けば	黒田進	―	中野二郎	6751B		
S. 8. 7	恋をしようなら	黒田進	宇目田虚史	中野二郎	6754A	中野二郎(ギター)	
S. 8. 7	酒場に捨てる恋ごころ	黒田進	本庄清	中野二郎	6754B		
S. 8. 7	夜霧に濡れて	黒田進	松坂直美	高峰龍(竜)雄	6755A		
S. 8. 7	渚の唄	谷田信子	―	―	6755B		
S. 8. 7	君よ見染めて	古山静夫	―	―	6756A		
S. 8. 7	愛しの君よ	谷田信子	―	―	6756B		
S. 8. 8	橘大隊長	榎本芝水	吉永經和	吉永經和	6815A		錦心流薩摩琵琶
S. 8. 8	橘大隊長	榎本芝水	吉永經和	吉永經和	6815B		錦心流薩摩琵琶
S. 8. 8	橘大隊長	榎本芝水	吉永經和	吉永經和	6816A		錦心流薩摩琵琶
S. 8. 8	橘大隊長	榎本芝水	吉永經和	吉永經和	6816B		錦心流薩摩琵琶
S. 8. ―	佐渡おけさ	松本丈一	―	―	6828A		
S. 8. ―	佐渡おけさ	松本丈一	―	―	6828B		
S. 8. 8	独木船(カヌー)を漕いで	川辺葭子	松村又一	中野二郎	6833A	アサヒ室内管絃楽団	

新譜年月	タイトル	歌唱・演唱・演者	作詞	作曲	レコード番号	演奏	備考
S. 7.12	リットンぶし（認識不足にも程がある）	黒田進	英はじめ	阪東政一	6422A		時局小唄
S. 7.12	あらまあ認識不足よ（リットン程ではないけれど）	谷田信子	英はじめ	阪東政一	6422B		時局小唄
S. 7.12	乗切れ乗切れ非常時	黒田進	英はじめ	近藤十九二	6423B		
S. 7.12	日本ファッショの歌	黒田進／毛利幸尚	小国比沙志	阪東政一	6424A		
S. 7.12	防空の歌	黒田進／毛利幸尚	水島千秋	松本四郎	6424B		「水島千秋」は島田芳文の変名
S. 7.12	泣き濡れて	織田のぶ子	大和麦二	高峰竜雄	6425A		
S. 7.12	想い出のクリスマス	織田のぶ子	−	中野二郎	6425B		
S. 7.12	哀しきシルエット	峯はるみ	−	−	6426A		
S. 7.12	なつかしき口笛	峯はるみ	−	−	6426B		
S. 7.12	みんな私を好きと云う	織田のぶ子	大和麦二	ハリー・ルビー	6427A	アサヒジャズバンド	
S. 7.12	プレジャンの船唄	黒田進	大和麦二	−	6427B	アサヒジャズバンド	
S. 8. 1	不如帰（1）	花石香二郎	−	−	6504A	アサヒオーケストラ	
S. 8. 1	不如帰（2）	花石香二郎	−	−	6504B	アサヒオーケストラ	
S. 8. 1	不如帰（3）	花石香二郎	−	−	6504A	アサヒオーケストラ	
S. 8. 1	不如帰（4）	花石香二郎	−	−	6504B	アサヒオーケストラ	
S. 8. 1	浪花しぐれ	立石喬子	−	−	6520A		
S. 8. 1	夜空にさゝやく	立石喬子	−	−	6520B		
S. 8. 1	うれし初夢	毛利幸尚／黒田進／谷田信子	−	−	6521A		
S. 8. 1	ジャズに浮かれて	毛利幸尚／黒田進／谷田信子	−	−	6521B		
S. 8. 1	うちのパパさん	古山静夫	大和麦二	黒田進	6522A	アサヒジャズバンド	
S. 8. 1	妾とても朗らかよ	峯はるみ	畑喜代司	阪東政一	6522B	アサヒジャズバンド	
S. 8. 1	燃ゆる想いを	島津千代子	大和麦二	高峰竜雄	6523A		
S. 8. 1	夢のメロディー（旋律）	島津千代子	水島千秋	高峰竜雄	6523B		
S. 8. 1	醒めて泣くより	古山静夫	松村又一	中野二郎	6524A		
S. 8. 1	幻を追うて	島津千代子	−	−	6524B		
S. 8. 1	抱いて抱かれて	島津千代子	−	−	6525A		
S. 8. 1	忘れちゃ嫌よ捨てちゃ嫌	島津千代子	−	−	6525B		
S. 8. 1	窓に倚りて	立石喬子	歌島花水	中野二郎	6529A		
S. 8. 1	黄昏に	立石喬子	大和麦二	中野二郎	6529B		
S. 8. 1	恋のスキーヤー	黒田進	大和麦二	高峰龍雄	6530A		
S. 8. 1	滑ろスキーで	谷田信子	水島千秋	高峰竜雄	6530B		
S. 8. 2	昭和青年行進曲	岡本喜美子／黒田高守／三島康子／津笠茂子／水沢周国／松浦祥明	出口王仁三郎	村田七光	6569A	昭和青年会オーケストラ部	
S. 8. 2	昭和青年の歌	昭和青年会	出口王仁三郎	村田七光	6569B		コーラス指揮・出口三千麿
S. 8. 2	昭和青年愛国歌	昭和青年合唱団	川崎清春	村田七光	6570A	昭和青年管絃楽団	
S. 8. 2	昭和青年神軍歌	昭和青年会合唱団	出口王仁三郎	村田七光	6570B	昭和青年管絃楽団	
S. 8. 3	泣いて見たとて	南地和歌吉	塚本篤夫	直川哲也	6592A		

新譜年月	タイトル	歌唱・演唱・演者	作　詞	作　曲	レコード番号	演　奏	備　考
S. 7. 7	太平洋航進曲(日米若し戦はば)	アサヒ合唱団	アサヒ文芸部	近藤十九二	6252A	アサヒオーケストラ	国防歌
S. 7. 7	守れ太平洋(日米若し戦はば)	アサヒ合唱団	松本英一	小松平五郎	6252B	アサヒオーケストラ	国防歌
S. 7. 7	想い出の葉影よ	阿部徳次	ー	ー	6253A		
S. 7. 7	月夜の囁き	桃山品子	ー	ー	6253B		
S. 7. 7	夏は嬉しや悩ましや	狩野澄子	ー	ー	6254A		
S. 7. 7	海のランデブウ	阿部徳次	ー	ー	6254B		
S. 7. 8	登山家の歌	黒田進	穂積久	黒田進	6279A		
S. 7. 8	青いヨットに帆をあげて	立石喬子	松村又一	阪東政一	6279B		
S. 7. 8	夜店ひやかし(バナナ屋の巻)	山野一郎	ー	ー	6282A		
S. 7. 8	夜店ひやかし(くすり売りの巻)	山野一郎	ー	ー	6282B		
S. 7. 8	恋は火車花車	黒田進	西崎義輝	阪東政一	6284A	アサヒジャズバンド	
S. 7. 8	哀しきメロデー	立石喬子	ー	ー	6284B		
S. 7. 8	そなた愛しや京人形	狩野澄子	ー	ー	6289A	アサヒストリングバンド	
S. 7. 8	やるせなき身の	古山静夫	西村酔香	近藤十九二	6289B	アサヒストリングバンド	
S. 7. 8	妾しゃ貴郎にSOSよ	市夫	ー	ー	6326A		
S. 7. 8	大丈夫誓ったわ	市夫	ー	ー	6326B		
S. 7. 9	そなた待つ間を	古山静夫	松村又一	高峰龍雄	6330A		
S. 7. 9	浜辺よさらば	古山静夫	穂積久	高峰龍雄	6330B		
S. 7.10	君待ちわびて	立石喬子	ー	ー	6359A		
S. 7.10	嘆きの月	立石喬子	ー	ー	6359B		
S. 7.10	一寸気になるね	黒田進	西崎義輝	阪東政一	6360A	アサヒジャズバンド	
S. 7.10	誰にも内密でね	佐藤緋奈子	ー	ー	6360B	アサヒジャズバンド	
S. 7.10	浮気バンザイ	黒田進	ー	ー	6361A		
S. 7.10	トララ！来たよマーチが	黒田進	ー	ー	6361B		
S. 7.10	情けに濡れて(恋のコスモス)	古山静夫	水島千秋	高峰龍雄	6362A		
S. 7.10	風も仄かに	古山静夫	水島千秋	高峰龍雄	6362B		
S. 7.10	夢に抱かれて	谷田信子	ー	中野二郎	6363A		
S. 7.10	薫る口紅	谷田信子	ー	中野二郎	6363B		
S. 7.10	君の口吻	古山静夫	西崎義輝	阪東政一	6364A		
S. 7.10	好いてくれる！	谷田信子	ー	ー	6364B		
S. 7.10	あんまり与(興)太るなよ	黒田進	松村又一	近藤十九二	6365A		
S. 7.10	あらファッションだネ	黒田進	ー	ー	6365B		
S. 7. 8	本能寺(1)	榎本芝水	ー	ー	6380A		薩摩琵琶詩吟
S. 7. 8	本能寺(2)	榎本芝水	ー	ー	6380B		薩摩琵琶詩吟
S. 7.11	銀座しぐれ	谷田信子	水島千秋	高峰竜雄	6392A		
S. 7.11	銀座たんご(タンゴ)	谷田信子	山田としを	高峰竜雄	6392B		
S. 7.11	想いを載せて	古山静夫	山田としを	高峰龍雄	6393A		
S. 7.11	恋よ真赤なバラのよに	峯はるみ	山田としを	高峰龍(竜)雄	6393B		
S. 7.11	野茨の唄	古山静夫	水島千秋	近藤十九二	6394A		編曲・中野二郎
S. 7.11	故郷(ふるさと)よ	峯はるみ	村山清益	黒田進	6394B		
S. 7.11	とかなんとか言っても	谷田信子／黒田進	松村又一	阪東政一	6395A		
S. 7.11	生ける人形	谷田信子	西崎義輝	阪東政一	6395B		

新譜年月	タイトル	歌唱・演唱・演者	作詞	作曲	レコード番号	演奏	備考
S. 7. 2	泣くななげくな	佐藤緋奈子	―	―	6130B		
S. 7. 2	満蒙行進曲	黒田進	松村又一	筒井二郎	6131A	アサヒオーケストラ	時事小唄
S. 7. 2	十三対一(名誉の孤立)	黒田進	松村又一	近藤十九二	6131B		連盟小唄
S. 7. 2	北満守備の歌	江頭林二郎	村田吉邦	近藤十九二	6140A	アサヒオーケストラ	時局国民歌
S. 7. 2	雪の戦線	江頭林二郎	村田吉邦	近藤十九二	6140B	アサヒオーケストラ	時局国民歌。明治軍歌の《雪の進軍》の歌詞を借用
S. 7. 2	満蒙戦線視察(1)	浜口龍太郎	―	―	6141A	アサヒオーケストラ	
S. 7. 2	満蒙戦線視察(2)	浜口龍太郎	―	―	6141B	アサヒオーケストラ	
S. 7. 2	満蒙戦線視察(3)	浜口龍太郎	―	―	6142A	アサヒオーケストラ	
S. 7. 2	満蒙戦線視察(4)	浜口龍太郎	―	―	6142B	アサヒオーケストラ	
S. 7. 2	露営の唄(歌)	黒田進	塚本篤夫	筒井二郎	6145A	アサヒオーケストラ	時局小唄
S. 7. 2	戦線を憶う妻の唄	永井智子	塚本篤夫	近藤十九二	6145B	アサヒオーケストラ	時局小唄
S. 7. 2	目覚めゆく大地	黒田進	鹿山映二郎	森儀八郎	6147A		河合『目覚めよ感激』
S. 7. 2	生命の冠	永井智子	西川林之助	佐々木すぐる	6148A		
S. 7. 2	生命の冠	永井智子	塚本篤夫	佐々木すぐる	6148B		
S. 7. 2	俚謡集(上)	浮世亭出羽助	―	―	6154A		
S. 7. 2	俚謡集(下)	浮世亭出羽助	―	―	6154B		
S. 7. 2	処女の日の歌	黒田進	西川林之助	黒田進	6165A	アサヒストリングスバンド	新興『海に立つ虹』
S. 7. 4	夢と思えりゃこのわたし	青木静子	―	―	6192A	アサヒジャズバンド	
S. 7. 4	イットだね	黒田進	塚本篤夫	近藤十九二	6192B	アサヒジャズバンド	
S. 7. 4	独立守備隊の歌	黒田進	独立守備隊司令部(土井晩翠)	陸軍戸山学校(中川東男)	6199A	アサヒオーケストラ	時局小唄
S. 7. 4	噫従軍記者の歌(血染めの鉄筆)	黒田進	小国比沙志	阪東政一	6199B	アサヒオーケストラ	時局小唄
S. 7. 5	女軍出兵は真平よ	黒田進	塚本篤夫	近藤十九二	6170A	アサヒジャズバンド	東活『若殿行状記』
S. 7. 5	愛の暴風雨に傷ついて	黒田進	塚本篤夫	近藤十九二	6170B	アサヒジャズバンド	東活『若殿行状記』
S. 7. 5	肉弾三勇士の歌	黒田進	松村又一	近藤十九二	6208A	アサヒオーケストラ	時局壮烈歌
S. 7. 5	大航空行進曲	黒田進	小国比沙志	近藤十九二	6208B	アサヒオーケストラ	時局歌
S. 7. ―	噫空閑少佐(1)	太洋洲香海	―	―	6219A		
S. 7. ―	噫空閑少佐(2)	太洋洲香海	―	―	6219B		
S. 7. ―	噫空閑少佐(3)	太洋洲香海	―	―	6220A		
S. 7. ―	噫空閑少佐(4)	太洋洲香海	―	―	6220B		
S. 7. 7	君も案外紳士じゃないね	黒田進	―	ハイマン	6248A		
S. 7. 7	ガソリンボーイ三人組	黒田進	松村又一	ハイマン	6248B	アサヒジャズバンド	
S. 7. 7	逝く春よ	古山静夫	春風秋雨楼	近藤十九二	6250A		
S. 7. 7	夜の薔薇	河村婦美子	―	―	6250B		
S. 7. 7	君を慕いて	古山静夫	穂積久	筒井二郎	6251A	アサヒギターバンド	
S. 7. 7	乙女心	狩野澄子	―	―	6251B		

新譜年月	タイトル	歌唱・演唱・演者	作詞	作曲	レコード番号	演奏	備考
S. 6.12	あれ程信じていた君が	佐藤緋奈子	−	−	5983B		
S. 6.12	妾の心は朗らかよ	市夫	−	−	5984A		
S. 6.12	やっぱり切る気か	佐藤緋奈子	塚本篤夫	鳥取春陽	5984B		
S. 6.12	紅い実のなる恋の木よ	島津一郎	筒井二郎	ナポリ民謡	5994A		
S. 6.12	口笛きけよいとしの君	島津一郎	筒井二郎	ナポリ民謡	5994B		
S. 6.12	恋のテープ	市夫	−	−	5998A		
S. 6.12	恋のテープ	佐藤緋奈子	−	−	5998B		
S. 7. 1	妾あなたのものなのよ	市夫	−	−	6019A		
S. 7. 1	妾あなたのものなのよ	佐藤緋奈子	−	−	6019B		
S. 7. 1	ネーネー妾幸福よ	西村智恵子	−	−	6024A		
S. 7. 1	すみ子の歌	西村智恵子	−	−	6024B		
S. 7. 1	京洛小唄	西村智恵子	−	−	6025A		
S. 7. 1	京洛小唄	市夫	−	−	6025B		
S. 7. 1	女は恋に弱いのよ	西村智恵子	−	−	6026A		
S. 7. 1	女は恋に弱いのよ	市夫	−	−	6026B		
S. 7. 1	ヘソとヘソ(上)	浮世亭出羽助／荒川歌江	−	−	6044A		
S. 7. 1	ヘソとヘソ(下)	浮世亭出羽助／荒川歌江	−	−	6044B		
S. 7. 1	百パーセントのどろ(上)	柳家三太樓	−	−	6046A		
S. 7. 1	百パーセントのどろ(下)	柳家三太樓	−	−	6046B		
S. 7. 1	米揚いかき(3)	桂春団治	−	−	6048A		
S. 7. 1	米揚いかき(4)	桂春団治	−	−	6048B		
S. 7. 1	話が少しあるんだよ	市夫	−	−	6052A		
S. 7. 1	涙で笑っているだけよ	佐藤緋奈子	−	−	6052B		
S. 7. 1	宵の花街	利根虹二	−	−	6056A		
S. 7. 1	私しゃどうでも好きなのよ	利根虹二	−	−	6056B		
S. 7. 1	アラリーラの唄	黒田進	松村又一	黒田進	6065A	アサヒジャズバンド	
S. 7. 1	アラすまないネ	佐藤緋奈子	−	−	6065B	アサヒジャズバンド	
S. 7. 1	アパート小唄	佐藤緋奈子	長田恒雄	黒田進	6066A	アサヒジャズバンド	
S. 7. 1	恨みもせずにむせび泣き	佐藤緋奈子	塚本篤夫	黒田進	6066B	アサヒジャズバンド	
S. 7. 1	切れちゃいけない恋の糸	西村智恵子	−	−	6070A		
S. 7. 1	切れちゃいけない恋の糸	市夫	−	−	6070B		
S. 7. 2	清水次郎長(1)	生駒雷遊	−	−	6113A		
S. 7. 2	清水次郎長(2)	生駒雷遊	−	−	6113B		
S. 7. 2	清水次郎長(3)	生駒雷遊	−	−	6114A		
S. 7. 2	清水次郎長(4)	生駒雷遊	−	−	6114B		
S. 7. 2	あゝ想い出よ	黒田進	西岡水朗	近藤十九二	6119A		
S. 7. 2	独りぼっちの遺瀬なさ	青木静子	塚本篤夫	黒田進	6119B		
S. 7. 2	昨夜の夢が本当なら	佐藤緋奈子	−	−	6121A		
S. 7. 2	恋は真平よ	佐藤緋奈子	−	−	6121B		
S. 7. 2	丸の内五人女	永井智子	塚本篤夫	近藤十九二	6125A		
S. 7. 2	ミス・丸の内	永井智子	西川林之助	近藤十九二	6125B		
S. 7. 2	私貴郎が心配よ	市夫	−	−	6126A		
S. 7. 2	私貴郎が心配よ	佐藤緋奈子	−	−	6126B		
S. 7. 2	牢獄の花嫁	市夫	−	−	6130A		

新譜年月	タイトル	歌唱・演唱・演者	作詞	作曲	レコード番号	演奏	備考
S. 5.12	ぢよんがら節(下)	和田如月	—	—	5670B		
S. 5.12	浮かれ猟人	アサヒ歌劇団	—	—	5675A		
S. 5.12	浮かれ猟人	アサヒ歌劇団	—	—	5675B		
S. 6. 1	出羽助の放送	浮世亭出羽助／荒川歌江	—	—	5700A		
S. 6. 1	東雲節	浮世亭出羽助／荒川歌江	—	—	5700B		
S. 6. —	花井お梅(1)	薄田畔暁	—	—	5743A		
S. 6. —	花井お梅(2)	薄田畔暁	—	—	5743B		
S. 6. —	花井お梅(3)	薄田畔暁	—	—	5744A		
S. 6. —	花井お梅(4)	薄田畔暁	—	—	5744B		
S. 6. —	出羽助のジャズ小唄	浮世亭出羽助／荒川歌江	—	—	5750A		
S. 6. —	滑稽不如帰	浮世亭出羽助／荒川歌江	—	—	5750B		
S. 6. —	近藤勇(1)	薄田畔暁	—	—	5798A		
S. 6. —	近藤勇(2)	薄田畔暁	—	—	5798B		
S. 6. —	近藤勇(3)	薄田畔暁	—	—	5799A		
S. 6. —	近藤勇(4)	薄田畔暁	—	—	5799B		
S. 6. —	捨次の磯節(上)	砂川捨次／荒川歌江	—	—	5802A		
S. 6. —	捨次の磯節(下)	砂川捨次／荒川歌江	—	—	5802B		
S. 6.10	恋に師匠はないものよ	西村智恵子	—	—	5935A		
S. 6.10	恋に師匠はないものよ	市夫	—	—	5935B		
S. 6.10	紐育の囁き	佐藤緋奈子	塚本篤夫	F・レイモンド	5936A	アサヒオーケストラ	
S. 6.10	ミス・ニッポン	佐藤緋奈子	—	—	5936B		
S. 6.10	だって淋しいからなのよ	西村智恵子	—	—	5937A		
S. 6.10	だって淋しいからなのよ	市夫	—	—	5937B		
S. 6.10	思い直して頂戴な	佐藤緋奈子	塚本篤夫一	鳥取春陽	5938A		
S. 6.10	妾は恋のジプシーよ	佐藤緋奈子	塚本篤夫	筒井二郎	5938B		
S. 6.11	赤垣源蔵(1)	酒井雲	—	—	5945A		
S. 6.11	赤垣源蔵(2)	酒井雲	—	—	5945B		
S. 6.11	赤垣源蔵(3)	酒井雲	—	—	5946A		
S. 6.11	赤垣源蔵(4)	酒井雲	—	—	5946B		
S. 6.11	女は弱くて強いもの	佐藤緋奈子	—	—	5949A		
S. 6.11	キッスセレナード	佐藤緋奈子	—	—	5949B		
S. 6.11	軍人と人参(上)	砂川捨次／荒川歌江	—	—	5963A		
S. 6.11	軍人と人参(下)	砂川捨次／荒川歌江	—	—	5963B		
S. 6.11	天狗の夫婦(上)	浮世亭出羽助／荒川歌江	—	—	5966A		
S. 6.11	天狗の夫婦(下)	浮世亭出羽助／荒川歌江	—	—	5966B		
S. 6.11	コブ取り爺さん(上)	アサヒ歌劇団	—	—	5978A		
S. 6.11	コブ取り爺さん(下)	アサヒ歌劇団	アサヒ歌劇団	—	5978B		
S. 6.11	アリラン節	島津一郎	—	朝鮮民謡	5979A	アサヒクラシカルジャズバンド	
S. 6.11	逢えなきゃいゝのよ	佐藤緋奈子	—	—	5979B	アサヒクラシカルジャズバンド	
S. 6.12	早く帰って頂戴ネ！	佐藤緋奈子	—	—	5980A		
S. 6.12	早く帰って頂戴ネ！	市夫	—	—	5980B		
S. 6.12	あれ程信じていた君が	市夫	—		5983A		

新譜年月	タイトル	歌唱・演唱・演者	作詞	作曲	レコード番号	演奏	備考
S. 5. 5	恋愛戦線異常あり	アサヒ喜歌劇団	—	—	5478A		
S. 5. 5	恋愛戦線異常あり	アサヒ喜歌劇団	—	—	5478B		
S. 5. 6	さすらいの唄	南光陽	—	鳥取春陽	5493A		
S. 5. 6	浮草の旅	南光陽	鳥取春陽	鳥取春陽	5493B		
S. 5. 6	麻雀小唄	越中席金竜	平井潮湖	鳥取春陽	5496A		
S. 5. 6	酒場の女王	越中席金竜	—	—	5496B		
S. 5. 7	国定忠次	砂川鶴丸	—	—	5515A		
S. 5. 7	国定忠次	砂川鶴丸	—	—	5515B		
S. 5. 7	千両幟(上)	桜川大龍	—	—	5517A		
S. 5. —	千両幟(下)	桜川大龍	—	—	5517B		
S. 5. 7	夕ぐれ	南陽清次	—	—	5522A		
S. 5. 7	秋の夜	南陽清次	—	—	5522B		
S. 5. 7	紀州音頭	越仲席金龍	—	—	5523A		
S. 5. 7	本牧小唄	越仲金龍	—	—	5523B		
S. 5. 7	ヴェニスの舟唄	南光陽	—		5526A		
S. 5. 7	夜の道頓堀	南光陽	—	—	5526B		
S. 5. 7	懋ゆえに	加美一枝	—	—	5527A		
S. 5. 7	デモネー	加美一枝	—	—	5527B		
S. 5. 7	スピード時代	笑福亭枝鶴	—	—	5536A		
S. 5. 7	スピード時代	笑福亭枝鶴	—	—	5536B		
S. 5. 7	蛸坊主	砂川捨次／荒川歌江	—	—	5537A		
S. 5. 7	蛸坊主	砂川捨次／荒川歌江	—	—	5537B		
S. 5. 7	新舞子小唄	松山みどり	—	—	5541A		
S. 5. 7	新舞子小唄	大和家杵子	—	—	5541B		
S. 5. 7	登山行進曲	松山みどり	—	—	5554A		
S. 5. 7	深川	黒田進	—	—	5555A		
S. 5. 7	桑名の殿様	黒田進	—	—	5555B		
S. 5. 8	後ろ姿	東一声	—	—	5584A		
S. 5. 8	君を想ふ時	東一聲	—	—	5584B		
S. 5. 8	百パーセント	東一聲	—	—	5586A		
S. 5. 8	悩ましの胸	東一聲	—	—	5586B		
S. 5. 8	旅行	砂川捨次／荒川歌江	—	—	5597A		
S. 5. 8	東雲ぶし	砂川捨次／荒川歌江	—	—	5597B		
S. 5. 9	二八娘	黒田進	平井潮湖	鳥取春陽	5611A		
S. 5. 9	酒樽小唄	黒田進	平井潮湖	鳥取春陽	5611B		
S. 5. 9	洋行ばなし	砂川捨次／荒川歌江	—	—	5613A		
S. 5. 9	落ちてるよ	砂川捨次／荒川歌江	—	—	5613B		
S. 5. 9	エロ小唄	黒田進	平井潮湖	鳥取春陽	5614A		
S. 5. 9	新草津小唄	黒田進	—	—	5614B		
S. 5. —	米山甚句	明石倹きみ光	—	—	5639A		
S. 5. —	大津絵	明石倹きみ光	—	—	5639B		
S. 5. —	米山甚句	砂川捨次／荒川歌江	—	—	5669A		
S. 5. —	博多節	砂川捨次／荒川歌江	—	—	5669B		
S. 5.12	ぢよんがら節(上)	和田如月	—	—	5670A		

新譜年月	タイトル	歌唱・演唱・演者	作　詞	作　曲	レコード番号	演　奏	備　考
S. 5. 1	新磯節	鳥取春陽	—	—	5407A		
S. 5. 1	大漁節	鳥取春陽	—	—	5407B		
S. 5. 2	安来節	出雲福奴	—	—	5408A		
S. 5. 2	安来節	出雲福奴	—	—	5408B		
S. 5. 2	戀の思(ひ)出	鳥取春陽	鳥取春陽	鳥取春陽	5411A		ジャズ・カフェー小唄
S. 5. 2	私のメリー	鳥取春陽	鳥取春陽	鳥取春陽	5411B		ジャズ・カフェー小唄
S. 5. 2	華厳(日光けごん)	大和家杵子	—	—	5412A		
S. 5. 2	華厳(日光けごん)	丸山利子	—	—	5412B		
S. 5. 2	黒髪	上田芳憧(尺八)／楯城護(琴)	—	—	2425A		箏曲
S. 5. 2	黒髪	上田芳憧(尺八)／楯城護(琴)	—	—	2425B		
S. 5. 2	名古屋小唄	大和家杵子	—	—	5427A	アサヒジャズバンド	
S. 5. 2	名古屋小唄	城徳一	—	—	5427B	アサヒジャズバンド	
S. 5. 3	三崎小唄	鳥取春陽	—	—	5433A		
S. 5. 3	處女の唄	鳥取春陽	—	—	5433B		
S. 5. 3	旅は淋しや	丸山利子	—	—	5434A		
S. 5. 3	大和の四季	丸山利子	—	—	5434B		
S. 5. 3	深川節	友恵席菊榮	—	—	5435A		端唄・小唄
S. 5. 3	緑かいな	友恵席菊榮	—	—	5435B		端唄・小唄
S. 5. 4	草津小唄	大和家杵子	—	—	5450A	ピアノ	
S. 5. 4	湯もみ唄	大和家杵子	—	—	5450B	ピアノ	
S. 5. 4	青柳	大和家杵子	—	—	5451A	ピアノ	
S. 5. 4	潮来出島	大和屋杵子	—	—	5451B	ピアノ	
S. 5. 4	竹に雀デカンショ	和合連芸妓連中	—	—	5452A		
S. 5. 4	我が戀	和合連芸妓連中	—	—	5452B		
S. 5. 4	安来節	出雲福奴	—	—	5453A		
S. 5. 4	安来節	出雲福奴	—	—	5453B		
S. 5. 4	海の彼方へ	鳥取春陽	—	—	5454A		
S. 5. 4	花見小唄	鳥取春陽	—	—	5454A		
S. 5. 4	君恋しさに	東一聲	—	—	5455A		
S. 5. 4	カナリアに別れて	霧島八重子	—	—	5455B		
S. 5. 4	深川節	加藤溪水(尺八)	—	—	5456A		尺八レコード
S. 5. 4	奴さん	上杉溪堂	—	—	5456B		尺八レコード
S. 5. 4	国なまり(上)	砂川捨次／荒川歌江	—	—	5457A		漫才レコード
S. 5. 4	国なまり(下)	砂川捨次／荒川歌江	—	—	5457B		漫才レコード
S. 5. 4	都々逸	河内家芳子	—	—	5458A		
S. 5. 4	ラッパ節	荒川歌江	—	—	5458B		
S. 5. 5	み空の散歩(上)	アサヒお伽歌劇団	—	—	5463A		
S. 5. 5	み空の散歩(下)	アサヒお伽歌劇団	—	—	5463B		
S. 5. 5	和歌山行進曲	常盤静子	—	—	5477A	アサヒジャズバンド	
S. 5. 5	山の頂き	常盤静子	—	—	5477B	アサヒジャズバンド	

新譜年月	タイトル	歌唱・演唱・演者	作詞	作曲	レコード番号	演奏	備考
S. 4.10	こころがおどる	東一聲	—	—	5320A		ジャズ・カフェー小唄
S. 4.10	掛合ソング	東一聲	—	—	5320B		ジャズ・カフェー小唄
S. 4.10	君恋し	砂川捨次／荒川歌江	—	—	5321A		漫才レコード
S. 4.10	草津小唄	砂川捨次／荒川歌江	—	—	5321B		漫才レコード
S. 4.10	江差追分(前唄)	成田如雲竹	—	—	5322A		
S. 4.10	江差追分(本唄)	成田如雲竹	—	—	5322B		
S. 4.11	大島節	山村豊子	—	—	5335A		端唄・小唄
S. 4.11	琉球節	山村豊子	—	—	5335B		端唄・小唄
S. 4. —	浅く共	友恵席菊榮	—	—	5336A		端唄・小唄
S. 4.11	海晏寺	友恵席菊榮	—	—	5336B		端唄・小唄
S. 4.11	すいりやう節	堀江その	—	—	5337A		
S. 4.11	緑かいな	堀江その	—	—	5337B		
S. 4.11	可愛いピエロ	東一聲	—	—	5343A		ジャズ・カフェー小唄
S. 4.11	あの夕べ	東一聲	—	—	5343B		ジャズ・カフェー小唄
S. 4.12	草津小唄	山村豊子	—	—	5351A		端唄・小唄
S. 4.12	山中小唄	山村豊子	—	—	5351B		端唄・小唄
S. 4.12	安来節	山村豊子	—	—	5352A		端唄・小唄
S. 4.12	小原節	山村豊子	—	—	5352B		端唄・小唄
S. 4.12	国境節	山村豊子	—	—	5353A		端唄・小唄
S. 4.12	豪傑節	山村豊子	—	—	5353B		端唄・小唄
S. 5. 1	我が戀	堀江その	—	—	5358A		端唄・小唄
S. 5. 1	さのさ節	堀江その	—	—	5358B		端唄・小唄
S. 5. 1	忠臣蔵三段目(上)	砂川捨次／荒川歌江	—	—	5359A		
S. 5. 1	忠臣蔵三段目(下)	砂川捨次／荒川歌江	—	—	5359B		
S. 5. 1	阿波鳴門	竹本雛昇	—	—	5370A		浄瑠璃
S. 5. 1	阿波鳴門	竹本雛昇	—	—	5370B		浄瑠璃
S. 5. 1	恋慕流し	大阪南陽菊榮	—	—	5371A		端唄・小唄
S. 5. 1	金城小唄	大阪南陽菊榮	—	—	5371B		端唄・小唄
S. 5. 1	青柳	一豆	—	—	5372A		
S. 5. 1	館山	一豆	—	—	5372B		
S. 5. 1	大阪四季	大阪南陽清次	—	—	5373A		
S. 5. 1	大津絵	大阪南陽清次	—	—	5374B		
S. 5. 1	流行の今昔(上)	砂川捨次／荒川歌江	—	—	5383A		漫才レコード
S. 5. 1	流行の今昔(下)	砂川捨次／荒川歌江	—	—	5383B		漫才レコード
S. 5. 1	お花金右衛門	京山小圓	—	—	5394A		
S. 5. 1	お花金右衛門	京山小圓	—	—	5395B		
S. 5. 1	我が戀	堀江その	—	—	5398A		
S. 5. 1	さのさ節	堀江その	—	—	5398B		
S. 5. 1	良いじゃありませんか	大和家杵子	鳥取春陽	鳥取春陽	5405A		
S. 5. 1	良いじゃありませんか	大和家杵子	鳥取春陽	鳥取春陽	5405B		

新譜年月	タイトル	歌唱・演唱・演者	作詞	作曲	レコード番号	演奏	備考
S. 4. 7	夕暮れ	山村豊子	—	—	5245A		端唄・小唄
S. 4. 7	槍さび	山村豊子	—	—	5245B		端唄・小唄
S. 4. 7	夕暮れ	友恵席菊榮	—	—	5248A		端唄・小唄
S. 4. 7	伊予節	友恵席菊榮	—	—	5248B		端唄・小唄
S. 4. 8	安来節	出雲福奴	—	—	5256A		
S. 4. 8	安来節	出雲福奴	—	—	5256B		
S. 4. 8	ジャズが鳴る	東一聲	—	—	5262A		
S. 4. 8	ハンドバ(バ)ックモダン	東一聲	—	—	5262B		
S. 4. 8	好きなあの人	東一聲	—	—	5276A	アサヒジャズバンド	ジャズ小唄
S. 4. 8	思出の夕べ	東一聲	—	—	5276B	アサヒジャズバンド	ジャズ小唄
S. 4. 8	道頓堀の夕涼	東一聲	—	—	5277A		ジャズ・カフェー小唄
S. 4. 8	女給さんの恋	東一聲	—	—	5277B		ジャズ・カフェー小唄
S. 4. 9	チャンチューの唄	東一聲	—	—	5278A		ジャズ・カフェー小唄
S. 4. 9	別れのキッス	東一聲	—	—	5278B		ジャズ・カフェー小唄
S. 4. 9	アパッシューの唄	東一聲	—	—	5288A		ジャズ・カフェー小唄
S. 4. 9	佐渡は四十九里	東一聲	—	—	5288B		ジャズ・カフェー小唄
S. 4. 9	彌作の鎌腹(1)	近江安土／桜川梅勇	—	—	5289A		
S. 4. 9	彌作の鎌腹(2)	近江安土／桜川梅勇	—	—	5289B		
S. 4. 9	薄墨	友恵席菊榮	—	—	5296A		
S. 4. 9	書き送る	友恵席菊榮	—	—	5296B		
S. 4. 9	越後獅子	山村豊子	—	—	5297A	鳥取春陽(ピアノ)／加藤溪水(尺八)	
S. 4. 9	五段返し	山村豊子	—	—	5297B	鳥取春陽(ピアノ)／加藤溪水(尺八)	
S. 4.10	好きなあの人	東一聲	—	—	5276A	アサヒジャズバンド	ジャズ小唄
S. 4.10	思出の夕べ	東一聲	—	—	5276B	アサヒジャズバンド	
S. 4.10	シンシン問答(上)	砂川捨次／荒川歌江	—	—	5303A		
S. 4.10	シンシン問答(下)	砂川捨次／荒川歌江	—	—	5303B		
S. 4.10	春雨	友恵席菊榮	—	—	5307A	鳥取春陽(ピアノ)／加藤溪水(尺八)	
S. 4.10	梅にも春	友恵席菊榮	—	—	5307B	鳥取春陽(ピアノ)／加藤溪水(尺八)	
S. 4.10	新磯節	友恵席菊榮	—	—	5308A		
S. 4.10	鴨緑江節	友恵席菊榮	—	—	5308B		
S. 4.10	美しい女給さん	アサヒ喜歌劇団	—	—	5314A		
S. 4.10	美しい女給さん	アサヒ喜歌劇団	—	—	5314B		
S. 4.10	磯節	友恵席菊榮	—	—	5316A		
S. 4.10	大津絵	友恵席菊榮	—	—	5316B		

新譜年月	タイトル	歌唱・演唱・演者	作詞	作曲	レコード番号	演奏	備考
S. 4. 4	宵の花町	岸邊里子	—	—	5164A		
S. 4. 4	廓行進曲	岸邊里子	—	—	5164B		
S. 4. 5	好きなあの人	東一聲	—	—	5176A		ジャズ・カフェー小唄
S. 4. 5	思出の夕べ	東一聲	—	—	5176B		ジャズ・カフェー小唄
S. 4. 5	都々逸	堀江その	—	—	5178A		端唄・小唄
S. 4. 5	都々逸	堀江その	—	—	5178B		端唄・小唄
S. 4. 5	懐かしのエプロン	東一聲	—	—	5182A		ジャズ・カフェー小唄
S. 4. 5	別れの戀	東一聲	—	—	5182B		ジャズ・カフェー小唄
S. 4. 5	トテシャン節	山村豊子	—	—	5189A		端唄・小唄
S. 4. 5	景気節	山村豊子	—	—	5189B		端唄・小唄
S. 4. 5	浮気者	東一聲	—	—	5195A		ジャズ・カフェー小唄
S. 4. 5	戀の花	東一聲	—	—	5195B		ジャズ・カフェー小唄
S. 4. 5	薄墨	友恵席菊榮	—	—	5196A		
S. 4. 5	書き送る	友恵席菊榮	—	—	5196B		
S. 4. 5	都々逸	友恵席菊榮	—	—	5197A		
S. 4. 5	都々逸	友恵席菊榮	—	—	5197B		
S. 4. 5	奴さん、	大阪南陽友恵席菊榮	—	—	5198A		端唄・小唄
S. 4. 5	降りて行く	大阪南陽友恵席菊榮	—	—	5198B		端唄・小唄
S. 4. 6	秋の夜	友恵席菊榮	—	—	5202A		端唄・小唄
S. 4. 6	青柳	友恵席菊榮	—	—	5202B		端唄・小唄
S. 4. 6	酒場の桜	東一聲	—	—	5214A	アサヒジャズバンド	
S. 4. 6	ラインの流れ	東一聲	—	—	5214B	アサヒジャズバンド	
S. 4. 6	佐渡おけさ節	常盤静子	—	—	5216A	アサヒジャズバンド	ジャズ・カフェー小唄
S. 4. 6	串本節	常盤静子	—	—	5216B	アサヒジャズバンド	ジャズ・カフェー小唄
S. 4. 6	三都小唄	友恵席菊榮	—	—	5219A		
S. 4. 6	館山節	友恵席菊榮	—	—	5219B		
S. 4. 6	さざ波	東一聲	—	—	5220A		ジャズ・カフェー小唄
S. 4. 6	瀬戸の港	東一聲	—	—	5220B		ジャズ・カフェー小唄
S. 4. 6	関の五本松	常盤静子	—	—	5222A	アサヒジャズバンド	
S. 4. 6	木曽節	常盤静子	—	—	5222B	アサヒジャズバンド	
S. 4. 7	春雨、	大阪南陽友恵席菊榮	—	—	5238A		端唄・小唄
S. 4. 7	梅にも春	大阪南陽友恵席菊榮	—	—	5238B		端唄・小唄
S. 4. 7	わし国	山村豊子	—	—	5241A		端唄・小唄
S. 4. 7	館山節	山村豊子	—	—	5241B		端唄・小唄

新譜年月	タイトル	歌唱・演唱・演者	作詞	作曲	レコード番号	演奏	備考
S. 3.10	紺屋高尾	雲心坊	—	—	5025A		2枚組浪花節レコード
S. 3.10	紺屋高尾	雲心坊	—	—	5025B		2枚組浪花節レコード
S. 3.10	藪井玄以	日吉川秋齋	—	—	5093A		浪花節
S. 3.10	藪井玄以	日吉川秋齋	—	—	5093B		浪花節
S. 3.10	海賊房次郎	東家左樂遊	—	—	5101A		浪花節
S. 3.10	海賊房次郎	東家左樂遊	—	—	5101B		浪花節
S. 3.10	青柳	明石倹みき光	—	—	5102A		ピアノ演奏入り
S. 3.10	深川くづし	明石倹光	—	—	5102B		ピアノ演奏入り
S. 3.10	乃木将軍涙の渡舟場	天光軒満月	—	—	5106A		浪花節
S. 3.10	乃木将軍涙の渡舟場	天光軒満月	—	—	5106B		浪花節
S. 3.10	乃木将軍涙の渡舟場	天光軒満月	—	—	5107A		浪花節
S. 3.10	乃木将軍涙の渡舟場	天光軒満月	—	—	5107B		浪花節
S. 3.10	天保水滸伝	木村重行	—	—	5108		浪花節
S. 3.11	二上り新内	山村豊子	—	—	5115A		端唄・小唄
S. 3.11	博多節	山村豊子	—	—	5115B		端唄・小唄
S. 3.12	深川節	山村豊子	—	—	5121A		
S. 3.12	桑名の殿様	山村豊子	—	—	5121B		オーケストラ演奏
S. 4. 1	秋の夜	山村豊子	—	—	5130A		端唄・小唄
S. 4. 1	青柳	山村豊子	—	—	5130B		端唄・小唄
S. 4. 1	カフェー小唄	岸邊里子	—	—	5136A		ジャズ・カフェー小唄
S. 4. 1	ウエストレス小唄	岸邊里子	—	—	5136B		ジャズ・カフェー小唄
S. 4. 1	チェリー・ソング	東一聲	—	—	5137A		
S. 4. 1	カフェーの女王	東一聲	—	—	5137B		
S. 4. —	追分	和田如月	—	—	5141A		
S. 4. —	三下り馬子唄	和田如月	—	—	5141B		
S. 4. —	奴さん	山村豊子	—	—	5142A		端唄・小唄
S. 4. —	活惚	山村豊子	—	—	5142B		端唄・小唄
S. 4. —	新磯節	山村豊子	—	—	5143A		
S. 4. —	鴨緑江節	山村豊子	—	—	5143B		
S. 4. 4	濱唄物語	東一聲	—	—	5151A		
S. 4. 4	濱唄物語	東一聲	—	—	5151B		
S. 4. 4	アラビヤの歌	東一聲	—	フィッシャー	5152A		
S. 4. 4	青空	東一聲		ドナルドソン	5152B		
S. 4. 4	滑稽三段目(上)	アサヒ漫劇団	—	—	5153A		お伽歌劇
S. 4. 4	滑稽三段目(下)	アサヒ漫劇団	—	—	5153B		お伽歌劇
S. 4. 4	橘中佐	川原旭鳳	—	—	5154		筑前琵琶
S. 4. 4	橘中佐	川原旭鳳	—	—	5155		筑前琵琶
S. 4. 4	二上り新内	友恵席菊榮	—	—	5159A		
S. 4. 4	博多節	友恵席菊榮	—	—	5159B		

新譜年月	タイトル	歌唱・演唱・演者	作詞	作曲	レコード番号	演奏	備考
S. 3. －	小原節	山村豊子	－	－	5012A		
S. 3. －	小原節	山村豊子	－	－	5012B		
S. 3. －	小猿七之助	酒井雲	－	－	5022		浪花節
S. 3. －	小猿七之助	酒井雲	－	－	5023		浪花節
S. 3. －	紺屋高尾	雲心坊	－	－	5024		2枚組浪花節レコード
S. 3. －	紺屋高尾	雲心坊	－	－	5025		2枚組浪花節レコード
S. 3. －	博多節	山村豊子	－	－	5030A		
S. 3. －	博多節	山村豊子	－	－	5030B		
S. 3. －	松阪節	山村豊子	－	－	5031A		
S. 3. －	満洲節	山村豊子	－	－	5031B		
S. 3. －	国定忠次(「治」が「次」と表記)	東一聲／アサヒ文芸部員	－	－	5065A		
S. 3. －	国定忠次	東一聲／アサヒ文芸部員	－	－	5065B		
S. 3. －	国定忠次	東一聲／アサヒ文芸部員	－	－	5066A		
S. 3. －	国定忠次	東一聲／アサヒ文芸部員	－	－	5066B		
S. 3. －	赤城の夜嵐	東一聲	－	－	5066A		
S. 3. －	赤城の夜嵐	東一聲	－	－	5066B		
S. 3. －	紺屋高尾(1)	桜川梅勇	－	－	5068A		
S. 3. －	紺屋高尾(2)	桜川梅勇	－	－	5068B		
S. 3. －	権八小紫(上)	桜川梅勇	－	－	5070A		
S. 3. －	権八小紫(下)	桜川梅勇	－	－	5070B		
S. 3. －	雷電為右衛門	近江安土／桜川梅勇	－	－	5074A		
S. 3. －	雷電為右衛門	近江安土／桜川梅勇	－	－	5074B		
S. 3. －	笛と太鼓	高阪幸子	－	－	5083A		
S. 3. －	お庭の草花	高阪幸子	－	－	5083B		
S. 3. －	正調追分(前唄)	和田如月	－	－	5084A		
S. 3. －	正調追分(本唄)	和田如月	－	－	5084B		
S. 3. －	都々逸	山村豊子	－	－	5087A		
S. 3. －	都々逸	山村豊子	－	－	5087B		
S. 3. －	梅にも春替歌	山村豊子	－	－	5092A		
S. 3. －	御大典節	山村豊子	－	－	5092B		
S. 3. －	大石と堀部	壽々木米若	－	－	5094A		浪花節
S. 3. －	大石と堀部	壽々木米若	－	－	5094B		浪花節
S. 3. －	常陸丸	西郷天風	－	－	5097		薩摩琵琶
S. 3. －	常陸丸	西郷天風	－	－	5098		薩摩琵琶
S. 3. －	ヨサホイ節	山村豊子	－	－	5029A		オーケストラ演奏
S. 3. －	さゝや節	山村豊子	－	－	5029B		オーケストラ演奏
S. 3.10	紺屋高尾	雲心坊	－	－	5024A		2枚組浪花節レコード
S. 3.10	紺屋高尾	雲心坊	－	－	5024B		2枚組浪花節レコード

新譜年月	タイトル	歌唱・演唱・演者	作詞	作曲	レコード番号	演奏	備考
S. 6. 5	岡野金右衛門(3)	春野百合子	—	—	2637A		
S. 6. 5	岡野金右衛門(4)	春野百合子	—	—	2637B		
S. 7. 2	搖払ひの一夜(マドロスの唄)	黒田進	塚本篤夫	フィリップ・パレ	2641A	アサヒジャズバンド	オッソオ映画『搖払いの一夜』
S. 7. 2	悪く思ふなよ	黒田進	塚本篤夫	近藤十九二	2641B		パテ・ナタン映画『市街』
S. 7. 2	恋の巴里っ子	黒田進	塚本篤夫	ラルフ・エルウィン	2642A	アサヒジャズバンド	パテ・ナタン映画『市街』
S. 7. 2	モンパパ	永井智子	塚本篤夫	オーベル・フェルド	2642B	アサヒジャズバンド	
S. 7. 2	何が女を殺したか？	黒田進	鈴木重吉	黒田進	2650A	帝キネキノラオーケストラ	
S. 7. 2	何が女を殺したか？	小奈美	鈴木重吉	黒田進	2650B	奈美／帝キネキノラ和洋合奏団	
S. 7. 2	陸戦隊行進曲	黒田進	小国比沙志	阪東政一	2651A	アサヒオーケストラ	時局小唄
S. 7. 2	便衣隊討伐の歌	黒田進	小国比沙志	アサヒ文芸部	2651B	アサヒオーケストラ	時局小唄
S. 7. 2	凱旋行進曲	黒田進	小国比沙志	阪東政一	2652A	アサヒオーケストラ	時局小唄
S. 7. 2	満蒙新国家建設の歌	黒田進	小国比沙志	阪東政一	2652B	アサヒオーケストラ	時局小唄
S. 7. 2	おゝ天使	黒田進	畑喜代司	ルドルフ・フリムル	2659A	アサヒジャズバンド	ユナイテッド映画『魅力を賭けて』
S. 7. 2	私のオーロラ	永井智子	畑喜代司	ルドルフ・フリムル	2659B	アサヒジャズバンド	ユナイテッド『魅力を賭けて』
S. 7. 4	ヒ首メッキーの唄	黒田進	志保花明	クルトヴァイル	2660A	アサヒオーケストラ	トービス『三文オペラ』
S. 7. 4	惚れ合った二人	黒田進	志保花明	クルトヴァイル	2660B	アサヒオーケストラ	トービス『三文オペラ』
S. 7. 5	美装してね	黒田進	—	—	2638A		
S. 7. 5	お前と共に	黒田進	—	—	2638B		
S. 7. 6	ボクサーの唄	黒田進	—	—	2661A		
S. 7. 6	愉快な牛乳屋	黒田進	—	—	2661B		
S. 7. 6	輝く日本	黒田進	—	—	2649A		
S. 7. 6	ハロー上海	黒田進	—	—	2649B	アサヒオーケストラ	
S. 7. 6	あたしやお里がなつかしい	黒田進	松村又一	フレッド・ペリー／チャンゴン	2662A	アッコージョンオーケストラ	
S. 7. 6	打っちゃっとけよブブウル	黒田進	松村又一	フレッド・ペリー／チャンゴン	2662B	アッコージョンオーケストラ	

ツルレコード〈紺レーベル盤〉

新譜年月	タイトル	歌唱・演唱・演者	作詞	作曲	レコード番号	演奏	備考
S. 5. 1	山科の別れ	川原旭鳳	―	―	2515		筑前琵琶
S. 5. 1	山科の別れ	川原旭鳳	―	―	2516		筑前琵琶
S. 5. 2	懋の川内川	黒田進	―	―	2512A	アサヒジャズバンド	
S. 5. 2	薩摩小唄	立石知恵子	―	―	2512B	アサヒジャズバンド	
S. 5. 4	麻雀小唄	山田貞子	平井潮湖	鳥取春陽	2507A		
S. 5. 4	麻雀小唄	大和家杵子	平井潮湖	鳥取春陽	2507B		
S. 5. 4	追分	吉田千秋	―	―	2511A		
S. 5. 4	追分	吉田千秋	―	―	2511B		
S. 5. 4	佐倉の宗五郎	京山圓	―	―	2517A		
S. 5. 4	佐倉の宗五郎	京山圓	―	―	2517B		
S. 5. 4	佐倉の宗五郎	京山圓	―	―	2518A		
S. 5. 4	佐倉の宗五郎	京山圓	―	―	2518B		
S. 5. 4	白波(浪)五人男	東京歌舞伎ばやし連中	―	―	2531A		
S. 5. 4	白波(浪)五人男	東京歌舞伎はやし連中	―	―	2531B		
S. 5. 5	磐城小唄	山田貞子	―	―	2532A		
S. 5. 5	さんざ時雨	山田貞子	―	―	2532B		
S. 5. 5	麻雀小唄	黒田進	平井潮湖	鳥取春陽	2535A		
S. 5. 5	良いじゃありませんか(上野小唄)	黒田進	鳥取春陽	鳥取春陽	2535B	アサヒジャズバンド	
S. 5. 6	荒城の月	黒田進	土井晩翠	滝廉太郎	2540A		
S. 5. 6	椿姫の唄	黒田進	マキノ文芸部	鳥取春陽	2540B		
S. 5. 6	私しゃ一人で泣くばかり	山田貞子	―	―	2541A		
S. 5. 6	オーソレ・ミオ	山田貞子	―	―	2541B		
S. 5. 7	アカシヤの花の散る頃	黒田進	―	―	2545A		
S. 5. 7	南国の唄	黒田進	―	―	2545B		
S. 5. 7	夏の行進曲	山田貞子	―	―	2546A		
S. 5. 7	スピード時代	山田貞子	―	―	2546B		
S. 5.	青い大空	内田栄一	サトウ・ハチロー	堀内敬三	2582A		映画『大空軍』
S. 5.	大空軍	雨宮純	―	―	2582B		
S. 6. 3	愛よ人類と共にあれ	島津一郎	塚本篤夫	近藤十九二	2600A	アサヒジャズバンド	松竹『愛よ人類と共にあれ』
S. 6. 3	愛よ人類と共にあれ	市雄(夫)	塚本篤夫	近藤十九二	2600B	アサヒジャズバンド	松竹『愛よ人類と共にあれ』
S. 6. 4	荒城の月	阿部秀子	土井晩翠	滝廉太郎	2619A		
S. 6. 4	馬子は良い声	阿部秀子	―	―	2619B		
S. 6. 4	君が代	阿部秀子	―	―	2620A		
S. 6. 4	明治節	阿部秀子	―	―	2620B		
S. 6. 4	アリラン節	阿部秀子	―	―	2625A		
S. 6. 4	若き日の唄	阿部秀子	―	―	2625B		
S. 6. 4	港の娘	阿部秀子	平井潮湖	鳥取春陽	2626A		
S. 6. 4	片思い	阿部秀子	平井潮湖	鳥取春陽	2626B		
S. 6. 5	岡野金右衛門(1)	春野百合子	―	―	2636A		
S. 6. 5	岡野金右衛門(2)	春野百合子	―	―	2636B		

新譜年月	タイトル	歌唱・演唱・演者	作詞	作曲	レコード番号	演奏	備考
S. 4. 3	黄昏の唄	鳥取春陽	水島流口	鳥取春陽	2452B	アサヒ管弦楽団	酒場小唄
S. 4. 3	天桂寺の一本橋	藤本政子	―	藤井清水	2453A	高木東六(ピアノ)	
S. 4. 3	紡車	藤本政子	―	―	2453B	高木東六(ピアノ)	
S. 4. 3	お江戸日本橋	黒田進	―	―	2459A		
S. 4. 3	夜の銀座	黒田進	野口雨情	藤井清水	2459B		
S. 4. 8	舞阪音頭	鳥取春陽	―	―	2466A		
S. 4. 8	舞阪音頭	鳥取春陽	―	―	2466B		
S. 4. 8	君を慕いて	黒田進	鳥取春陽	鳥取春陽	2467A		
S. 4. 8	犬山音頭	黒田進	―	―	2468A	アサヒジャズバンド	
S. 4. 8	郡上の八幡	黒田進	―	―	2468B	アサヒジャズバンド	
S. 4. 9	小原節	小原花房	―	―	2480A		
S. 4. 9	小原節	小原花房	―	―	2480B		
S. 4. 9	思出(スーベニヤ)	黒田進	川畑誠二		2482A	アサヒジャズバンド	
S. 4. 9	君のおもかげ	黒田進	川畑誠二	―	2482B	アサヒジャズバンド	
S. 4. ―	大阪夜曲	黒田進	奈良貫一	鳥取春陽	2482B		「奈良貫一」は鳥取春陽の変名
S. 4. 9	四季の東京	鳥取春陽	鳥取春陽	鳥取春陽	2484A		
S. 4. 9	四季の大阪	友恵席栄	鳥取春陽	鳥取春陽	2482B		
S. 4.10	コータン(鎮江を憶ふ)	黒田進	―	―	2487A	ピアノ・赤羽武夫	テノール独唱
S. 4.10	避暑地の別れ	黒田進	―	―	2487B	ピアノ・赤羽武夫	テノール独唱
S. 4.10	いとしの戀人	黒田進	―	―	2487A	アサヒジャズバンド	ジャズ小唄
S. 4.10	かえり咲く戀	黒田進	―	―	2487B	アサヒジャズバンド	ジャズ小唄
S. 4.10	港の娘	鳥取春陽	―	―	2488A	アサヒ管弦楽団	酒場小唄
S. 4.10	歓楽の影	鳥取春陽	―	―	2488B	アサヒ管弦楽団	酒場小唄
S. 4.10	村祭り	鳥取春陽	―	―	2489A		
S. 4.10	村祭り	鳥取春陽	―	―	2489B		
S. 4.10	馬方節	本多千鳥	―	―	2490A		
S. 4.10	馬方節	本多千鳥	―	―	2490B		
S. 4.10	巡礼節　地蔵御和讃(1)	山崎浄音外	―	―	2492A		
S. 4.10	巡礼節　地蔵御和讃(2)	山崎浄音外	―	―	2492B		
S. 4.10	巡礼節　地蔵御和讃(3)	山崎浄音外	―	―	2493A		
S. 4.10	巡礼節　地蔵御和讃(4)	山崎浄音外	―	―	2493B		
S. 5. 1	宝塚小唄	南地越仲席富勇／石川席駒次、富子(三味線)	西川林之助	鳥取春陽	2504A		
S. 5. 1	麦打ちの唄	黒田進	―	―	2509A		
S. 5. 1	ステンカラズィン	黒田進	―	ロシア民謡	2509B		
S. 5. 1	恋慕小唄(上)	丸山利子／南陽菊栄／鳥取春陽	渋谷白涙	鳥取春陽	2510A		松竹『恋慕小唄』
S. 5. 1	恋慕小唄(下)	丸山利子／南陽菊栄／鳥取春陽	渋谷白涙	―	2510B		松竹『恋慕小唄』
S. 5. 1	かもめ	立石知恵子	―	―	2513A		
S. 5. 1	神田祭	林静一	―	―	2513B		
S. 5. 1	春が来たとて	黒田進	―	―	2514A		
S. 5. 1	子守唄	黒田進	―	―	2514B		

新譜年月	タイトル	歌唱・演唱・演者	作詞	作曲	レコード番号	演奏	備考
S. 3. 2	串本節	今奴	—	—	2178B		
S. 3. —	歓楽の夕べ	山村豊子	—	—	2232A		端唄・小唄
S. 3. —	新国境警備	山村豊子	—	—	2232B		端唄・小唄
S. 3. —	二上り新内	山村豊子	—	—	2233A		端唄・小唄
S. 3. —	名古屋甚句	山村豊子	—	—	2233B		端唄・小唄
S. 3. —	安来節	今奴	—	—	2237A		
S. 3. —	安来節	今奴	—	—	2237B		
S. 3. 8	草津小唄	南地越仲席富勇	—	—	2310A		
S. 3. 8	草津小唄	鳥取春陽	—	—	2310B		
S. 3. 8	鴨緑江節	南地越仲席富勇	—	—	2315A		
S. 3. 8	関の五本松	今奴	—	—	2315B		
S. 3. 8	出征の別れ	瀧静調	—	—	2330A		
S. 3. 8	出征の別れ	瀧静調	—	—	2330B		
S. 3.10	都々逸	天中軒月子	—	—	2359		小唄(浪曲入)
S. 3.10	江差追分	北海米子	—	—	2362A		
S. 3.10	江差追分	北海米子	—	—	2362B		
S. 3.10	桑名の殿様	大阪南地なべ	—	—	2377		小唄
S. 3.10	館山節	大阪南地なべ	—	—	2377		小唄
S. 3.10	唐崎の悲話 (斎藤内藏助馬子斬)	京山華千代	—	—	2392		浪花節
S. 3.10	唐崎の悲話 (斎藤内藏助馬子斬)	京山華千代	—	—	2393		浪花節
S. 3.10	安来節		—	—	2402A	千歳管絃団	調和楽
S. 3.10	奴さん		—	—	2402B	千歳管絃団	調和楽
S. 3.10	梅川忠兵衛	東小武蔵	—	—	2403		浪花節
S. 3.10	梅川忠兵衛	東小武蔵	—	—	2404		浪花節
S. 3.10	トロイカ	植村政子	—	—	2405A	高木東六(ピアノ)	
S. 3.10	河原柳	植村政子	—	—	2405B	高木東六(ピアノ)	
S. 3.10	大功記	竹本雛昇	—	—	2406A		義太夫
S. 3.10	大功記	竹本雛昇	—	—	2406B		義太夫
S. 3.10	深川節		—	—	2407A	アサヒジャズバンド	
S. 3.10	桑名の殿様		—	—	2407B	アサヒジャズバンド	
S. 4. 1	四ツ葉のクロバ	立石喬子	—		2427		立石喬子のデビュー曲
S. 4. 2	松前追分	成田雲竹	—	—	2434A		
S. 4. 2	松前追分	北海米子	—	—	2434B		
S. 4. 3	荒城の月	黒田進	土井晩翠	滝廉太郎	2439A		
S. 4. 3	秋の月	黒田進	—	滝廉太郎	2439B		
S. 4. 3	アラビヤの唄	黒田進	堀内敬三	ドナルドソン	2441A	アサヒジャズバンド	
S. 4. 3	青空	黒田進	堀内敬三	フレッド・フィッシャー	2441B	アサヒジャズバンド	
S. 4. 3	出船	立石知恵子	勝田香月	杉山長谷夫	2443A		
S. 4. 3	ヴォルガの船唄	林静一	—	ロシア民謡	2443B		
S. 4. 3	淋しい夜は	鳥取春陽	水島流口	鳥取春陽	2452A	アサヒ管弦楽団	酒場小唄

新譜年月	タイトル	歌唱・演唱・演者	作詞	作曲	レコード番号	演奏	備考
S. 2. 2	加賀蔦の松五郎	壽々木米若	—	—	1015B		
S. 2. 2	夫婦の警笛(上)	江戸家猫八	木下華声	—	1084A		
S. 2. 2	夫婦の警笛(下)	江戸家猫八	木下華声	—	1084B		
S. 2. 3	国境節	山村豊子	—	—	1180A		
S. 2. 3	豪傑節	山村豊子	—	—	1180B		
S. 2. 4	金色夜叉	鳥取春陽	—	—	1236A		
S. 2. 4	金色夜叉	鳥取春陽	—	—	1236B		
S. 2. 4	商船学校寮歌(白菊)	鳥取春陽	—	—	1237A		
S. 2. 4	商船学校寮歌(白菊)	鳥取春陽	—	—	1237B		
S. 2. 8	奴さん	よし町二三吉	—	—	2019A		
S. 2. 8	かっぽれ	よし町二三吉	—	—	2019B		
S. 2. 8	都々逸	よし町二三吉	—	—	2020A		
S. 2. 8	都々逸	よし町二三吉	—	—	2020B		
S. 2. 8	夕暮れ	よし町二三吉	—	—	2031A		
S. 2.10	秋の夜	よし町二三吉	—	—	2031B		
S. 2. 8	鴨緑江節	よし町二三吉	—	—	2033A		
S. 2. 8	夕暮れ	よし町二三吉	—	—	2033B		
S. 2. 8	二上り新内	山村豊子	—	—	2046A		
S. 2. 9	都々逸	山村豊子	—	—	2046B		
S. 2. 9	磯節	山村豊子	—	—	2047A		
S. 2. 9	二上り新内	山村豊子	—	—	2047B		
S. 2. 9	春雨	山村豊子	—	—	2070A		
S. 2. 9	梅にも春	山村豊子	—	—	2070B		
S. 2.10	二上り新内	よし町二三吉	—	—	2095B		
S. 2.10	常陸丸	久國菊子	—	—	2097AB		筑前琵琶
S. 2.10	常陸丸	久國菊子	—	—	2098AB		筑前琵琶
S. 2.10	月は無情	横尾晩秋	—	—	2110A		
S. 2.10	村娘	横尾晩秋	—	—	2110B		
S. 2.10	月は無情	大和家杵子	—	—	2119A		
S. 2.10	新磯節	大和家杵子	—	—	2119B		
S. 2.10	博多節	山村豊子	—	—	2134A		端唄・小唄
S. 2.10	わし國	山村豊子	—	—	2134B		端唄・小唄
S. 3. 2	夫婦唱くらべ	アサヒ歌劇団	—	—	2165		喜歌劇
S. 3. 3	梅が咲いた	山村豊子	—	—	2170A		端唄・小唄
S. 3. 3	米山甚句	山村豊子	—	—	2170B		端唄・小唄
S. 3. 3	ココロ節(日本ライン犬山踊り・上)	錦席日出丸／稲葉家ツバメ／武本糸男	—	—	2173A		
S. 3. 3	ココロ節(日本ライン犬山踊り・下)	錦席日出丸／稲葉家ツバメ／武本糸男	—	—	2173B		
S. 3. 3	犬山音頭(上)	錦席日出丸／稲葉家ツバメ／武本糸男	野口雨情	藤井清水	2174A		
S. 3. 3	犬山音頭(下)	錦席日出丸／稲葉家ツバメ／武本糸男	野口雨情	藤井清水	2174B		
S. 3. 2	小原節	今奴	—	—	2178A		

新譜年月	タイトル	歌唱・演唱・演者	作詞	作曲	レコード番号	演奏	備考
T. 15. 8	御詠歌(第15番・京都の今熊野／第16番・京都の清水寺)	山村豊子	—	—	782B	加藤溪水(尺八)	
T. 15. 8	御詠歌(第17番・京都の六波羅／第18番・京都の六角堂)	山村豊子	—	—	783A	加藤溪水(尺八)	
T. 15. 8	御詠歌(第19番・京都のかう堂／第20番・山城の善峯寺)	山村豊子	—	—	783B	加藤溪水(尺八)	
T. 15. 9	御詠歌(第21番・丹波の穴太寺／第22番・摂津の総持寺)	山村豊子	—	—	849A	加藤溪水(尺八)	
T. 15. 9	御詠歌(第23番・摂津の勝尾寺／第24番・摂津の中山寺)	山村豊子	—	—	849B	加藤溪水(尺八)	
T. 15. 9	御詠歌(第25番・播磨の　清水寺／第26番・播磨の　法華寺)	山村豊子	—	—	850A	加藤溪水(尺八)	
T. 15. 9	御詠歌(第27番・播磨の　書寫山／第28番・丹後の　我相寺)	山村豊子	—	—	850B	加藤溪水(尺八)	
T. 15. 9	御詠歌(第29番・丹後の　松尾寺／第30番・近江の　竹生島)	山村豊子	—	—	864A	加藤溪水(尺八)	
T. 15. 9	御詠歌(第31番・近江の　長命寺／第32番・近池の　観音寺)	山村豊子	—	—	864B	加藤溪水(尺八)	
T. 15. 9	御詠歌(第33番・美濃の　谷ぐみ／その二・世を照らす佛の光)	山村豊子	—	—	865A	加藤溪水(尺八)	
T. 15. 9	御詠歌(その三・今迄は親とたのしみ／番外・諸行無常)	山村豊子	—	—	865B	加藤溪水(尺八)	
T. 15. 9	国定忠治(1)	山崎錦城	—	—	922A	和洋管絃団	
T. 15. 9	国定忠治(2)	山崎錦城	—	—	922B	和洋管絃団	
T. 15. 9	国定忠治(3)	山崎錦城	—	—	923A	和洋管絃団	
T. 15. 9	国定忠治(4)	山崎錦城	—	—	923B	和洋管絃団	
T. 15.10	モッキング・バーツ	神田進	—	—	885A	宝塚オーケストラ	
T. 15.10	オレミアミ・シユーア	神田進	—	—	885B	宝塚オーケストラ	
T. 15.12	月形半平太(3)	河部五郎／尾上多見／浦辺粂子／宮部静子／児島三郎／市川百之助／小泉嘉輔	—	—	961A		
T. 15.12	月形半平太(4)	河部五郎／尾上多見／浦辺粂子／宮部静子／児島三郎／市川百之助／小泉嘉輔	—	—	961B		
S. 2. 1	石童丸	川原旭鳳	—	—	1001		筑前琵琶
S. 2. 1	石童丸	川原旭鳳	—	—	1004		筑前琵琶
S. 2. 2	乃木将軍恨の軍旗	川原旭鳳	—	—	1005		筑前琵琶
S. 2. 2	乃木将軍恨の軍旗	川原旭鳳	—	—	1008		筑前琵琶
S. 2. 1	北白川宮台湾入	川原旭鳳	—	—	1009		筑前琵琶
S. 2. 1	間重次郎の妻	川原旭鳳	—	—	1013		筑前琵琶
S. 2. 2	間重次郎の妻	川原旭鳳	—	—	1016		筑前琵琶
S. 2. 2	加賀蔦の松五郎	壽々木米若	—	—	1014A		

新譜年月	タイトル	歌唱・演唱・演者	作詞	作曲	レコード番号	演奏	備考
T. 14. −	自転車節	山村豊子	−	−	180B		
T. 14. −	廓情緒(上)	大和歌劇団	−	−	343A		
T. 14. −	廓情緒(下)	大和歌劇団	−	−	343B		
T. 14. −	鬼若三次(上)	京山幸枝	−	−	375A		
T. 14. −	鬼若三次(下)	京山幸枝	−	−	375B		
ツルレコード〈赤レーベル盤〉							
T. 14.11	越後獅子(上)		−	−	389A	宝塚ルナパーク管絃団	
T. 14.11	越後獅子(下)		−	−	389B	宝塚ルナパーク管絃団	
T. 14.11	オリエンタルミュージック		−	−	419A	宝塚ルナパーク管絃楽団	
T. 14.11	オリエンタル・ダンス		−	−	419B	宝塚ルナパーク管絃楽団	
T. 14.11	壺坂(1)	竹本舞昇	−	−	457A		
T. 14.11	壺坂(2)	竹本舞昇	−	−	457B		
T. 14.12	すゝはき(上)	浪花歌劇団	−	−	494A		
T. 14.12	すゝはき(下)	浪花歌劇団	−	−	494B		
T. 15. 2	恋の柳川(1)	春野百合子	−	−	626A		
T. 15. 2	恋の柳川(2)	春野百合子	−	−	626B		
T. 15. 2	恋の柳川(3)	春野百合子	−	−	627A		
T. 15. 2	恋の柳川(4)	春野百合子	−	−	627B		
T. 15. −	小原節	松の家浅之助／浪花家菊丸	−	−	665A		
T. 15. −	関の五本松	松の家浅之助／浪花家菊丸	−	−	665B		
T. 15. 5	御詠歌(第1番・紀伊の那智山／第2番・紀伊の三井寺)	山村豊子	−	−	688A	加藤溪水(尺八)	
T. 15. 5	御詠歌(第3番・紀伊の粉川寺／第4番・泉の槇尾寺)	山村豊子	−	−	688B	加藤溪水(尺八)	
T. 15. 6	児玉将軍	壽々木米若	−	−	709A		
T. 15. 6	児玉将軍	壽々木米若	−	−	709B		
T. 15. 6	勇の加賀蔦	壽々木米若	−	−	710A		
T. 15. 6	勇の加賀蔦	壽々木米若	−	−	710B		
T. 15. 6	御詠歌(第5番・河内の藤井寺／第6番・大和の壺坂寺)	山村豊子	−	−	720A	加藤溪水(尺八)	
T. 15. 6	御詠歌(第7番・大和のをか寺／第8番／大和の長谷寺)	山村豊子	−	−	720B	加藤溪水(尺八)	
T. 15. 6	御詠歌(第9番・奈良の南圓寺／第10番・山城の三室戸)	山村豊子	−	−	721A	加藤溪水(尺八)	
T. 15. 6	御詠歌(第11番・山城の醍醐寺／第12番・近江の岩間寺)	山村豊子	−	−	721B	加藤溪水(尺八)	
T. 15. 7	綴子三次(1)	堀込源太一行	−	−	738A		
T. 15. 7	綴子三次(1)	堀込源太一行	−	−	738B		
T. 15. −	御詠歌(第13番・近江の石山寺／第14番・大津の三井寺)	山村豊子	−	−	782A	加藤溪水(尺八)	
T. 15. 8	吉原百人斬り	壽々木米若	−	−	756A		
T. 15. 8	吉原百人斬り	壽々木米若	−	−	757B		

ツルレコード・昭和流行歌ディスコグラフィー(菊池清麿／編)

このディスコグラフィーは、流行歌を中心に編纂したものである。ただし、浪花節、浪曲、民謡、落語、漫才、尺八、薩摩・筑前琵琶などの邦楽レコードの場合においても、オーケストラ演奏、和洋合奏、ジャズ調に編曲された楽曲はディスコグラフフィーに所収した。

新譜年月	タイトル	歌唱・演唱・演者	作　詞	作　曲	レコード番号	演　奏	備　考
Ⅰツルレコード							
大和蓄音器							
T. 13.10	籠の鳥	瀧静調／高山つる	千野かほる	鳥取春陽	14A		映画劇
T. 13.10	籠の鳥	瀧静調／高山つる	千野かほる	鳥取春陽	14B		映画劇
T. 13. ―	恋慕小唄(1)	酒井米子／葛木香一／水島亮太郎／小泉嘉輔	渋谷白涙	鳥取春陽	42A		
T. 13. ―	恋慕小唄(2)	酒井米子／葛木香一／水島亮太郎／小泉嘉輔	渋谷白涙	鳥取春陽	42B		
T. 13.10	恋慕小唄(3)	酒井米子／葛木香一／水島亮太郎／小泉嘉輔	渋谷白涙	鳥取春陽	43A		
T. 13.10	恋慕小唄(4)	酒井米子／葛木香一／水島亮太郎／小泉嘉輔	―	鳥取春陽	43B		
T. 13.10	おきやがりこぼし／桃太郎	藤森久江	―	―	47A		
T. 13.10	月／池の鯉／菊の花	藤森久江	―	―	47B		
T. 13.11	玉川お芳(上)	廣澤駒蔵	―	―	51A		
T. 13.11	玉川お芳(下)	廣澤駒蔵	―	―	51B		
T. 13.11	宵柳	山村豊子	―	―	58A		
T. 13.11	二上り新内	山村豊子	―	―	58B		
T. 13.11	秋の夜	山村豊子	―	―	63A		
T. 13.11	槍さび	山村豊子	―	―	63B		
T. 13.11	深川節	山村豊子	―	―	67A		
T. 13.11	桑名の殿様	山村豊子	―	―	67B		
T. 13.11	鴨緑江節	山村豊子	―	―	68A		
T. 13.11	鴨緑江節	山村豊子	―	―	68B		
T. 13.12	追分	山村豊子	―	―	76A		
T. 13.12	追分くづし磯節	山村豊子	―	―	76B		
T. 13.12	新関の五本松	山村豊子	―	―	77A		
T. 13.12	磯節	山村豊子	―	―	77B		
T. 13.12	梅にも春	山村豊子	―	―	98A	ピアノ入り。端唄	
T. 13.12	春雨	山村豊子	―	―	98B	ピアノ入り。端唄	
T. 14. 1	太功記(3)(十段目)	竹本越名太夫	―	―	104A		
T. 14. 1	太功記(4)(十段目)	竹本越名太夫	―	―	104B		
T. 14. 1	蓬莱山(上)	法明山秋根旭恵	―	―	120A		
T. 14. 1	蓬莱山(下)	法明山秋根旭恵	―	―	120B		
T. 14. 2	凸坊の初夢(上)	大和歌劇団	―	―	131A		
T. 14. 2	凸坊の初夢(下)	大和歌劇団	―	―	131B		
T. 14. ―	魔の海(3)	山崎錦城	―	―	151A	朝日座管絃団	
T. 14. ―	魔の海(4)	山崎錦城	―	―	151B	朝日座管絃団	
T. 14. ―	おやおや節	山村豊子	―	―	180A		

主要参考文献

『ツルレコード特選総目録』（国会図書館所蔵）
『昭和流行歌総覧〈戦前・戦中編〉』（福田俊二、加藤正義編、柘植書房、一九九四年）
『演歌に生きた男たち　その栄光と挫折の時代』（今西英造、中公文庫、二〇〇一年）
『神野三郎伝』（神野三郎翁伝記編集委員会編、中部瓦斯株式会社、一九六五年）
『レコード文化発達史』（〈第一巻、明治大正時代初編〉、山口亀之助、録音文献協会、一九三六年）
『レコードの世界史』（岡俊雄、音楽之友社、一九八六年）
『レコードと五十年』（森垣二郎、河出書房新社、一九六〇年）
『日本レコード文化史』（倉田喜弘、東京書籍、一九七九年）
『歴史ウォッチング④』（名古屋テレビ放送編、ひくまの出版、一九九〇年）
『愛国とレコード　幻の大名古屋軍歌とアサヒ蓄音器商会』（辻田真佐憲、えにし書房、二〇一四年）
「関西発レコード１２０年　埋もれた音と歴史　第７部レコード各社興亡秘話」（山崎整、『神戸新聞』、一九九一年一月九日〜三十一日）

図版協力（敬称略）

加藤正義
長谷川裕恭
オフィスげんぞう
宮古市立新里生涯学習センター 玄翁館

カヴァーデザイン

早川じょうじ

著者略歴

菊池 清麿（きくち・きよまろ）

1960年生まれ。明治大学政経学部卒、同大学院修了。音楽評論・歴史家。藤山一郎、古賀政男、古関裕而、服部良一、中山晋平など近代日本音楽家評伝を中心に著作活動。『日本流行歌変遷史　歌謡曲の誕生からＪ・ポップの時代へ』（論創社）など著書多数。

日本音楽著作権協会（出）許諾第1503302-501号

ツルレコード 昭和流行歌物語

2015年5月25日　初版 第1刷 発行

著　　者　菊池清麿

編集制作　樹林舎
〒468-0052　名古屋市天白区井口1-1504-102
TEL: 052-801-3144　FAX: 052-801-3148
http://www.jurinsha.com/

発 行 所　株式会社人間社
〒464-0850　名古屋市千種区今池1-6-13　今池スタービル2F
TEL: 052-731-2121　FAX: 052-731-2122
http://www.ningensha.com/

印刷製本　モリモト印刷株式会社

ISBN978-4-931388-85-7 C0073